챗GPT · 제미나이 · 감마

퍼플렉시티 · 딥엘 · 클로드

복잡한 건 싫지만 AI는 해야겠어

최원정 저

AI가 막막한 당신을 위한 친절한 AI 사용설명서

DIGITAL BOOKS
디지털북스

복잡한 건 싫지만 AI는 해야겠어

| 만든 사람들 |

기획 IT · CG 기획부 | **진행** 정은진 | **집필** 최원정
표지 디자인 원은영 | **편집 디자인** 이기숙

| 책 내용 문의 |

도서 내용에 대해 궁금한 사항이 있으시면,
디지털북스 홈페이지를 통해서 해결하실 수 있습니다.

디지털북스 홈페이지 www.digitalbooks.co.kr
디지털북스 페이스북 www.facebook.com/ithinkbook
디지털북스 인스타그램 www.instagram.com/digitalbooks1999
디지털북스 유튜브 유튜브에서 [디지털북스] 검색

| 각종 문의 |

영업관련 digital1999@naver.com
기획관련 djibooks@naver.com
전화번호 (02) 447-3157~8

AI 시대에 나는 살아남을 수 있을까?

몇 년 전 블록체인 기반 정당 모델을 실험하는 프로젝트를 진행할 때의 일이다. 관련 분야 활동가들을 초청해 첫 기획 회의를 열었다. 30대 초반의 개발자이며 국경을 넘나드는 다양한 블록체인 프로젝트를 주도하고 있는 한 참석자의 발언이 내게 꽤 충격이었다.

"프로젝트 초기 단계에 50세 이상은 포함하지 않는 것이 좋겠습니다."

"50세 이상은 기술을 모를 것이라고 단정하는 건 편견 아닌가요?"
50을 눈 앞에 둔 나의 반박이었다. 그는 나름의 명확한 논리를 내세웠다. 블록체인을 기반으로 한 모델은 완전히 새로운 패러다임으로 접근해야 하는데 50세가 넘은 사람들은 기존의 사고방식을 쉽게 바꾸지 못한다는 것이다. 기술은 알지 몰라도 가장 중요한 사고체계가 충돌을 일으킨다는 설명이었다. 초기에 이들을 가르치며 일을 진행하다 보면 속도가 너무 늦어져 프로젝트가 실패할 확률이 높아진다고, 이는 과거 자신이 참여했던 프로젝트에서의 경험을 토대로 한 조언이라고 강조했다.

그날의 대화는 내세 새로운 화두가 됐다. 자칫 세대 차별적 발언으로 들릴 수도 있지만 사실 매우 현실적인 충고였다. 과거 마차나 기차로 이동하던 시절의 사람들과 자동차로 자유롭게 움직일 수 있는 사람들이 세상을 바라보는 사고체계가 같을 수 없다. 자동차는 단순히 마차를 대신한 이동수단이 아니라 사람들이 살아가는 방식을 혁명적으로 바꾼 기술이다. 마차의 세계에서 인생의 대부분을 살았던 사람들은 자동차가 열어줄 새로운 세상을 쉽게 상상하기 어려웠을 것이다. 멀리 갈 것도 없이 스마트폰 등장 이후 태어난 세대와 그 이전 세대도 뚜렷한 차이를 보여준다. 디지털 시대가 본격화하면서 산업문명 시대의 패러다임을 탈피해 새로운 가치와 규범으로 미래를 설계해야 한다는 주문이 쏟아졌다. 그렇다면 새로운 문명을 여는 혁명적 기술이라 불리는 AI 기술이 일상에 완전히 정착된 세상이 작동하는 방식은 얼마나 달라질 것인가?

"나는 AI가 빨래와 설거지를 해줘서 내가 예술과 글쓰기를 할 수 있기를 원한다. AI가 예술과 글쓰기를 해줘서 내가 빨래와 설거지를 할 수 있기를 원하는게 아니다(I want AI to do my laundry and dishes so that I can do art and writing, not for AI to do my art and writing so that I can do my laundry and dishes)."

챗GPT가 등장한지 얼마되지 않아 인터넷에서 빠르게 공유되던 문장이다. AI에 대한 기대와 동시에 AI가 나의 존재를 도태시킬 수 있다는 두려움을 드러낸다. 특히 'AI가 당신의 직업을 대체하는 게 아니라 AI를 잘 쓰는 사람들이 당신의 자리를 대체할 것'이라는 말은 디지털 기술이 익숙하지 않은 세대에게는 더욱 큰 공포감으로 다가왔다. AI를 활용하는 법에 대한 강의와 책들이 쏟아져 나오는 이유다.

그러나 새로운 기술을 익히는 일은 당장의 불안감을 잠재울 수 있을지 몰라도 변화하는 세상을 살아가는 데 충분한 대비는 되지 못한다. 챗GPT 등장 초기 프롬프트 엔지니어라는 새로운 직종이 각광을 받았던 것을 기억하는가? 실리콘밸리에서 우리 돈으로 약 3억 원의 연봉을 제안하며 서로 모셔 가려고 경쟁한다는 기사가 나온 게 불과 3년이 되지 않는다.

마이크로소프트(Microsoft)와 링크드인(LinkedIn)이 매년 전 세계 31개국 31,000명 이상의 근로자를 대상으로 조사하고, 공동으로 발표하는 연례 보고서인 '마이크로소프트 및 링크드인 업무 동향 지표 연례 보고(Work Trend Index Annual Report)'에 따르면, 프롬프트 엔지니어는 "향후 12~18개월 내 기업들이 가장 많이 채용할 것으로 예상하는 AI 관련 직군 순위" 중 가장 높은 10개 순위 내에 들지 못했다.

출처: Work Trend Index Annual Report *

프롬프트 엔지니어는 AI 기술의 발전으로 모델이 고도화되고 관련 기능들이 내재화되며 주목받지 못하는 직업이 되어 버렸다. 기술의 변화가 빠르게 이뤄지고 있어서 올해 힘들게 익힌 기술이 내년에는 전혀 빛을 보지 못할 수 있다는 의미다. 결국 우리가 익혀야 할 핵심은 기술이 바꿔놓을 미래 사회에 조응하는 사고법과 행동 양식이다. AI 시대의 문법을 이해할 때 우리는 AI 시대가 열어줄 새로운 기회를 포착할 수 있을 것이다.

디지털 원주민과 디지털 이주민. 디지털 시대를 살아가는 사람들을 세대에 따라 나눠 이와 같은 용어로 구분하기도 한다.* 태어나면서부터 디지털 기기와 함께 디지털 환경 속에서 성장한 세대는 디지털 원주민이다. 지금의 Z세대들이 대체로 여기에 속한다. 디지털 기술이 보편화되기 전에 태어난 세대는 디지털 이주민이다. 아날로그 세상에서 태어났는데 어느 날 보니 디지털 세상으로 강제 이민을 온 셈이다. 디지털 원주민은 디지털 세상의 가치와 규범, 작동원리를 자연스럽게 체득했기에 새로운 기술의 변화에도 빠르게 적응할 수 있다. 그러나 디지털 이주민은 익숙했넌 방식에서 빗어나 새로운 시대에 적응해야 한다.

이민자와 주재원, 유학생 등 자신이 살던 문화와 다른 곳에 정착해야 하는 이주민의 적응 역량을 분석한 연구를 보면 다른 문화에 빠르게 잘 적응하는 사람들은 크게 4가지 측면에서 우수한 것으로 나타났다. 첫째 이문화에 대한 메타인지가 뛰어나다. 자신이 살았던 세상과 새로운 세상의 사람들이 다른 방식으로 생각하고 행동할 수 있다는 것을 아는 것이다. 둘째는 인지능력이다. 이주한 사회의 규범과 문화적 특징 등을 아는 것이다. 셋째는 이주한 사회의 언어로 소통하는 등 실제 필요한 행동을 할 수 있는 능력이다. 넷째는 새로운 사회에 적응하고자 하는 마음, 즉 동기가 중요하다.

이를 AI 시대 이주민들에게 적용한다면, AI를 활용하는 실질적인 방법들을 아는 것은 행동 능력이고 AI 시대가 바꿀 세상이 지금이 세상과는 어떻게 달라질지를 이해하고 필요한 사고법을 이해하는 것은 메타인지와 인지능력에 해당할 것이다. 남들에게 뒤쳐질까 두려움에 마지못해 배우는 일은 지속 가능하지 않다. AI 기술이 열어줄 새로운 기회에 주목한다면 기꺼이 배우고자 하는 마음을 낼 수 있을 것이다.

디지털북스에서 AI 기술에 막연한 두려움을 가지고 있는 중장년층에게 실무적인 AI 활용법과 함께 AI 시대를 살아갈 용기를 주는 책을 내고 싶다고 제안해 기꺼이 수락했다. AI 도구를 다루는 법을 알려주는 실무서들은 하루가 멀다 하고 쏟아져 나온다. 그러나 기술 변화의 속도가 너무 빨라 도구 활용 중심의 책은 금세 시의성을 잃고 만다. 중요한 것은 빠르게 변화하는 AI 시대를 열린 마음으로 받아들이고 끊임없이 배우려는 자세이다. AI 시대에 대한 이해를 바탕으로 새로운 사고방식과 행동양식을 익힌다면 기술의 변화에 능동적으로 대응할 수 있는 힘을 키울 수 있을 것이다.

이 책은 AI 시대를 관통하는 가치와 새로운 시대가 요구하는 사고법을 살펴보는 동시에 AI 활용을 어디에서부터 시작해야 할지 막막하기만 한 독자들을 위해 대표적인 AI 서비스를 중심으로 일상에서 활용할 수 있는 실용 정보도 다양하게 실었다. 가벼운 마음으로 놀이하듯 하나씩 실험해나가다 보면 어느 순간 AI가 내 인생에 힘이 되는 든든한 파트너로 자리하고 있을지 모른다. 이 책이 AI와 함께 멋진 인생 2막을 여는 출발점이 되기를 기대한다.

일러두기

1. 본 도서 본문에서 외래어 및 외국어의 인명 및 고유명사의 한글 표기는 국립국어원의 외래어 표기를 따랐으나 권고안 외 널리 통용되는 표기가 많은 경우에는 이를 따랐습니다.
2. AI 시장을 둘러싼 글로벌 빅테크 기업들의 경쟁이 가속화하며 모델 업그레이드와 서비스 혁신의 주기가 갈수록 짧아지고 있습니다. 본 도서에 수록된 주요 활용, 무료 버전 범위 등은 편집 시점인 2025년 12월을 기준으로 하고 있기에 독자분들께서 실제 활용하시는 시점의 화면 구성과는 다소 차이가 있을 수 있다는 점을 미리 양해 부탁드립니다.

CONTENTS

PART

01

위기의 중년, AI를 만나다

빠르게 변화하는 AI 시대, 주변의 변하는 속도를 따라가지 못하면 도태될 수 있다는 위기감이 팽배해지고 있다. 우리에게 AI가 왜 필요한지, 그리고 어떻게 써야 하는지에 대해서 다른 사람들이 AI를 활용하는 방법을 통해 살펴보자.

"가장 강한 종이 살아남는 것도 아니고, 가장 똑똑한 종이 살아남는 것도 아니다. 변화에 가장 잘 적응하는 종이 살아남는다.

It is not the strongest of the species that survives, nor the most intelligent that survives. It is the one that is the most adaptable to change."

- 찰스 다윈(Charles Darwin) -

01

AI 능력자들이 당신을 위협한다

어디서든 함께하는 AI 파트너

옆 부서에서 진행하던 업무의 불똥이 그에게 튀었다. 지난주 월요일 경영진 회의 중 한 임원이 AI 규제에 대한 국내외 최근 동향을 파악해야 하지 않겠냐고 한마디 던진 것이 발단이었다. 일반적으로 회의에서 임원들이 "이것이 궁금하다, 저것을 좀 더 알아보자."고 얘기하면 관련 부서가 조사를 해서 다음 회의에 발표를 하는 것이 이 회사가 움직이는 방식이다. 이번 과제는 회사 업무와 직접적인 관련성이 없기에 한 부서를 특정하기 어렵다. 이런 경우 대체로 기획팀이 유탄을 맞는다. 그의 동기이기도 한 기획팀장이 부서장에게 구원 요청을 한 모양이다. 이틀 뒤 부서장의 지시로 기획팀장 자리에 갔더니 책상 위에 여기저기 형광펜으로 줄을 긋고 촘촘하게 포스트잇을 붙인 보고서들이 천장을 뚫을 기세로 쌓여 있었다. 다음 주 월요일이 발표인데 저 많은 자료를 읽고 추려서 핵심 내용을 뽑아 PPT까지 만들어야 한다.

실제 한 회사에서 있었던 일을 조금 각색한 것이다. 과연 그는 주말을 희생하지 않고 발표를 무사히 마칠 수 있었을까? 결론부터 말하자면 그는 원래 예정돼 있던 자신의 주간 일정을 하나도 바꾸지 않고 주말 세 시간만 투입해 PPT를 완성했다. 심지어 임원들로부터 언제 이렇게 많은 내용을 조사해서 자료를 만들었냐고 칭찬까지 들었다. 어떻게 가능했을까?

그는 인공지능(artificial intelligence, AI)을 전공하지는 않았지만 공학도 출신으로 원래 컴퓨터 프로그래밍에 능숙한 사람이다. 챗GPT가 등장하자마자 호기심과 재미로 시간 날 때마다 AI와 놀았고, 새로운 AI 도구들이 나올 때마다 시험해봤다. 위기의 순간에 AI와 보냈던 시간들이 빛을 발했다. 그는 먼저 챗GPT로 발표 내용을 어떻게 구성할지 브레인스토밍을 하고, 퍼플렉시티를 활용해 필요한 자료들을 보강했다. 클로드(Claude)와 딥엘(DeepL)로 필요한 문구들을 자연스럽게 수정하고 다시 챗GPT에게 표를 만들 것을 주문했다. 일주일 내내 관련 자료들을 찾고 발표 준비를 했던 기획팀장이 중간중간 내용을 검수하는 작업을 진행해 발표의 완성도를 높였다.

이후 그는 사내 직원들의 AI 활용도를 높이는 일을 주도하고 회사의 디지털 전환 공모전에서 AI를 활용한 업무 효율화 아이디어로 상도 받았다. 지금은 다양한 곳에서 초청을 받아 AI 노하우를 전수하는 AI 전도사로 활약하고 있다.

처음 그를 만나 이야기를 들으며 감탄사를 연발했지만 솔직히 마음 속에서 먼저 고개를 들었던 감정은 두려움이었음을 고백한다. 또래의 평균 직장인들보다는 업무에서 AI를 꽤 쓰고 있다고 자부했지만, 그와 대화를 나눈 후 AI를 더 능숙하게 다뤄야 한다는 강박감과 두려움이 가슴을 무겁게 짓눌렀다. 게다가 AI 기술은 하루가 다르게 발전을 거듭한다. 루이스 캐럴(Lewis Carroll)의 소설《이상한 나라의 앨리스(Alice in Wonderland, 1865)》에 등장하는 붉은 여왕은 앨리스에게 "참 느려터진 나라로구나! 이제, 여기에서는 보다시피, 네가 제자리에 있으려면 네가 할 수 있는 한 힘껏 달려야만 해. 다른 곳으로 가고 싶다면 적어도 그보다 두 배는 더 빨리 달려야 해!"라고 말했다. 지금 우리의 상황도 이와 다르지 않다. 주변 풍경이 움직이고 있기 때문에 가만히 있으면 바로 도태될 것 같은 무서운 세상이다. AI가 사람들의 일상에 활용되기 시작하면서 터져 나오는 경고의 메시지도 비슷한 맥락이다.

"AI가 당신의 직업을 대체하지 않는다. 다만 AI를 잘 쓰는 사람들이 당신을 대체할 뿐이다."

이는 타당한 주장인가? 일정 부분 맞고 일정 부분은 틀리다.
최근 보스턴컨설팅그룹(BCG)과 보스턴대학교가 함께 진행한 실험*을 보자. BCG는 컨설턴트 280명에게 데이터 사이언스 기반의 과제를 줬다. 주어진 업무를 수행하기 위한 파이썬 코드를 짜고, 제공된 데이터를 분석한 보고서를 작성하는 일이었다. 컨설턴트는 두 그룹으로 나눴는데 한 그룹은 AI의 도움을 받을 수 있도록 허용하고 다른 그룹은 AI를 사용하지 못하도록 했다. 같은 과제를 데이터 사이언스 전문가 그룹에게도 수행하도록 해서 결과를 비교했다. 결과는 데이터 사이언스 전문가들의 작업 결과물이 가장 우수했다. 그러나 AI 도움을 받은 컨설턴트 그룹도 상당히 우수한 결과물을 내놓았다. 코딩에 대한 지식이 전혀 없는 컨설턴트들도 AI의 도움을 받아 활용 가능한 결과물을 뽑아낸 것이다. AI를 사용하지 않은 그룹의 결과물이 가장 뒤떨어졌다. 놀라운 것은 AI 도움을 받은 컨설턴트 중에 코딩에 대한 약간의 기초 지식이 있던 사람들은 데이터 사이언스 전문가들과 비슷한 수준의 결과물을 내놓았다는 것이다.

인류 역사에서 새로운 기술이 등장할 때마다 기존의 직업들이 사라졌지만 그 전에는 상상도 하지 못했던 새로운 직업들이 없어진 직업보다 더 많이 생겨났다. 이와 같은 역사적 경험이 있기에 오늘날의 경고도 직업이 없어진다고 말하지는 않는다. 다만 그 직업에 예전처럼 사람이 많이 필요하지 않다고 전망할 뿐이다. 그러나 위의 사례에서 볼 수 있듯 중요한 것은 AI가 사람들의 역량을 높여주는 효과적인 수단이라는 것이다. 최근 기술 변화가 빠르게 진행되면서 인사관리 부문에서는 재교육이라 할 수 있는 '리스킬링(reskilling)'

의 중요성이 커지고 있는데 AI는 가장 효과적인 리스킬링 수단이 될 수 있음을 보여준다. 문제를 보는 관점을 바꿔보자. AI나 AI 능력자들이 나의 자리를 빼앗는 것이 아니다. AI는 나의 역량과 잠재력을 끌어올려주는 조력자다.

02

중년에게도 인생 코치가 필요하다

"사람들이 AI를 구글이나 네이버처럼 사용한다."

AI 활용법을 알려주는 책이나 영상에 종종 등장했던 문구다. 기존 검색 기능에 익숙했던 사람들은 검색창에 입력하던 단어들을 질문 형식으로 바꿔 AI의 프롬프트에 넣기 시작했다. AI 전도사들은 사람들이 AI가 가진 잠재력을 제대로 활용하지 못하고 있다고 안타까워했다. 시간이 지나며 더 많은 사람들이 글을 번역하거나 다듬는 데 AI를 쓰고, 새로운 프로젝트의 아이디어를 뽑아내거나 기획서를 작성하는 데 활용했다. 데이터를 분석해서 의미 있는 정보를 얻고 논문을 썼다. 사람들은 AI를 공부를 도와주는 선생님으로, 때로는 심심할 때 편하게 대화할 수 있는 속 깊은 친구로 삼기도 했다.

챗GPT 등장 이후 3년, AI 기술은 놀라운 속도로 발전을 거듭했고, 새로운 기능을 탑재한 후발 주자들이 속속 등장했다. "이런 것도 가능해?" 새로운 기술에 사람들은 감탄을 거듭하며 자신만의 AI 활용법을 만들어가고 있다. 놀라운 발전 속에서 아직도 '조금 발전된' 검색 툴 정도로만 AI를 활용한다면 이는 알라딘의 요술 램프를 물 따르는 주전자로만 사용하는 셈이다.

그렇다면 다른 사람들은 AI를 어떻게 사용하고 있을까? 또 AI 활용 방식은 어떻게 변화하고 있을까? 하버드 비즈니스 리뷰(HBR)가 2024년과 2025년 두 차례에 걸쳐 사람들의 AI 활용법을 조사한 결과*를 소개한 기사는 매우 흥미로운 사실을 보여준다. 2024년에는 AI가 '기술 보조'로서 역할이 컸다면 1년 사이 AI는 '개인의 성장을 돕는 인생의 조력자'로 우리 곁에 자리잡고 있다. 구체적으로 다른 사람들은 AI를 어떻게 쓰고 있는지 들여다보자.

#1위: 심리치료와 대화 친구

2024년 조사에서 2위였던 심리치료사 역할은 1년만에 1위로 올라섰다. 상담을 받는데 경제적 부담도 심리적 부담도 없는 AI는 언제든 편하게 찾아 고민을 털어놓을 수 있는 인기 상담사가 됐다. 2024년 1위였던 '아이디어 생성'은 6위로 순위가 뚝 떨어졌다.

#2위: 계획 세우기

새로 순위권에 진입해 곧장 2위로 올라선 역할이다. 예를 들면 3박4일 가족여행의 계획을 짠다거나, 다음주 집에 손님들을 초대하는 데 해야 할 일의 타임라인을 만들어주는 일들이다. AI가 일정이나 업무의 실행 계획을 세워주는 개인 비서가 됐다.

#3위: 인생의 목적 찾기

이 역시 2025년 새롭게 등장한 활용 사례다. 단순히 일정을 세워주는 비서 역할에서 더 나아가 사람들의 인생 방향을 함께 찾아주는 멘토 역할까지 하는 것이다. "앞으로 뭘 하며 살아야할지 모르겠다"고 고민을 털어놓으면 AI

가 내 삶의 목적을 탐구하고 목표를 설정해주며, 이를 성취하기 위한 실행 계획을 설계해준다. 1위 상담사와 2위 비서의 역할을 모두 겸하며 고차원적인 인생 설계를 도와주는 역할이다.

그외에 활용도 순위 변화

이 밖에 '학습 도우미' 역할이 8위에서 4위로, 건강한 삶을 도와주는 역할도 75위에서 10위로 올라섰다. 다이어트 식단이나 운동 계획을 세우는 데 AI를 활용하고, 자신에게 필요한 영양소를 섭취하기 위해 적합한 레시피와 장보기 리스트 등을 만드는 일이다. 또 전문적 지식이 필요한 세무나 법률 자문, 소프트웨어 개발 등의 서비스 부문에서도 사람들은 AI의 도움을 소소하게 받고 있다.

반면 특정 키워드를 넣고 자료를 검색하는 역할은 2024년 3위에서 13위로 떨어졌으며, 글을 편집하는 일 역시 4위에서 45위로 크게 떨어졌다. 관심 있는 주제를 탐색하는 기능은 2024년은 8위였지만 2025년에는 순위권에서 찾아볼 수조차 없다. 이제 AI는 단순한 기술 보조 수단이 아니다. 사람들은 "나는 무엇을 하고 싶고, 무엇이 필요한가"를 먼저 정의하고 그에 맞춰 AI를 광범위하게 활용하고 있다. 사람들은 AI와 감정을 나누고 인생을 설계한다. AI는 인간과 '함께 생각하고 성장하는' 동반자다.

03

인간과 협업하는 에이전트 AI

AI의 역할은 앞으로 어떻게 달라질까? 2024년에서 2025년으로 넘어가는 1년 사이, AI를 활용하는 방식은 놀라울 정도로 변화됐다. 이어질 2026년과 2027년에도 AI는 비약적인 발전을 거듭하며 우리가 먼 미래의 모습으로 상상했던 영화 속 장면들을 실현시킬 것이다.

전문가들은 2025년 AI가 필요한 답을 주는 수준을 넘어 실제 필요한 일들을 알아서 처리해주는 업무 수행자로 빠르게 진화하고 있다고 분석한다. 흔히 '에이전트 AI(agentic AI)'* 라고 하는데, 지속적으로 지시를 내리지 않더라도 AI 스스로 주어진 목표를 달성하기 위해 계획을 세우고 업무를 수행할 수 있는 인공지능 시스템을 의미한다. 기존의 생성형 AI가 콘텐츠를 만들어내는 데 중심을 두고 있다면 AI 에이전트는 주어진 목표에 도달하기 위한 최적의 결정을 내리는 데 초점을 맞춘다. 이제 사람들은 필요한 답을 얻는 것에 그치지 않고 필요한 일을 알아서 처리해주는 AI를 기대한다.

글로벌 기업들의 미래 신기술을 한눈에 볼 수 있는 세계 최대의 가전 박람회인 CES(Consumer Electronics Show). 2025년 1월 미국 라스베이거스에서 열린 CES2025 기조연설에서 엔비디아(NVIDIA)의 CEO 젠슨 황(Jensen Huang)은 AI의 발전 단계와 미래의 청사진을 명확하게 제시했다. 그는 "AI는 처음에는 이미지나 음성을 인식하는 '인식형 AI(Perception AI)'로 시작해 텍스트와 그림을 만들어내는 '생성형 AI(Generative AI)'를 거쳐 이제는 주어진 목표를 이해하고 스스로 계획을 세워 행동에 옮기는 '에이전트 AI(agentic AI) 시대로 넘어가고 있다. 그 이후에는 인공지능이 센서나 로봇 등의 물리적 장치와 결합해 현실 세계에서 상호작용을 하고 실제 행동을 수행하는 '피지컬 AI(Physical AI)'로 발전할 것"* 이라고 전망했다.

예를 들어 여행을 계획한다고 생각해보자. 생성형 AI는 여행의 목적, 예산, 일정에 맞춰 프로그램을 짜주고 적당한 호텔과 식당을 추천해줄 것이다. AI 에이전트는 숙박이나 항공 사이트에 직접 접속해 예약까지 해준다. 피지컬 AI 시대가 본격적으로 열리면 로봇이 필요한 짐을 싸주고, 예약된 자율주행 자동차가 공항까지 태워줄 것이다.

에이전트 AI가 생성형 AI와 일하는 방식에서 차별화되는 특징을 살펴보자. 우선 첫째로 에이전트 AI는 과업이 주어지면 무엇을 해야 목표를 달성할 수 있을지 스스로 문제를 분석할 수 있다. 예를 들어 "시장 조사 보고서를 준비해 줘"라고 지시하면 단순히 관련된 정보를 찾는 것이 아니라 어떤 자료가 필요하고 어떤 과정을 거쳐야 할지 계획을 세운다.

둘째, 목표를 달성하기 위해 필요한 외부 정보나 도구에 스스로 연결할 수 있다. 웹에서 관련 데이터를 찾아서 읽고 필요한 데이터베이스에 접근해 자료를 수집한다. 문제를 해결하기 위해 가능한 모든 수단을 동원할 수 있다.

셋째, 에이전트 AI는 스스로 자신의 결과물을 평가하고 개선하는 피드백 능력을 갖추고 있다. 자신이 내놓은 답이 제대로 된 것인지 검토하고 필요하면 오류를 고치고 대안을 찾아 다음번 업무에 반영하여 스스로의 역량을 높여간다.

유능한 비서처럼 일할 수 있는 AI 에이전트는 결코 미래의 이야기가 아니다. 이미 AI 에이전트는 우리 생활 여러 분야에서 활약하기 시작했다.

아마존이 내놓은 쇼핑 에이전트 '바이포미(Buy for me)'는 구매자들이 원하는 상품을 아마존 사이트에서 찾지 못할 경우 다른 쇼핑 사이트로 연결하여 필요한 물건을 찾아주며 아마존의 쇼핑 편의성을 높여주고 있다. 예를 들어 아마존에 없는 신발 모델을 검색하면, 바이포미 에이전트가 인터넷을 뒤져 다른 브랜드 몰에서 그 신발을 찾아 장바구니에 담고 결제 정보까지 입력해준다. 아마존은 자사 플랫폼에 없는 상품까지도 대신 찾아주면서 고객이 아마존 사이트를 떠나는 것을 막는 동시에 고객의 쇼핑 경험을 향상시키고 있다.

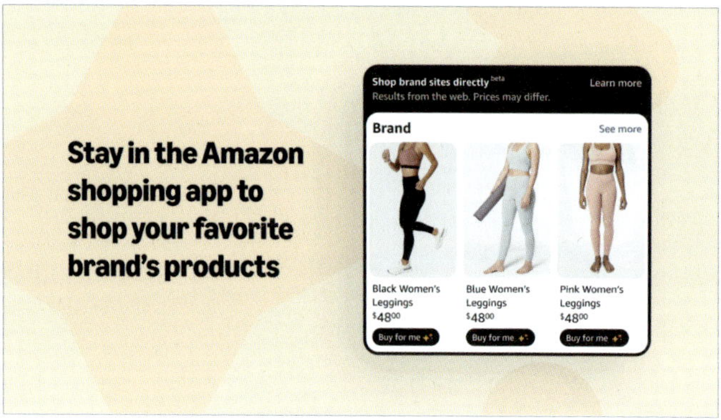

▲ 쇼핑 에이전트 '바이포미(Buy for me)'

구글의 과학연구 에이전트 'AI 코사이언티스트(co-scientist)'는 연구 목표를 주면 기존 연구물들을 검색하고 분석하여 새로운 가설을 세우고 정교한 연구 방향을 설정해준다. 이름 그대로 인간 연구자와 협업하는 디지털 공동 연구자인 셈이다.

이 밖에 금융 분야에서는 개인 맞춤형 투자 자문을 제공하고, 제조업에서는 생산 공정 데이터를 모니터링해 품질 문제가 발생할 경우 스스로 조치하는 등 에이전트 AI는 다양한 영역으로 활동 반경을 넓혀가고 있다.

물론 아직 대부분의 에이전트 AI는 인간의 검수와 승인이 필요한 수준으로 완전하게 모든 일을 맡기는 경우는 제한적이다. 실험적으로 활용되는 에이전트들이 있지만 잘못된 판단이나 할루시네이션(hallucination, AI가 거짓이거나 맥락과 관련없는 내용을 생성하는 것)의 우려가 있어 대중적으로 폭넓게 이용되는 단계까지는 시간이 더 필요해 보인다. 그러나 분명한 것은 AI와 인간이 협업할 수 있는 범위는 빠르게 넓어지고 있다는 사실이다.

젠슨 황은 "미래에는 에이전트 AI가 직원과 함께 일하는 디지털 인력이 될 것"이라며 새로운 틀의 인력 운용 전략을 세워야 한다고 강조했다.

프롤로그에서도 언급했던 2025년 〈업무 동향 지표 연례 보고〉는 인간과 에이전트 AI가 함께 일하는 하이브리드팀, 이른바 '프론티어 기업'이 이미 등장하고 있으며 앞으로 2~5년 내에 모든 조직이 이러한 형태로 전환될 것으로 예상했다. 머지않아 에이전트 AI가 업무와 생활의 일상적 파트너로 자리매김할 가능성이 높다는 것을 시사한다. 우리가 지금이라도 AI를 제대로 활용할 수 있는 역량을 키우기 위한 시도를 해야만 하는 중요한 이유다.

04

솔로프레너의 시대가 열린다

#1

몇 년 전 IT 분야 스타트업을 시작했던 개발자 출신의 지인 A씨는 처음에는 10명 정도의 직원과 함께 일했지만 지난해부터 3명으로 인력을 줄였다. 우선 그는 자신이 한 달 이상 걸려 완성하던 코딩 작업을 AI로 훨씬 빠르게 할 수 있게 됐다. 혼자 할 수 없었던 각종 기획서와 보고서 작성 업무, 기본적인 자료를 조사해서 정리해주는 리서치 업무에서도 AI의 도움을 크게 받을 수 있었다. 그러다 보니 훨씬 축소된 인력 규모로도 사업을 운영할 수 있게 됐다.

#2

다국적 기업들의 미디어 자문 에이전시 대표인 B씨 역시 요즘 AI 덕에 인력 운영에 숨통이 트였다. 해외 본사와 커뮤니케이션해야 할 일이 잦기 때문에 뛰어난 영문 구사 능력을 갖추고 있으면서 한국적 맥락도 잘 이해하는 직원을 구하는 일은 늘 쉽지 않은 과제였다. 얼마전 B씨는 번역 전문 AI인 딥엘을 활용해 자신이 초안을 작성한 문서를 영어로 번역한 뒤, 챗GPT를 활용해 문체를 수정하고 문장을 편집해 최종 자료를 만들었다. 같은 업무를 외부 전문기관에 맡겼는데, 최종적으로 B씨가 AI를 활용한 결과물을 해외 본사로 보내게 됐다. B씨의 보고서에는 업계에서 일하며 오랫동안 갈고 닦은 통찰력이 담겨 있었기 때문이다. B씨는 그동안 영어 보고서를 잘 만들어줄 직원을 구하느라 고생했는데, 다양한 AI 툴을 잘 익혀 놓으면 앞으로 걱정을 덜 수 있을 것 같다며 자신감을 보였다.

이 같은 현상은 세계적 규모의 해외 빅테크들에서도 나타나고 있다. 프롬프트 몇 줄이면 멋진 PPT를 만들어주는 AI 기반 프레젠테이션 제작 플랫폼 스타트업 감마(Gamma)는 발표 슬라이드를 제작하는 데 드는 노력과 시간을 비약적으로 줄여주였다. 2020년에 설립된 이 회사는 감마의 서비스 출시 2년만에 2025년 이용자 5,000만 명을 달성하고 연간반복수익(Annual Recurring Revenue, ARR)이 5,000만 달러를 넘어섰다. (이 책의 실전편에서도 감마를 활용하는 방법을 다룰 것이다.) 회사의 성장세보다 더 놀라운 것은 직원 수가 40여 명에 불과한 작은 조직으로 이뤄낸 성과라는 사실이다. 과거 비슷한 매출의 스타트업과 비교하면 10분의 1 수준의 인력 규모이다.

감마뿐 아니라 코딩 소프트웨어 커서(Cursor)를 개발한 애니스피어(Anyshere)는 20명의 직원으로 2년 만에 ARR 1억 달러를 달성했고, 폴란드의 AI 음성 생성 스타트업인 일레븐랩스(ElevenLabs) 역시 50여 명의 직원으로 비슷한 실적을 냈다. 적은 인원 수로 놀라운 성과를 달성한 이들 스타트업의 비결은 AI로 조직의 효율성을 높인 데 있다.

기업가를 의미하는 프랑스어인 '앙트레프레너(entrepreneur)'는 기업가 그 자체보다 자본주의 시대의 혁신을 이끈 핵심 세력을 지칭한다. 미국의 경영학자이자 작가인 피터 드러커(Peter Ferdinand Drucker)는 앙트레프레너를 '무언가 새롭고 차별화되는 어떤 것을 창조해냄으로써 가치를 변화시키는 사람'으로 설명하기도 했다. 누구나 자신만의 아이디어로 세상에 새로운 가치를 만들어보고 싶다는 꿈을 한 번쯤은 꿔보지만 자본을 조달하고 사람을 모아 실제 사업을 꾸려가는 일은 아이디어만 갖고 뛰어들 수 있는 만만한 도전이 아니다. 어렵게 투자금을 마련했다고 해도 회사의 매출이 안정적으로 나오기까지 초기의 비용을 감당하지 못해 무너지는 실패 사례도 허다하다. 그러나 최근의 AI 도구들은 전문성과 창의성을 가진 개인들이 높은 창업의 벽을 넘어가는 데 유용한 사다리가 되고 있다.

오픈AI처럼 생성형 AI 기술을 개발하는 빅테크들은 어마어마한 규모의 자금이 필요하지만, 개발된 AI 기술을 활용하는 소기업들은 예전보다 훨씬 적은 비용으로 새로운 비즈니스를 시작할 수 있는 길이 열렸다. 1인 기업가, 즉 솔로프레너(solopreneur)의 가능성이 커진 것이다. 기존 솔로프레너들이 주로 활약하던 분야도 SNS 콘텐츠 제작이나 프로그램 개발 등 특정 업종에 쏠려 있었다면 이제는 분야도 다양하고 넓어지고 있다. AI를 통한 업무 효율화와 더불어 다양한 업종에서 등장한 솔로프레너들이 필요에 따라 협업할 수 있는 네트워킹 환경이 발전한 것도 사업의 성공 가능성을 높여주는 중요한 요인이다. 오픈AI의 대표 샘 알트먼(Sam Altman)은 "언젠가 10억 달러 규모의 1인 기업이 나올 수 있을 것"이라는 전망을 내놓기도 했다.

감마의 창업자 그랜트 리(Grant Lee)가 회사를 창업한 동기가 인상적이다. 그는 내용은 좋지만 PPT 디자인의 완성도가 부족해 회의실에서 발표가 주목받지 못하는 현실에 문제의식을 가졌다고* 한다. 앞으로의 창업 역시 마찬가지다. 전문성과 창의적인 아이디어를 갖고 있지만 자금 동원 능력이나 기업 관리 역량이 부족해 주목받지 못하고 기업가의 꿈을 접어야 했던 잠재적 사업가들에게 AI는 새로운 기회다. 이제 막 문을 연 새로운 시대에 사람들이 어떻게 새로운 가치를 만들어낼 수 있을지 미래의 모습이 사뭇 기대된다.

PART 02

관점을 바꾸면 AI는 인생의 선물이 된다

이제 중요한 것은 "AI와 함께 무엇을 새로 만들어낼 수 있을까?"라는 질문이다.
두려움이 아니라 배움을 멈추지 않는 태도가 필요하다.

"21세기의 문맹은 읽고 쓸 줄 모르는 사람이 아니다.

배우고 기존 지식을 버리고 다시 배울 수 없는 사람이 문맹이다.

The illiterate of the 21st century will not be those who cannot read and write, but those who cannot learn, unlearn, and relearn."

- 앨빈 토플러(Alvin Toffler) -

01

경험의 힘, 결정 지능과 AI의 시너지

한 중소 컨설팅사가 미국의 마케팅 전문가를 초청한 소규모 간담회에 참석한 적이 있다. 그 회사에서 인턴을 하고 있던 대학생이 영어와 한국어의 동시통역을 맡았다. 고등학교 때부터 미국에서 쭉 공부를 한 학생이었다. 영어 발음은 원어민에 가까웠으나 통역이 계속 막혔다. 몇 가지 이유가 있었는데 첫째 전문가가 말하는 내용의 맥락을 놓치는 경우가 많았다. 기업 경영이나 마케팅 전략에 대한 기본적인 이해가 많이 부족했다. 둘째, 전문 용어의 뜻을 제대로 모르거나, 영어로 알아도 한국어 단어로는 알지 못했다. 결국 보다 못한 회사 임원이 통역으로 나섰다. 투박한 한국어 억양에 문장이 매끄럽지 못한 경우가 있었지만 내용 전달에서는 무리가 없었다.

오래전의 에피소드가 생각난 건 얼마 전 일을 하며 만난 소위 'AI 전문가'라는 사람 때문이었다. 프로젝트를 진행하며 기획안을 요청했는데 이틀도 안 돼 꽤 두꺼운 결과물을 보내왔다. 읽어 보니 쓸만한 내용 없이 그럴싸한 말잔치뿐이었다. AI로 빠르게 작업한 것임을 한눈에 알 수 있었다. 촉박하게 결과물을 요구하는 것은 아니니 시간을 들여 작업에 공을 들여달라고 부탁하며 2

주가량의 시간을 줬다. 필요한 내용에 대한 추가적인 설명도 보냈다. 2주 뒤 결과물을 확인했지만 너무나도 실망스러웠다. 일을 맡길 수가 없었다. 며칠 뒤 기획안에 대해 논의하기 위해 만났는데 금방 그 이유를 알 수 있었다. 해당 분야에 대한 안목이나 배경지식이 너무 부족했다. 능숙한 AI 기술로 그럴듯해 보이는 기획서를 빠르게 작성하고 본인은 뿌듯했을 것이다. 그러나 결과물은 아무 쓸모도 없는 종이 더미일 뿐이었다.

AI는 정답을 주는 기계가 아니다. 내가 마주한 문제의 정답을 찾는 일은 인간 스스로의 몫이다. AI는 더 좋은 답을 만들어가는 과정을 돕는 인간의 파트너일뿐이다.

인간의 지능을 설명하는 개념 중에 심리학자 레이몬드 카텔(Raymond Cattell)이 제시한 '유동 지능(Fluid Intelligence)'과 '결정 지능(Crystallized Intelligence)'*이 있다. 유동 지능은 새로운 문제나 낯선 상황에서 추론하고 해결하는 능력으로, 추상적 사고와 빠른 문제 해결 능력을 포함한다. 반면, 결정 지능은 교육, 문화, 경험을 통해 후천적으로 습득된 지식과 기술을 바탕으로 문제를 해결하는 능력이다. 한마디로 유동 지능은 새로운 지식을 익히고 습득하는 능력이며, 결정 지능은 습득한 지식을 융합하여 적용하는 지혜를 발휘하는 능력이다. 이는 연령이 높아질수록 점진적으로 축적되며, 성인기 대부분에 걸쳐 비교적 안정적으로 유지되는 특성이 있다.

대부분의 인공지능 기술, 특히 기계 학습 모델은 방대한 데이터에 기반한 결정 지능의 영역에 초점을 맞춰 개발되어 왔다. 이는 AI가 이전에 본 문제를 해결하는 능력에 탁월함을 의미한다. 그러나 AI는 인간의 복잡한 감정이나 상황적 맥락, 혹은 오랜 경험에서 비롯된 통찰력과 같은 미묘한 요소를 이해하는 데는 여전히 한계를 보인다. 이러한 맥락에서 숙련된 전문가의 결정 지능은 AI의 한계를 완벽히 보완하며 강력한 시너지를 창출한다.

의료 분야에서도 AI가 진단과 치료, 환자 관리 등의 영역에서 광범위하게 활용되고 있다. 암 진단 AI 솔루션이 영상 분석은 물론 환자의 임상적 증상, 병력, 병리·영상 데이터 등 방대한 자료를 종합적으로 분석할 수는 있지만, 환자의 개인적 병력과 생활 습관 등 미묘한 맥락을 고려한 최종 진단과 치료 계획을 선택하는 것은 의사의 몫이다. 독일 막스플랑크 인간발달연구소가 주도한 국제 공동연구팀의 연구 결과에 따르면 인간 의사와 AI가 협업했을 때 암 진단 정확도가 가장 높아진다고 한다.* 지치지 않고 방대한 데이터를 처리하는 AI의 패턴 인식 능력과 의사의 통찰력 있는 판단이 결합될 때 더욱 정확하고 신뢰성 높은 결과를 얻을 수 있는 것이다.

창의적인 분야 또한 마찬가지다. 음악가나 디자이너는 AI가 생성한 방대한 멜로디나 이미지 아이디어 중에서 자신의 경험과 감각을 바탕으로 가장 최적의 결과물을 선택하고 다듬는 과정을 통해 창의성을 확장시킬 수 있다. AI는 인간의 창의성에 영감을 주는 새로운 '뮤즈(muse)'이며, 최종적인 창작의 주도권은 인간에게 남아있다. AI의 발전은 단순 반복 업무를 자동화함으로써 인간의 역할을 경험과 판단이 필요한 고차원적인 영역으로 이동시킨다. 결정지능을 갖춘 중장년층의 가치를 상승시키는 데 AI가 뛰어난 조력자가 될 수 있다.

02

가치를 키우는 협력의 패러다임

경험이 언제나 통찰로 이어지는 것은 아니다. 오늘날을 일컬어 'VUCA 시대'라고 표현한다. 변동성이 심하고(Volatility), 불확실하며(Uncertainty), 복잡하고(Complexity), 모호하다(Ambiguity)는 의미다. 한마디로 우리는 예측불허, 오리무중의 시대를 살고 있다. 이는 과거의 경험에 기반한 지식이 더 이상 유효하지 않을 수 있다는 뜻이기도 하다.

더군다나 지금은 산업화 시대에서 디지털 시대로 넘어가며 문명의 패러다임이 바뀌는 전환기다. 산업문명 시대는 한정된 자원을 놓고 경쟁하던 사회였다. 토지와 노동 그리고 자본이 경제의 근본 동력이었으며, 대량생산과 효율성을 극대화하는 규모의 경제가 사회 발전의 핵심 원리였다. 기업은 생산량을 늘려 규모의 경제를 이루는 것을 목표로 삼았고, 개인은 더 많은 정보를, 더 높은 지위를, 더 안정된 자리를 얻기 위해 경쟁했다. 사회의 공식은 단순했다. 더 많이 소유하고, 더 효율적으로 생산하는 자가 승자였다. 이런 환경에서는 협력보다 경쟁이, 공유보다 독점이 더 큰 가치를 지닌 것으로 여겨졌다. 이러한 패러다임은 오랫동안 사회의 기본 질서로 작동해왔다. 그러나 디지털 기술이 본격적으로 사회의 구조를 바꾸면서 이 '경쟁 중심의 질서'는 균열을 맞이하게 된다.

디지털 사회의 본질은 '연결'이다. 기술이 만들어낸 이 연결은 소통의 방식을 바꿨고 그로 인해 사회의 가치가 창출되는 방식 자체를 바꾸었다. 이제 한 개인의 능력이나 한 기업의 자원만으로는 새로운 가치를 만들 수 없다. 오히려 다양한 주체가 네트워크를 통해 연결되고, 서로의 데이터를 활용하고, 아이디어를 교환하면서 전혀 새로운 가치가 탄생한다. 초연결(hyperconnection)이 만들어내는 네트워크 효과란, 참여자가 많아질수록 가치가 기하급수적으로 커지는 현상을 의미한다. 연결이 많아질수록 시장이 커지고, 시장이 커질수록 또 다른 연결이 생겨난다.

페이스북(Facebook)을 예로 살펴보자. 사람들은 지인들의 소식과 그들이 올린 글을 읽기 위해 페이스북에 가입한다. 그들은 스스로도 글을 올리고 지인들이 올린 글에 '좋아요' 등의 반응을 보이며 네트워크의 성장에 기여한다. 이용자가 많아질수록, 다시 말해 네트워크가 커질수록, 더 많은 가치가 창출되고 더 많은 이용자들이 유입되는 선순환이 발생한다. 이 새로운 질서 속에서는 '누가 더 많이 소유하느냐'보다 '누가 더 넓게 연결되어 있느냐', '누가 더 잘 협력하느냐'가 핵심 경쟁력이다.

지식 또한 더 이상 희소한 것이 아니다. 인공지능은 이제 거의 모든 사람이 방대한 지식과 정보에 손쉽게 접근할 수 있는 시대를 열었다. 이런 세상에서 진정한 가치는 '무엇을 알고 있느냐'가 아니라 '그 지식을 어떻게 조합하고, 협력 속에서 어떤 새로운 의미를 창출하느냐'에 달려 있다. 중요한 것은 누가 무엇을 알고 어떤 지식을 가지고 있느냐가 아니라, 그 지식을 어떻게 활용하느냐다.

지식의 가치가 '활용'을 통해서 드러나듯, 협력의 가치는 '공동의 창출'을 통해서 실현된다. 여기서 핵심은 '가치를 키우는 협력'이다. 협력이란 단순히 힘을 합치는 것이 아니라, 서로 다른 경험과 지식을 조합해 새로운 가치의 가능성을 만들어내는 과정이다. 그리고 이 가치가 사람들에게 의미 있게 받아들여질 때, 그 사회는 비로소 자생적인 성장의 네트워크를 구축할 수 있다.

네트워크 효과가 중요한 이유는 바로 여기에 있다. 하나의 가치가 다른 사람들의 참여를 이끌고, 그 참여가 다시 새로운 가치를 낳는 선순환이 만들어질 때, 그 생태계는 스스로 확장된다. 이런 환경에서는 경쟁이 오히려 비효율이다. 경쟁은 누군가의 이익을 위해 타인의 기회를 배제하지만, 협력은 서로의 기회를 확장시킨다.

이러한 변화 속에서 중장년층의 경험은 다시금 의미를 찾을 수 있다. 과거의 성공 경험을 단순히 반복하려 한다면 시대의 변화를 따라잡을 수 없지만, 그 경험을 새로운 협력의 언어로 번역할 수 있다면 이야기는 달라진다. 수십 년간 조직과 시장에서 얻은 통찰을 이제는 '경쟁의 무기'가 아니라 '공동의 자산'으로 전환해야 할 때다. 사회의 새로운 패러다임을 이해하고, 어떻게 공동의 가치를 창출할지, 어떻게 협력과 연결을 통해 더 큰 생태계를 만들어갈지를 고민할 시점이다.

03

디지털 시대에 필요한 핵심 역량

핵심 역량 1: 공감

경험을 새로운 협력의 언어로 전환하기 위한 가장 중요한 역량이 바로 공감* 이다. 디지털 시대의 경쟁력은 기술이나 자본이 아니라 사람을 이해하는 능력, 즉 공감 능력에서 비롯된다. 앞서 살펴봤듯이 산업화 시대의 경쟁은 상대를 이기기 위한 싸움이었다면, 지금의 협력은 상대를 이해하기 위한 대화다. 과거에는 '얼마나 많이 차지했는가'가 성공의 중요한 잣대였다. 이제는 질문이 바뀌어야 한다. '누구를 위해 무엇을 만들 것인가'로.

공감은 단순한 감정의 나눔이 아니다. 그것은 타인의 세계를 상상하고, 그 사람의 관점에서 세상을 다시 바라보는 지적 능력이다. 누군가에게 진정한 가치를 주려면, 먼저 그 사람이 무엇을 소중히 여기는지, 어떤 맥락에서 그것을 필요로 하는지를 이해해야 한다. 기술이 아무리 정교해져도, 공감 없는 기술은 결국 사람을 모으지 못한다. 그러나 역설적으로, 기술의 발전은 우리가 타인과 더 잘 공감할 수 있는 새로운 가능성을 열어준다.

AI는 인간의 감정을 흉내내는 존재가 아니라, 인간이 스스로의 감정과 생각을 돌아보게 하는 거울이 될 수 있다. 대화형 AI와의 상호작용은 자신의 언어와 감정을 객관화하게 만들고, 이는 곧 공감 능력의 확장을 돕는다. 또한 AI는 방대한 데이터를 통해 다양한 시각과 경험을 보여줌으로써, 우리가 미처 보지 못한 타인의 관점을 '경험하게' 한다. 공감의 폭은 결국 경험의 폭에서 자라나기 때문이다. AI는 그 경험의 경계를 넓히는 지적 동반자다.

핵심 역량 2: 메타인지

공감 능력과 긴밀하게 연결되는 역량이 '메타인지(meta-cognition)'다. 메타인지는 '나는 무엇을 알고, 무엇을 모르는가'를 자각하는 능력이다. 자신의 사고 과정을 객관화하고 유연하게 만드는 과정에서 타인의 관점과 감정을 이해하는 공감 능력이 함께 발달할 수 있다. 또한 변화의 속도가 너무 빠른 시대에는, '모른다는 사실을 아는 것'이 오히려 강점이 된다. 이 능력은 협력의 시대에 필수적이다. 서로 다른 세대와 문화, 기술과 가치관이 얽혀 있는 사회에서 자신만의 기준에 갇히면 연결은 단절로 바뀐다. 반대로 자신이 틀릴 수도 있음을 인식하는 사람은 타인의 시각을 포용하며 관계를 확장할 수 있다. 메타인지는 곧 '열림'의 사고이며, 열린 사람만이 네트워크의 중심이 될 수 있다.

AI는 이 과정에서 유용한 거울이 된다. AI와의 대화, 혹은 생성형 도구의 활용은 자신의 사고방식과 판단의 틀을 드러내는 행위다. 우리는 AI가 제시한 결과를 검토하고 비교하며, 자신이 어떤 관점에 갇혀 있는지를 스스로 깨닫게 된다. AI를 단순히 답을 주는 존재로 대하지 않고, 질문을 던지게 만드는 존재로 활용할 때, 인간의 메타인지는 더욱 깊어진다.

핵심 역량 3: 비판적 사고력

AI 시대에 요구되는 또 다른 중요한 역량은 '비판적 사고력'이다. 여기서의 비판은 누군가를 부정하거나 문제를 찾아내는 태도를 뜻하지 않는다. 오히려 그것은 사물을 다양한 각도에서 바라보는 포용적 사고, 즉 세상을 한쪽 눈이 아니라 두 눈으로 보는 지적 균형감이다. 비판적 사고는 생각의 유연성을 길러준다. 익숙한 공식에 의문을 던지고, 보이지 않는 관점을 찾아내며, 기존 질서의 틈에서 새로운 가능성을 읽어내는 능력이다.

AI는 이 지적 훈련의 훌륭한 상대다. AI는 방대한 데이터를 분석하여 답을 내는 시스템으로, 한마디로 세상 사람들의 생각을 학습하여 결과를 내놓는다. AI와 함께 작업하면서 타인의 관점을 배울 수 있고, 내가 어떤 부분에서 틀렸는지, 다른 관점은 어떤 맥락에서 이루어진 것인지를 깨달을 수 있다. 물론 AI에게 내 귀에 달콤한 말만 해달라고 요청할 수도 있을 것이다. 그러나 굳이 아첨꾼을 가장 가까운 파트너로 둘 필요는 없다. 간신을 가까이 둔 왕들의 최후를 우리는 역사에서 너무 많이 보지 않았는가? AI의 쓴소리라면 자존심 상할 일도 없다. 배우겠다는 열린 마음, 내 생각을 바꿀 수도 있다는 유연한 마음을 가진다면, AI는 당신을 디지털 시대를 잘 살아낼 수 있는 역량 있는 인간으로 성장시키는 데 최적의 파트너가 될 것이다.

04

통찰력을 무기로 미래를 설계하라

새로운 시대의 문법을 배우고 적응하려는 의지가 없다면, 중장년층이 지닌 풍부한 경험과 잠재력은 그 빛을 발하지 못한다. 빠르게 변하는 기술 환경 속에서 진정한 경쟁력은 나이를 불문하고 '배우려는 마음'에서 시작된다.

호기심을 잃지 않고 새로운 기술을 익히려는 열린 자세, 과거의 경험을 낡은 틀에 가두지 않고 새로운 방식으로 시도해보려는 도전 의식, 변화의 흐름을 빠르게 읽고 새로운 시스템에 유연하게 적응하는 민첩성은 이제 모든 세대가 갖추어야 할 기본 역량이 되었다.

특히 중장년층에게 이 역량은 더욱 절실하다. 기술의 속도가 인생의 속도를 앞지르는 시대에, '한 번 익히면 평생 쓸 수 있는 기술'이라는 개념은 사라지고 있다. 대신 배움은 지속적인 적응의 과정으로 바뀌었다. 변화에 주저하는 순간, 세상은 이미 다음 단계로 진입했기 때문이다. 그러나 반대로, 오랜 시간 축적된 경험과 통찰력을 가진 이들이 새로운 기술의 언어를 익히고 AI와 협력하기 시작하면, 그 누구도 쉽게 따라잡을 수 없는 지혜 기반의 혁신 에너지가 폭발한다.

엔비디아의 CEO 젠슨 황은 저널리스트이자 유튜브 크리에이터인 클레오 에이브럼(Cleo Abram)의 유튜브 채널 'Huge Conversations'과의 인터뷰(2025년 1월 7일 녹음)에서 "지금 시대를 살아가는 사람들에게 가장 중요한 것은 AI와 상호작용하는 법을 배우는 것"이라고 강조했다. 그는 "제 세대가 '컴퓨터를 어떻게 사용하여 일을 더 잘할 수 있을까?'라는 질문을 던진 첫 세대였다면, 지금 세대는 'AI를 어떻게 활용해 더 창의적이고 효율적으로 일할 수 있을까?'를 묻는 세대가 되어야 한다"* 고 말했다.

그의 발언은 단순한 기술 사용법의 문제가 아니라, '사고방식의 전환'을 요구한다. 그는 "AI에게 질문하는 것은 예술이고, 전문성이 필요하다"며 "모든 사람이 AI를 직접 시도해봐야 한다"고 강조했다. 이는 결국 AI를 '두려움의 대상'이 아닌 '확장의 도구'로 받아들이라는 메시지다.

하지만 AI가 제공하는 방대한 정보의 홍수 속에서, 그럴듯한 문장과 매끄러운 서술에 무비판적으로 안주하는 것은 위험하다. 비판적 사고는 단순히 '의심하는 태도'가 아니라, 정보의 맥락과 출처를 입체적으로 분석하고 다양한 관점을 비교 · 종합하는 능동적 사고력이다.

예를 들어, AI가 제시한 답변을 그대로 받아들이지 말고 "이 주장의 근거는 어디에 있는가?", "다른 AI는 이 사안을 어떻게 설명하는가?"를 질문하는 습관이 필요하다. 신뢰할 수 있는 출처나 다른 생성형 AI를 함께 활용해 교차 검증하는 태도는 허위 정보에 대한 방어막이자, AI 시대의 '지적 면역체계'를 강화하는 방법이 된다. AI의 발전은 정보의 양을 기하급수적으로 늘리는 동시에, 그 내용을 왜곡할 가능성도 함께 키운다. 따라서 비판적 사고력은 단순한 지적 능력을 넘어, 정보를 주체적으로 통제하고 해석하는 인간의 마지막 경쟁력으로 그 가치가 재정의되고 있다.

더 나아가, 인공지능이 지식의 도구라면 그 지식을 지혜로 전환시키는 주체는 여전히 인간이다. 특히 중장년층은 수십 년간의 경험 속에서 길러진 '결정지능'을 가지고 있다. 이는 단순한 데이터 해석 능력이 아니라, 사람과 사회,

시장의 맥락 속에서 판단을 내릴 수 있는 통합적 사고력이다.

예를 들어, 고객의 데이터를 분석하는 AI가 "이 제품은 잘 팔릴 것이다"라고 예측했을 때, 중장년층의 통찰은 "왜 사람들은 이 제품을 선택하려 하는가?"라는 질문으로 이어질 수 있다. AI는 '무엇'을 설명하지만, 인간의 경험은 '왜?'를 묻는다. 바로 그 '왜?'를 묻는 힘이 통찰력이며, 이 시대의 진정한 경쟁력이다.

이러한 결정 시능이 '자기주도적 학습(메타인지)', '타인과의 협력(공감 능력)', '정보의 본질을 꿰뚫는 통찰력(비판적 사고)'과 결합할 때, AI는 단순히 생산성을 높이는 도구를 넘어 잠재력을 확장시키는 파트너로 거듭난다.

결국, 중장년층은 디지털 시대의 주변인이 아니라 'AI 시대의 디지털 리더'로 자리 잡을 충분한 자질을 갖추고 있다. 중요한 것은 두려움이 아니라 시도할 용기, 실험해볼 수 있는 호기심, 그리고 배움을 멈추지 않는 태도다.

"AI가 나를 대체할까?"라는 불안은 내려놓고 "AI와 함께 무엇을 새롭게 만들어낼 수 있을까?"라는 질문을 던져야 할 때다. 그 질문을 던질 수 있는 사람만이, 통찰력을 무기로 미래를 설계할 수 있다. 자신감을 갖고 적극적으로 도전해보자.

PART 03

입문편:

이제는 AI 좀 아는 사람

대표적으로 사용되고 있는 AI 서비스 각각의 특징들과 간단한 사용 방법을 살펴볼 것이다. AI에 대한 막연한 두려움을 내려놓고 내 삶의 새로운 동반자가 될 AI의 세계에 첫 발을 내디뎌보자.

AI 세계로 가는 첫걸음

인공지능(AI) 기술은 훨씬 전부터 존재했지만 2022년 11월 미국 '오픈AI(OpenAI)'가 챗GPT를 출시하며 AI는 대중들에게 일상적 기술로 자리잡기 시작했다. 2007년 아이폰이 출시되며 일으킨 변화에 빗대어 시장에서는 "또 다른 아이폰 모먼트가 찾아왔다"고 선언했다.

온라인 서비스들이 이용자수 100만 명에 도달하기까지 걸린 시간을 비교해 보자. 1999년 설립된 넷플릭스가 3년 반, 트위터는 2년, 페이스북은 10개월, 인스타그램은 2달 반만에 달성한다. 가속도가 무섭다. 2022년 11월 세상에 나온 챗GPT는 얼마나 걸렸을까? 단 5일이다. 챗GPT는 1년 만에 주간 이용자수 1억 명을 돌파했고 2025년 8월 7억 명을 돌파했다. 엄청난 기세다.

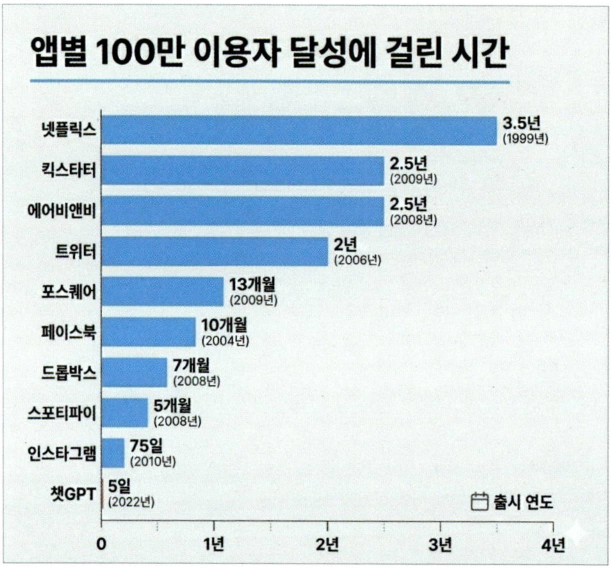

▲ 앱별 100만 이용자 달성에 걸린 시간(제미나이 '나노 바나나 프로'를 활용해 필자가 직접 제작) *

* 출처: Curran, Kevin & Curran, Ethan & Killen, Joseph & Duffy, Cormac. (2024). The role of generative AI in cyber security. Metaverse. 5. 2796. 10.54517/m2796.

'인류의 역사는 챗GPT 이전과 이후로 나뉜다'고 할 정도로 세상은 혁명적 변화를 겪고 있다. AI는 10년 뒤 우리가 사는 세상을 얼마나 바꿔놓을까? 분명한 것은 당장 1년 뒤를 예상하는 것도 쉽지 않을 만큼 AI는 그 어떤 기술보다 더 빠르게 진화하며 영역을 확장하고 있다는 것이다.

옛말에 '괄목상대(刮目相對)'라고 했다. 선비는 사흘이 지나서 만나면 눈을 비비고 다시 봐야 할 정도로 학문을 닦아야 한다는 중국 오나라 여몽 장군의 말에서 비롯한 고사성어다. 눈 뜨면 새로운 서비스와 기능으로 발전을 거듭하는 AI 도구들을 보면 괄목상대라는 말이 떠오른다. 한동안 쓰지 않던 서비스를 오랜만에 들어가보면 "아, 이런 기능들이 생겼어?" 깜짝 놀라기도 하고, 사용법이 좀 익숙해질만 하면 훨씬 향상된 기능으로 맹추격을 하는 신규 경쟁자가 등장해 입이 떡 벌어지게도 한다.

AI 도구들의 무서운 속도전을 길게 풀어놓은 것은 세상의 변화에 두려움을 갖게 하려는 의도가 전혀 아니다. 그 반대다. 끊임없이 변하는 세상에서는 가벼운 마음으로 도전하는 자세가 더 중요하다. 완벽하게 안다는 것은 있을 수 없고, 오늘의 정답이 내일은 오답일 수 있다. 아이와 같은 호기심으로 다양한 실험을 이어가는 것이 변화하는 세상에 가장 잘 적응할 수 있는 길이다.

3부에서는 대표적으로 사용되고 있는 AI 서비스들을 소개하고 각각의 특징들을 살펴보려고 한다. 정말 다양한 서비스들이 하루가 멀다하고 등장한다. 이들을 사용하는 방법을 알려주는 콘텐츠들도 물밀 듯 쏟아져 나온다. 너무 많은 도구들에 이리저리 시선을 빼앗기기보다는 가장 널리 사용되고 있는 주요 서비스들부터 제대로 배운 후에 활용법을 넓혀나가는 전략을 추천한다. 하나를 깊이 파고들다 보면 AI가 어떻게 활용될 수 있는지, AI와 어떻게 소통해야 하는지 AI 사용 감각을 체득할 수 있다. 그렇게 익숙해지고 나면 나에게 필요한 추가 기능이 무엇인지 명확해지고, 특정 기능에 특화된 도구를 쉽게 찾아서 사용할 수 있을 것이다. AI를 활용하는 방법은 무궁무진하다. 자신의 필요에 딱 맞는 활용법은 결국 자신이 이리저리 써보며 찾아내는 수밖에 없다. AI에 대한 막연한 두려움을 내려놓고 내 삶의 새로운 동반자가 될 AI 세계에 첫 발을 내디뎌보자.

01

생성형 AI 시대를 연 선두주자, 챗GPT(ChatGPT)

어디서든 함께하는 AI 파트너

챗GPT는 친절하다. 쉽다. 쓰임이 넓은 범용이다. 사람처럼 자연스럽게 대화할 수 있고 사용법도 직관적이라 디지털 기계가 익숙하지 않은 사람들도 쉽게 접근할 수 있다. 대화의 맥락을 이해하고 음성과 영상 인식도 가능하기 때문에 마치 옆에 똑똑하고 친절한 친구를 두고 있는 것 같은 느낌을 받는다. 새로운 디지털 기술이 낯설고 부담스러운 사람들이 AI 도구를 익히는 첫걸음으로 챗GPT가 제격인 이유다.

디지털 기기가 익숙치 않은 노인들이 자녀에게 사용법을 가르쳐달라고 부탁하는 게 여간 거북스런 일이 아니라고 토로하는 경우를 종종 듣는다. 질문이 두세 번 반복되면 자녀들의 목소리에 짜증이 섞이기 시작하고, 나중에는 치사하고 자존심 상해서 물어보기가 싫어진다는 하소연이다. 챗GPT의 장점은 그 어떤 질문을 아무리 반복해도 면박을 주거나 화내는 법 없이 답변을 계속 이어간다는 것이다. 물론 챗GPT가 내놓는 답변을 100% 신뢰할 수는 없다. 그러나 정보와 지식이 사용되고 유통되는 새로운 방식에 익숙해지는 첫 단계는 자주 써보며 자신만의 노하우를 쌓는 것이다.

우선 스마트폰에 챗GPT 앱을 까는 것부터 시작하자. 일상 생활 틈틈이 질문을 던지고 대화를 이어가다 보면 어느 순간 AI가 익숙해지고 다음 단계로 나아갈 준비가 된 자신을 발견할 수 있을 것이다. 그럼 챗GPT를 설치하고 실행하는 단계부터 함께 시작해 보자.

안드로이드폰의 경우 구글 플레이스토어, 아이폰의 경우 앱스토어에서 'ChatGPT'를 검색하고 설치한다.

PC에서는 웹브라우저에서 www.chatgpt.com에 접속한 후 [무료로 회원가입] 버튼을 클릭하면 아래와 같은 가입 화면을 볼 수 있다. 구글 계정이 있다면 [Google로 계속하기]를 선택하면 편리하다.

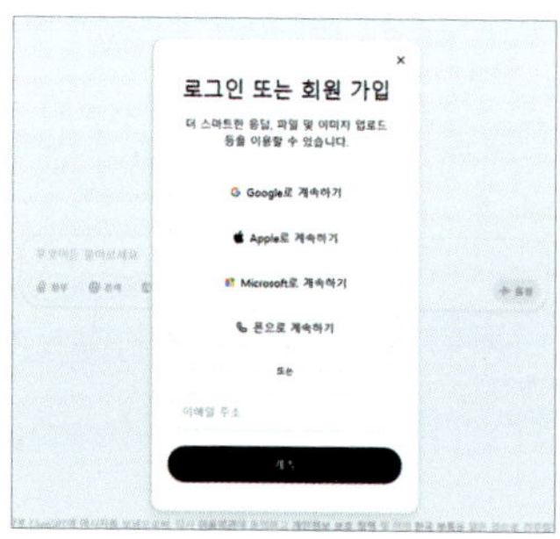

PC와 스마트폰 모두 같은 계정으로 이용이 가능하다. PC에서 하던 작업을 모바일에서 이어서 볼 수 있고, 모바일에서 하던 작업을 PC에서 다시 열어 이어갈 수 있다.

이제 가입을 모두 마쳤으면 로그인한 후 질문을 챗GPT에 넣고 대화를 시도해보자. 한 가지 질문을 던져놓으면 챗GPT가 답을 주는 동시에 추가적으로 더 궁금해할 만한 내용을 제안한다. 첫 질문을 시작하면 '꼬리에 꼬리를 무는' 질문들을 쉽게 이어갈 수 있다. 몇 번 해보면 AI와의 대화에 금방 익숙해진다. 사용법을 모르겠다면 그것도 챗GPT에 물어보자.

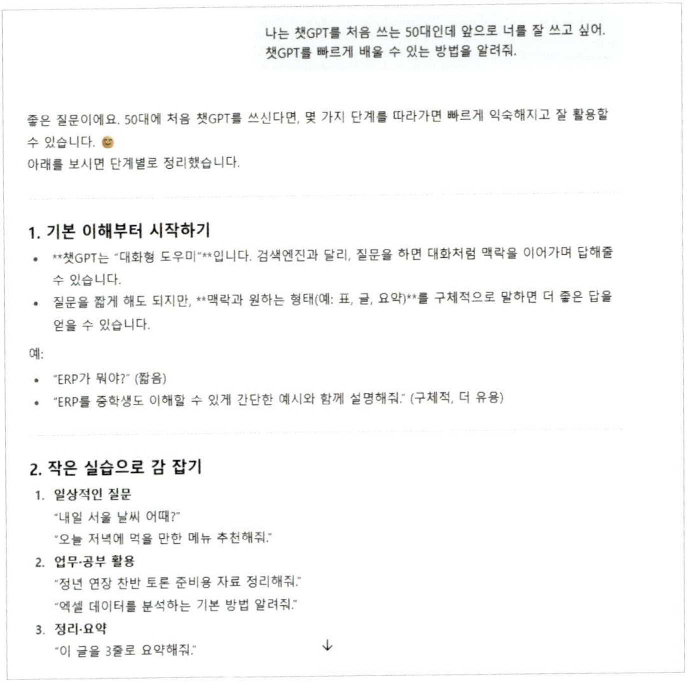

> **TIP 챗GPT 질문 입력 요령**
>
> - 챗GPT를 비롯해 생성형 AI의 프롬프트 입력 시 줄바꿈을 할 때는 키보드의 Shift + Enter↵ 키를 누른다.
> - 주제를 바꿔서 대화를 이어가려면 [새 채팅]을 클릭한다. 기존의 열린 창에서 갑자기 대화의 주제를 바꾸면 AI가 맥락을 잘못 이해해 이상한 답변이 나오는 경우가 있다. 나중에 내가 나눈 대화 기록을 찾는데도 이 방식이 편리하다.

음성과 영상으로 대화하기

질문을 꼭 글로 써야 한다는 편견을 버리자. 챗GPT는 듣고 보면서 말할 수 있다. 음성, 이미지, 심지어 영상까지 실시간으로 이해하고 상호작용하는 것이 가능하다. 듣고 보면서 말할 수 있기 때문에 사용자의 질문에 음성으로 즉각적으로 답변하거나, 사용자가 보여주는 영상을 분석하여 설명을 제공할 수 있다. 최근에는 무료 버전도 멀티모달(Multi Modal, 텍스트, 이미지, 동영상, 음성 등 다양한 형식 동시 처리하는 기능) 모델이 지원되지만 사용할 수 있는 기능이나 성능이 제한적이다. 음성이나 영상 대화를 원활하게 쓰고자 한다면 유료 버전 구독이 필요하다.

챗GPT에게 음성으로 말걸기

시작화면에서 하단의 마이크 모양 아이콘을 클릭하면 음성을 인식하는 기능이 활성화된다. 이 경우 챗GPT가 음성으로 답을 해주는 것은 아니며, 단지 음성을 인식해 해당하는 답을 텍스트로 알려준다.

마이크 아이콘 옆에 스피커를 상징하는 아이콘(세로 줄 표시)을 누르면 챗GPT와 음성으로 대화를 나눌 수 있는 새로운 화면이 나타난다.

챗GPT와 음성으로 대화 나누는 방법

음성 대화 서비스는 사용자가 목소리 톤을 선택할 수 있고, 중간에 언제든 말투나 목소리의 종류를 주문할 수 있다. 친구처럼 친근하게 반말체로 할지, 정중한 말투를 쓸지도 사용자의 선택에 달려있다.

마이크 아이콘을 누르면 중심에 동그라미가 열리며 AI와 대화를 시작할 수 있다. 비디오 아이콘을 누르면 카메라 기능이 활성화된다. 챗GPT에게 물어보고 싶은 것들을 보여주며 대화를 이어갈 수 있다.

챗GPT와 음성으로 나누는 대화 [유료]

모바일 앱에서 챗GPT를 연 후 앞에 놓여 있던 클래식 음반을 보여주며 음성으로 대화를 나눠본 내용의 일부를 공유해본다. 대화가 마치고 나면 대화를 나눈 내용이 텍스트로 변환되어 있는 것을 볼 수 있다. (이 기능은 Plus 버전에서 가능하다.)

ChatGPT

안녕하세요! 지금 보니까 쇼팽 에튀드 앨범을 보여주시는 것 같네요. 멋진 클래식 음반인데 혹시 뭔가 궁금한 점이나 같이 얘기해보고 싶은 거 있으면 편하게 말씀하세요!

나

내가 지금 이 음반을 발견했는데, 이 음반을 연주한 사람에 대해서 좀 더 알고 싶어.

ChatGPT

그럼요, 물론이죠. 이 음반 연주자는 블라디미르 아쉬케나지라는 유명한 피아니스트예요. 그는 특히 쇼팽 연주로도 아주 잘 알려져 있고, 지휘자로도 활동했어요. 굉장히 섬세하면서도 깊이 있는 해석으로 유명한 분이라 이 앨범도 정말 멋진 연주일 거예요.

나

아쉬케나지의 라이벌 피아니스트는 누가 있어?

ChatGPT

음, 아쉬케나지가 활동하던 시기에는 워낙 훌륭한 피아니스트들이 많아서 꼭 '라이벌'이라고 하기보다는 동시대에 함께 인정받은 동료들이라고 할 수 있을 것 같아요. 예를 들어 아르투르 루빈스타인이나 마우리치오 폴리니 같은 당대 거장들과 비교되곤 했지만, 서로 존중하는 분위기였어요. 그러니까 누가 특정 라이벌이라기보다는, 그냥 그 시대의 여러 뛰어난 피아니스트 중 한 명이라고 보시면 될 것 같습니다.

라이벌이 누구냐는 질문에 즉각 답을 내놓기보다는 질문자의 관점을 교정해 주며 대화를 나눌 수 있는 정도로 상당히 발전된 대화를 나눌 수 있는 것을 볼 수 있다. 동시대 피아니스트들과의 연주 스타일 비교, 각 연주자들의 대표 음반 추천 등으로 대화를 이어가며 마치 클래식 음악 전문가와 대화를 나누는 것과 같은 느낌을 받았다.

사이드바의 다양한 부가기능

챗GPT의 화면 왼쪽에 위치한 사이드바는 사용자가 AI와 대화 중 다양한 작업을 더 쉽고 직관적으로 수행할 수 있도록 지원하는 보조 도구로 사용 요금에 따라 제공되는 항목이 다르다.

라이브러리(Library)

자주 쓰는 프롬프트나 중요한 자료를 저장해두고 템플릿처럼 재사용이 가능하다. 예를 들어 보고서 양식, 수업 자료, 포스터 이미지 등 만들어두면 나중에 비슷한 작업이나 반복되는 작업을 할 때 라이브러리에 들어가 바로 재사용할 수 있다. 작업해둔 이미지들이 격자 형태로 뜨는데, 이미지들을 관리하고 필요에 따라 변형해서 사용하면 편리하다.

프롬프트는 아래와 같은 형식으로 작성해주고 필요에 따라 키워드만 바꿔주면 된다.

나

"[용도] 포스터, [주제], [콘셉트], [스타일], [비율]"

원하는 특징이 있다면 프롬프트에 앞에서 제시한 요소에 맞춰 세부사항을을 더 구체적으로 넣어주면 된다.

매달 열리는 독서 모임의 안내 공지 리플렛을 만들어보자.

나

정동 독서클럽 리플렛, 9월의 정동 독서클럽, 9월 25일 오후 7시 덕수궁 카페, 따뜻한 톤의 가을 분위기, 4:5 세로 비율.

다음달 모임의 리플렛을 만들 경우 라이브러리를 열어 9월 리플렛을 선택한 후 수정 사항을 지시한다. 이와 같은 방법을 사용하면 톤과 매너를 유지하면서 리플릿을 쉽게 만들 수 있다. 오른쪽 그림은 12월 분위기에 맞춰 수정한 버전이다.

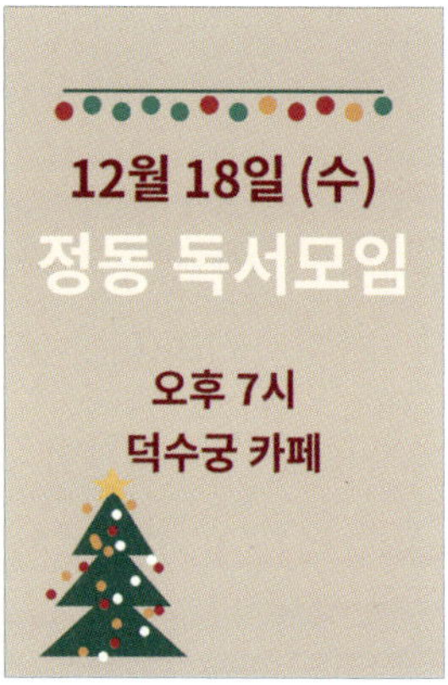

챗GPT의 라이브러리 기능을 사용하면 같은 내용을 조금씩 수정해야 하는 이미지 작업에 유용하다. 예를 들어 한국어 버전의 강의용 그래픽을 만들고 영어용 강의안에 내용만 번역해서 사용할 수 있다. 또 태양계 행성의 도안을 만든 후 초등학교 저학년용, 고학년용 등으로 바꿔달라고 요청하면 더 빠르게 필요한 작업을 할 수 있다.

프로젝트(Project)

주제별로 필요한 내용들을 모아 놓고 관리할 수 있는 파일이다. 사이드바에서 [프로젝트]를 클릭하면 프로젝트 이름을 입력하는 [프로젝트 만들기] 창이 뜬다.

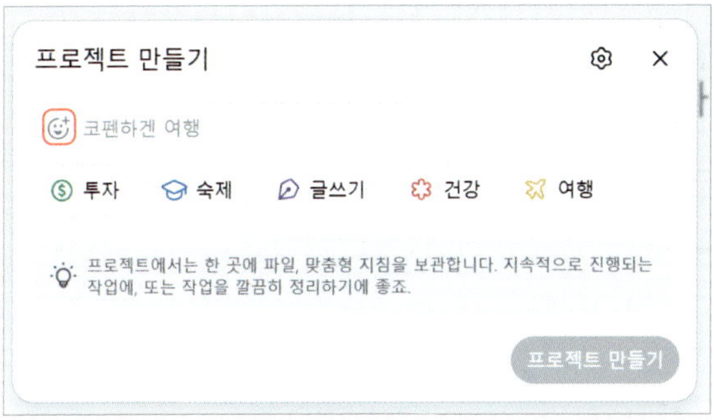

[프로젝트 이름]에는 목적이 명확하고 구체적인 이름을 입력한다. 예를 들면, '여행'처럼 광범위한 단어가 아니라 '유럽 9박10일 여행 준비'처럼 프로젝트의 목표가 구체적으로 드러나는 것이 향후 '프로젝트' 기능을 이용하는데 유용하다. 이름을 입력할 때 옆에 이모티콘을 누르면 이름과 어울리는 이모티콘과 색깔로 꾸며줄 수 있다.

기존에 유럽 여행을 준비하며 대화했던 기록이 있다면 찾아서 '유럽 9박10일 여행 준비' 프로젝트로 옮겨놓을 수 있다. 사이드바 아래 채팅 기록에 마우스 포인터를 올리면 뜨는 점 세 개를 누르면 내가 만든 프로젝트 파일들이 뜬다. 해당 파일로 옮기기를 선택하면 된다.

앞으로 필요한 자료를 찾거나 모을 때 프로젝트를 열어서 활용한다. 만약 채팅 기록에서 유럽 여행과 관련해 나눈 대화 목록을 따로 찾으려고 한다면 여간 번거로운 일이 아니다. 이때 프로젝트 기능이 빛을 발한다.

프로젝트를 열고 채팅을 할 수도 있고, 새 채팅에서 했던 대화라도 필요하다고 판단되면 프로젝트로 이동하면 된다.

해당 프로젝트를 열면 챗GPT와 대화한 내용들이 순서대로 나열된다. 오른쪽 끝에 날짜가 나오는데, 그 날짜에 마우스 포인터를 올리면 점 세 개가 나타난다. 여길 클릭하면 오른쪽 그림과 같은 화면이 뜬다. 여기서 필요한 편집을 진행하면 된다. 필요없는 채팅은 삭제할 수 있고, 이름 바꾸기를 통해 채팅의 제목을 내가 찾기 쉽게 바꿀 수도 있다. 공유를 하면 링크를 만들어 함께 여행을 떠나는 사람들과 계획을 함께 세울 수도 있다.

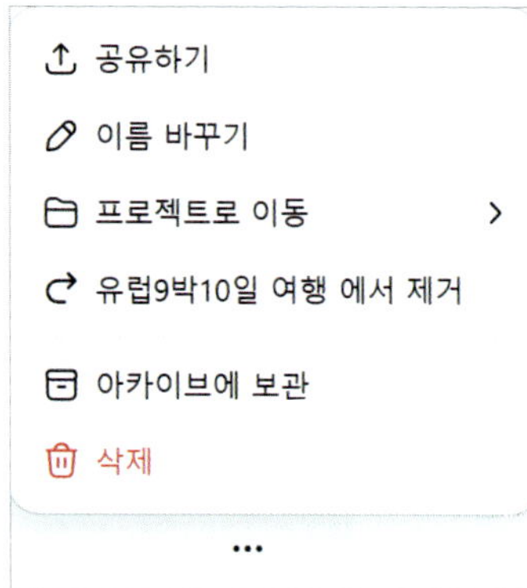

GPTs [유료]

나의 필요에 맞춰 쓸 수 있는 나만의 맞춤형 GPT 버전이다. 복잡한 코딩 지식이 없더라도 원하는 역할을 정해주고 필요한 지시사항들을 설정해놓으면 특화된 챗봇을 만들 수 있다. 이미 다른 사람들이 만들어놓은 GPT를 사용할 수도 있다.

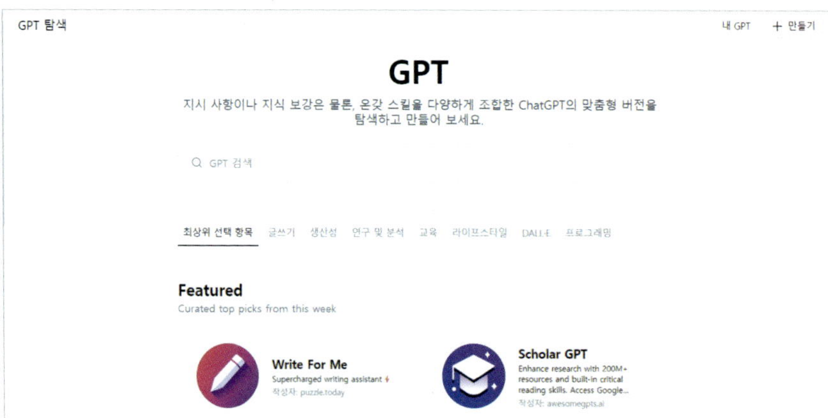

첫 화면에 뜨는 인기 있는 GPT를 살펴볼 수 있고, 카테고리별로 글쓰기, 생산성, 연구 및 분석 등 필요한 주제를 맞춰 전문성이 있는 GPT를 살펴볼 수 있다.

검색 바에서 찾고자 하는 주제를 직접 입력한다. 예를 들어 블로그 글쓰기로 탐색해보자.

AI가 쓴 글을 사람이 쓴 것처럼 검수해주는 기능이 있는 GPT, 네이버 블로그에 특화된 GPT, 쿠팡 파트너스용 GPT 등 다른 사람들이 만들어 놓은 다양한 GPT들의 리스트가 길게 뜬다. 이들을 스크롤해서 다 확인하려면 시간이 오래 걸린다. 검색 기능을 사용할 때는 좀 더 구체적으로 본인에게 필요한 기능을 명시하는 것이 좋다.

다음의 과정을 통해 직접 나만의 GPT를 만들어볼 수도 있다.

01 오른쪽 상단의 [만들기] 버튼을 클릭하면 나만의 GPT를 만들 수 있는 툴이 나온다.

02 챗GPT와 대화하며 새로운 GPT를 만드는 것에 대해 아이디어를 구체화한다.

03 필요한 GPT의 기능이 어느 정도 구체화되면 [구성] 버튼을 클릭한다.

04 GPT를 학습시킬 수 있는 자료들을 파일 업로드하고 [이름], [설명] 등 각각의 항목에 구체적인 지시사항들을 입력한다.

> **TIP**
>
> 나의 문체에 맞춰 글을 써줄 수 있는 챗GPT가 필요하다면 내가 썼던 글들과 참고할 수 있는 양식의 문서들을 저장해놓고 필요한 지침을 넣으면 나만의 글쓰기 챗봇을 만들어볼 수 있다. 상세한 설정 방법은 4부에서 다룰 것이다.

최신 동영상 생성 모델, Sora2

오픈AI는 2025년 9월 기존 이미지 영상 생성 모델을 획기적으로 개선한 소라2를 출시했다. 'sora.chatgpt.com'으로 들어갈 수 있으며 챗GPT 아이디와 연동해서 사용할 수 있다. 프롬프트로 사실적인 이미지와 영상을 만들 수 있을 뿐 아니라 대화와 음향효과까지 제공한다. 소라에는 크게 탐색(Explore)과 라이브러리(Library) 기능이 있다. 탐색은 다른 사람들이 올린 작품을 볼 수 있는 기능인데, 장점은 들어간 프롬프트를 볼 수 있어 내 작업의 프롬프트를 구상하는 데 도움을 받을 수 있다. 소라 첫화면에서 다른 사용자들의 가장 인기 있는 작품이 올라가 있다. 오른쪽 이미지를 클릭하면 프롬프트를 확인할 수 있다.

라이브러리에는 내가 생성한 작품들을 올려놓을 수 있다. 짧은 숏츠 등을 만드는 데 유용하며 텍스트부터 시작해 영상을 생성하는 방법도 있고, 갖고 있

는 이미지를 활용해 영상을 만드는 방법도 있다. 최상위 Pro 요금제가 아니라면 영상 길이(5초 이내)나 화질(720p 이내) 등에서 제한을 받는다.

AI 비서, 에이전트 기능 [유료]

사용자가 지시를 내리면 능동적으로 목적을 달성하기 위한 작업 계획을 세우고 외부 사이트와 연결해 결과물을 만들어내는 AI 에이전트를 경험할 수 있다.

에이전트 모드로 작업하기

01 채팅창의 [+] 버튼을 누르고 [에이전트 모드]를 선택한다.

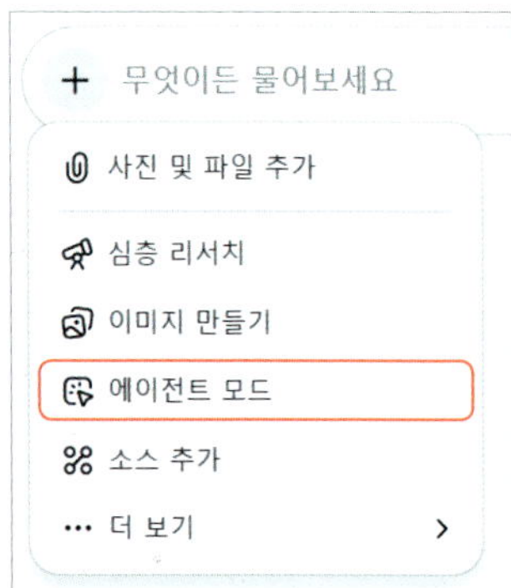

02 채팅창에 에이전트 모드가 뜬다. 지시사항을 구체적으로 입력한다. 프롬프트로 사무실 책상에 올려 놓을 가습기 구매를 위한 제품 검색 작업을 지시했다.

나

#사무실 책상에 올려놓고 사용할 가습기를 구매할 거야.
- 평가가 좋은 제품을 검색한 후 최종적으로 3개 제품을 비교해줘.
- 추천한 가습기를 살 수 있는 온라인 쇼핑몰 정보도 같이 줘.
- 가격은 15만 원을 넘지 않을 것

03 챗GPT가 기사, 유튜브 상품 후기, 업체 홈페이지 등 여러 곳의 사이트를 다니며 정보를 검색하는 것을 볼 수 있다. 작은 창에서는 다양한 사이트들이 열렸다 닫히기를 반복하고, 챗GPT가 정보를 수집하는 과정을 생생하게 볼 수 있다.

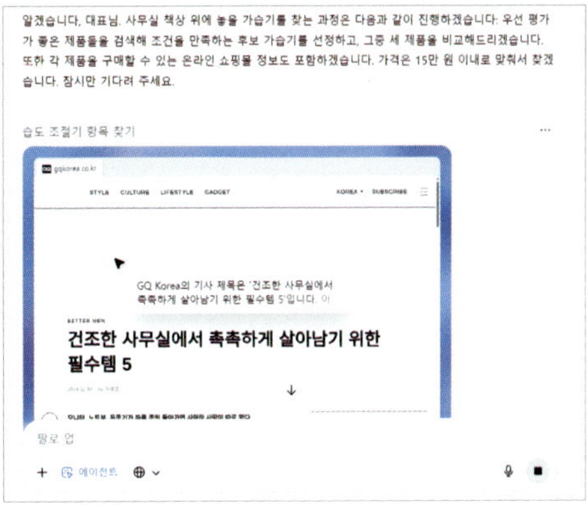

04 작업이 진행되는 창의 오른쪽 옆에 메뉴(점 세 개) 아이콘을 클릭하면 [브라우저 제어 가져오기] 기능이 있는데 사용자가 AI가 자율적으로 진행하는 웹 검색의 통제권을 가져올 수 있는 기능이다. AI에게 맡겼던 운전대를 다시 가져올 수 있는 셈이다.

TIP

팝업 메뉴에서 [활동]을 클릭하면 상세하게 텍스트로 정리된 챗GPT의 작업 내용을 확인할 수 있다. [데스크톱 뷰]를 클릭하면 언제든 원래 화면으로 돌아갈 수 있다.

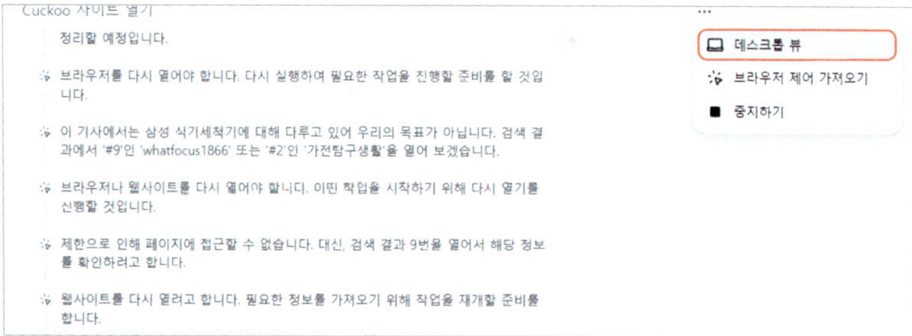

05 거의 20분에 걸쳐 검색과 분석 작업을 끝내고 최종 3개 후보를 가져왔다. 어떤 기준으로 3개 제품을 선택했는지, 각 제품의 특징과 장점은 무엇인지 비교하여 표로 정리했다.

06 제품을 최종 선택할 때의 팁도 함께 제공한 것을 볼 수 있다.

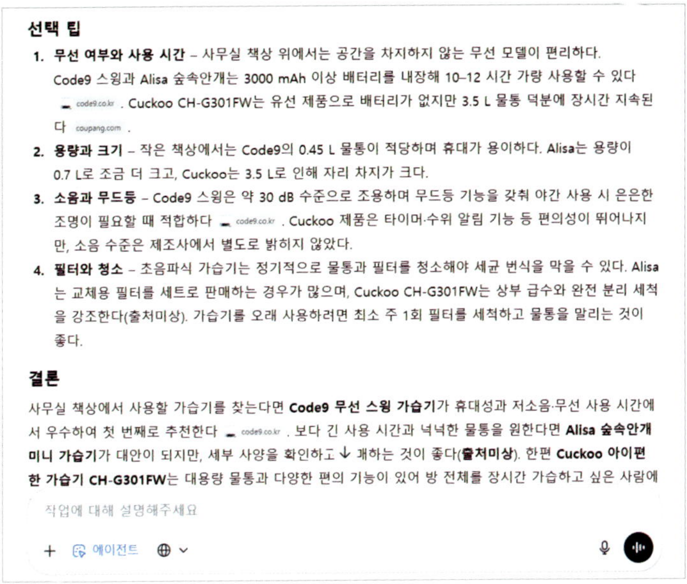

선택 팁

1. **무선 여부와 사용 시간** – 사무실 책상 위에서는 공간을 차지하지 않는 무선 모델이 편리하다. Code9 스윙과 Alisa 숲속안개는 3000 mAh 이상 배터리를 내장해 10–12 시간 가량 사용할 수 있다 code9.co.kr . Cuckoo CH-G301FW는 유선 제품으로 배터리가 없지만 3.5 L 물통 덕분에 장시간 지속된다 coupang.com .
2. **용량과 크기** – 작은 책상에서는 Code9의 0.45 L 물통이 적당하며 휴대가 용이하다. Alisa는 용량이 0.7 L로 조금 더 크고, Cuckoo는 3.5 L로 인해 자리 차지가 크다.
3. **소음과 무드등** – Code9 스윙은 약 30 dB 수준으로 조용하며 무드등 기능을 갖춰 야간 사용 시 은은한 조명이 필요할 때 적합하다 code9.co.kr . Cuckoo 제품은 타이머·수위 알림 기능 등 편의성이 뛰어나지만, 소음 수준은 제조사에서 별도로 밝히지 않았다.
4. **필터와 청소** – 초음파식 가습기는 정기적으로 물통과 필터를 청소해야 세균 번식을 막을 수 있다. Alisa는 교체용 필터를 세트로 판매하는 경우가 많으며, Cuckoo CH-G301FW는 상부 급수와 완전 분리 세척을 강조한다(출처미상). 가습기를 오래 사용하려면 최소 주 1회 필터를 세척하고 물통을 말리는 것이 좋다.

결론

사무실 책상에서 사용할 가습기를 찾는다면 **Code9 무선 스윙 가습기**가 휴대성과 저소음·무선 사용 시간에서 우수하여 첫 번째로 추천한다 code9.co.kr . 보다 긴 사용 시간과 넉넉한 물통을 원한다면 **Alisa 숲속안개 미니 가습기**가 대안이 되지만, 세부 사양을 확인하고 ↓ 개하는 것이 좋다(**출처미상**). 한편 **Cuckoo 아이편한 가습기 CH-G301FW**는 대용량 물통과 다양한 편의 기능이 있어 방 전체를 장시간 가습하고 싶은 사람에

작업에 대해 설명해주세요

\+ 에이전트

에이전트 기능은 사용자의 드라이브나 다른 외부 프로그램과 연결해서 더 많은 일을 할 수 있게 해준다. 이를 위해서는 앱이나 커넥터를 챗GPT에 연결하는 작업을 먼저 해야 한다. 챗GPT가 사용자의 앱에 접근할 수 있는 권한을 주는 작업이다.

앱과 커넥터를 연동하고 관리하기

01 채팅창에서 에이전트 모드를 선택한 후 옆의 소스를 클릭한다. 가장 아래의 [더 연결하기]를 클릭해 필요한 외부 소스들을 연결할 수 있다. [계정]→[설정]→[연동 앱 및 커넥터]로 들어오면 언제든 연동된 앱과 커넥터를 관리할 수 있다.

02 [더 연결하기]를 클릭하면 연결할 수 있는 앱과 커넥터들을 볼 수 있다. 필요한 커넥터를 연결하는 작업을 진행한다. 구글 드라이브나 지메일, 캘린더 등의 커넥터를 연결하면 사용자의 파일과 메일에 에이전트가 직접 들어가 정보를 읽고 작업을 진행할 수 있다. 캔바나 피그마 같은 앱과 연결하면 이미지 생성이나 슬라이드 제작에 이들 앱을 사용해 더 개선된 결과물을 만들 수 있다.

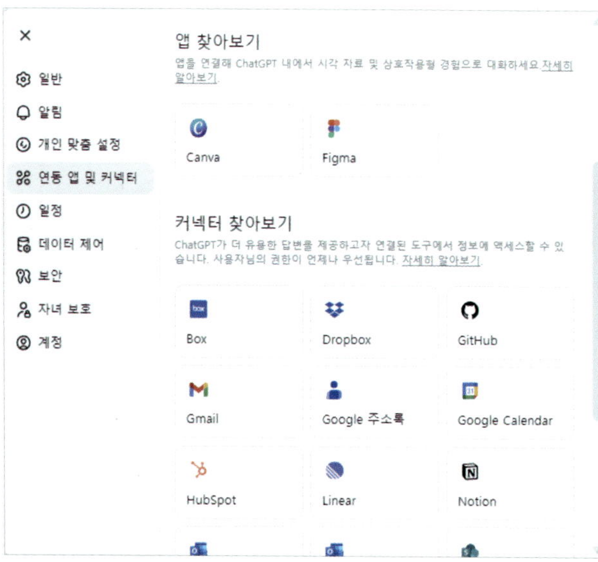

구글 드라이브의 엑셀 파일을 분석하고 슬라이드 만들기

구글 드라이브에 있는 엑셀 파일을 열어서 챗GPT에 첨부하는 작업을 하지 않고 에이전트 모드를 사용해 바로 데이터를 분석하고 보고용 슬라이드까지 만들어보는 작업을 진행해보자. 한국보건사회연구원의 '2021~2023년 가족 갈등조사' 데이터를 담은 엑셀 파일을 사용했다.

01 채팅창에서 [에이전트 모드]를 선택한 후 구글 드라이브를 연결하고 프롬프트를 입력한다.

나

내 드라이브에서 '가족 갈등 원인' 엑셀 파일을 읽고 분석해. 분석한 데이터로 다음의 작업을 수행해줘.

1. 연도별로 일반과 저소득 가구의 가족 갈등 원인 1위 비교 그래프
2. 데이터에서 추출할 수 있는 주요 이슈 2개와 이를 위한 정책 제안
3. 2번의 내용을 PPT 슬라이드 4장으로 만들어. PPT 슬라이드에는 1번 그래프 포함해줘.

02 내 드라이브의 파일을 분석하라는 지시를 내렸기 때문에 커넥터로 구글 드라이브에 접근할 경우 내 데이터가 위험에 노출될 수 있다는 경고 메시지가 뜬다. 일종의 승인을 받는 과정이다. [이해합니다] 버튼을 클릭하면 작업이 진행된다.

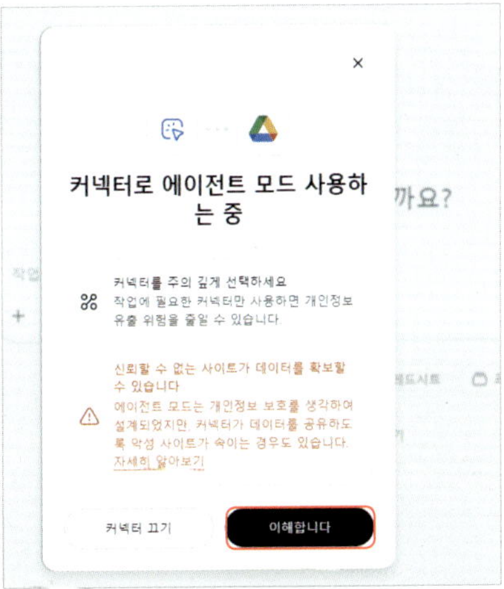

03 챗GPT의 작업 계획과 함께 데스크톱 뷰가 뜨면서 코드를 작성하고 PPT 파일에 들어갈 이미지를 만드는 작업이 보인다.

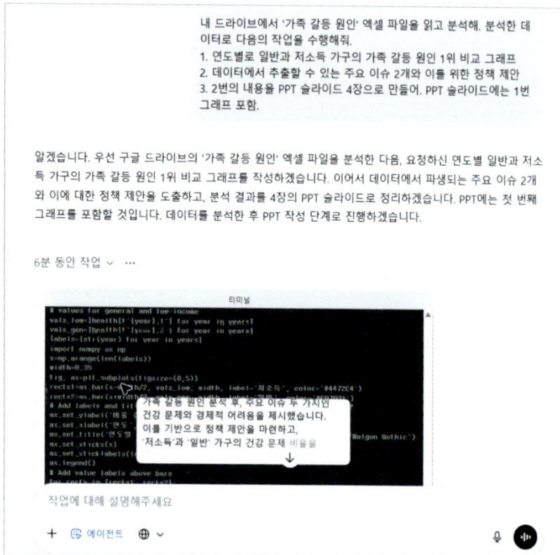

04 6분 만에 최종 결과가 나왔다. 건강 문제로 인한 갈등이 저소득 가구에서 더 빠르게 늘고 있는 점을 포착해 챗GPT는 건강 불평등 해소와 경제적 스트레스 완화를 위한 두 가지 정책 제안을 결론에 담았다.

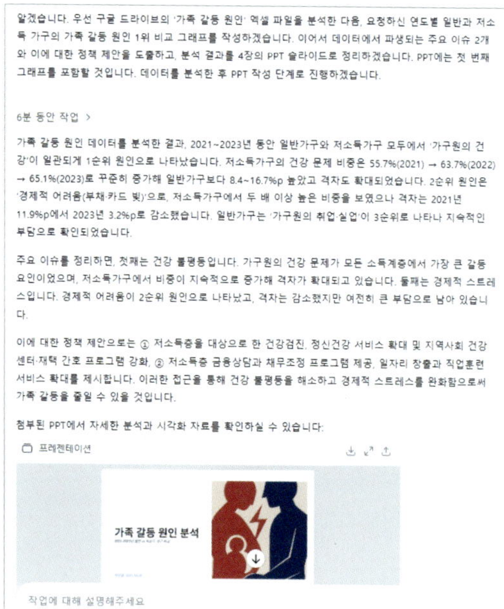

05 프레젠테이션 슬라이드에는 1순위 원인을 비교한 막대 그래프, 데이터 분석과 그에 기반한 정책 제안까지 요청한 사항이 모두 담겨있다.

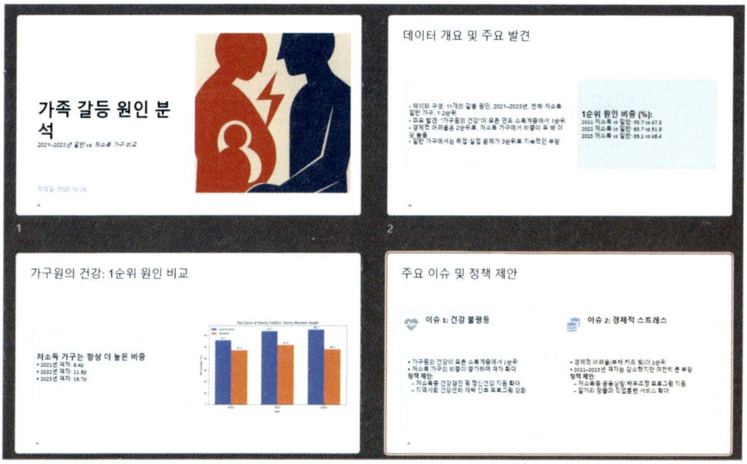

3년 전 처음 챗GPT가 등장했을 때의 모습을 떠올려보면 이 같은 에이전트 모드로의 발전은 놀라울 뿐이다. 오픈AI는 브라우저 자체에 챗GPT가 탑재된 아틀라스(Atlas)를 출시했다. 브라우저 자체가 에이전트 AI로 작동하는 것을 의미한다.

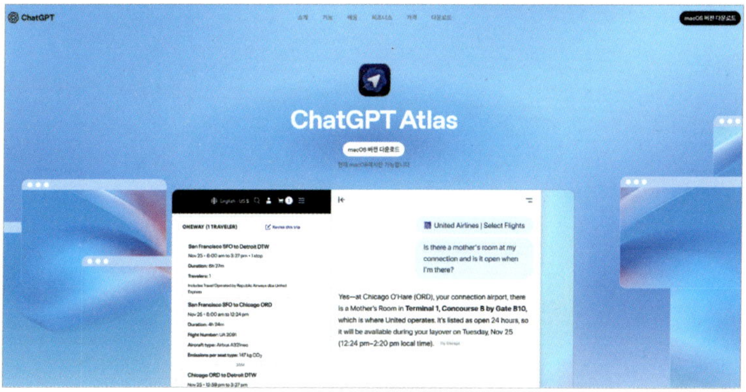

2025년 7월 퍼플렉시티(Perplexity)가 AI 브라우저 코멧(Comet)을 선보이며 AI 브라우저 시장의 포문을 열었다. AI 시대를 연 선두주자 챗GPT가 다음 경쟁에서는 어떤 위치를 차지하게 될지 궁금해진다.

02

복합 문제 해결에 강한 만능 선수, 제미나이(Gemini)

구글의 생태계와 연결하기

Gemini는 구글의 다양한 서비스와 연결되어 막강한 힘을 발휘한다. 챗GPT가 처음 등장했을 때만해도 구글은 생성형 AI 시장에서 인기 없는 후발주자였지만, 선두자리를 넘보는 맹추격자가 되었다. 챗GPT가 등장과 동시에 폭발적인 인기를 얻자 구글은 서둘러 유사한 생성형 AI 챗봇 '바드(Bard)'를 공개했다. 너무 서둘렀던 탓일까? 바드의 엉터리 답변에 구글은 모회사 알파벳의 주가가 하루만에 7.7% 폭락하는 위기를 맞기도 했다. 구글이 반격의 무기로 심혈을 기울여 2023년 12월 새롭게 공개한 모델이 제미나이(Gemini)다. (Gemini의 한글 표기를 국립국어원에서는 제미니로 심의한 바 있으나 이 책에서는 널리 통용되고 있는 제미나이로 표기하였다.).

시장을 선점한 챗GPT의 아성을 넘지 못하던 제미나이가 2025년 9월, 드디어 미국 애플 앱스토어 무료 앱 부문에서 처음으로 1위를 차지했다. 이용자수가 급증한데는 '나노 바나나'라는 별칭을 가진 AI 이미지 편집기의 열풍이 한 몫을 했지만, 지속적으로 이용자수가 늘고 있는 것은 제미나이가 구글의 방대한 서비스 생태계와 연동되기 때문일 것이다. “내가 쓰고 있는 일상과 업무의 모든 디지털 서비스에 곧바로 AI를 연결한다” 전세계인이 널리 쓰고 있는 지메일(Gmail), 유튜브, 구글 드라이브 등의 워크스페이스에 AI를 바로 활용할 수 있다는 점은 구글의 가장 강력한 무기다. 2025년 11월에는 심층추론과 에이전트 모드를 결합한 3.0 프로를 선보이며 AI의 진화를 주도하고 있다.

구글의 크롬 웹브라우저에 로그인된 상태로 오른쪽 상단의 앱 메뉴(점 9개)를 클릭하면 연동된 구글 서비스가 나타나며, 여기에 포함된 제미나이를 확인할 수 있다.

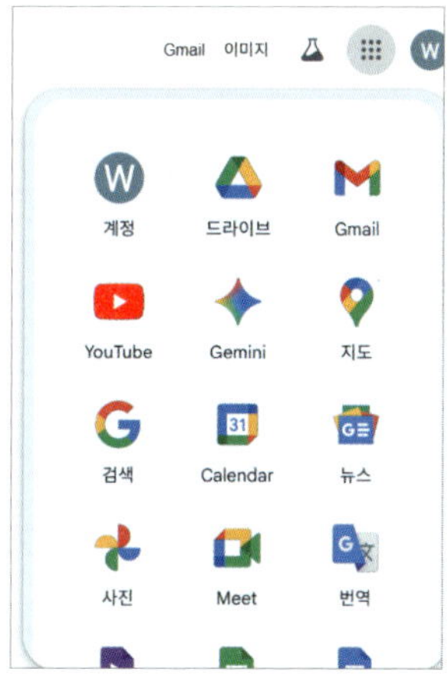

모바일용 앱은 안드로이드폰의 경우 구글의 다양한 앱들이 기본으로 설치되어 있다. 앱이 없다면 안드로이드는 구글 플레이스토어, 아이폰은 앱스토어에서 ‘Gemini’를 검색하고 설치한다.

제미나이의 잠재력을 최대로 끌어내기 위해서는 우선 기본설정에서 나의 앱들과 연동하는 작업을 해야 한다.

01 제미나이 홈 화면 왼쪽 메뉴에서 [설정 및 도움말]→[앱]을 선택한다.

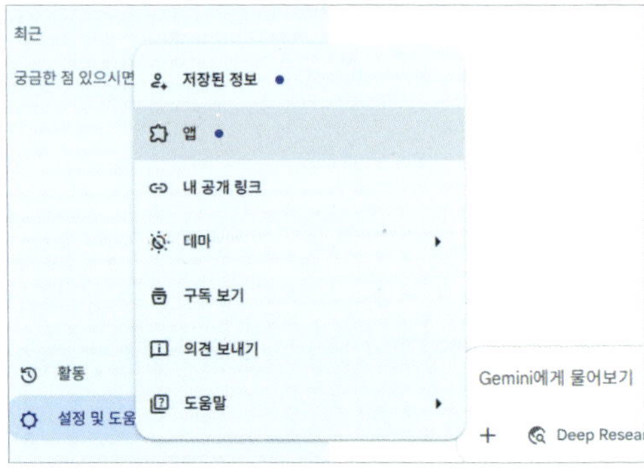

02 구글의 다른 앱들을 활성화할 수 있는 화면이 나온다.

03 워크스페이스를 활성화로 바꿔 놓으면 아래와 같은 메시지가 뜬다. [연결]을 선택하면 제미나이에서 여러 앱을 활용할 준비가 마무리된다.

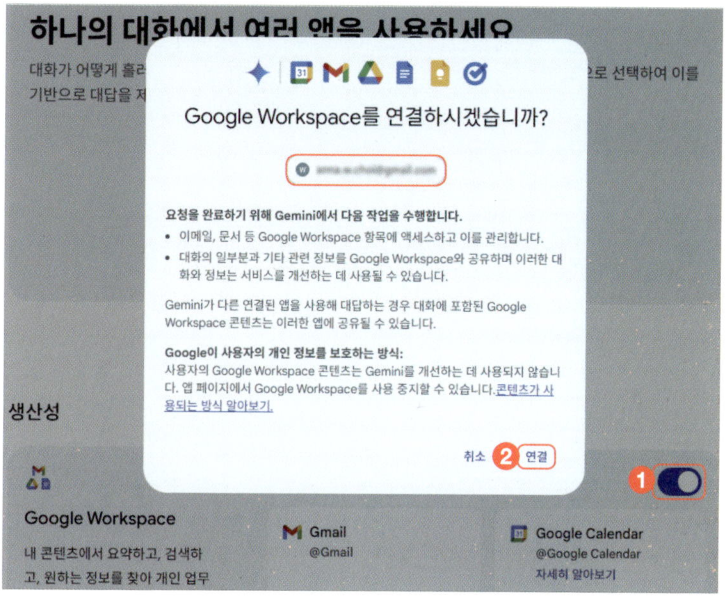

04 이번에는 사용할 모델을 선택한다. [빠른 모드]와 [사고 모드(3 Pro)] 중 선택할 수 있다. [빠른 모드]는 빠르게 답변을 내놓고, [사고 모드(3 Pro)]는 추론을 하며 조금 더 깊이 생각하고 답변을 생성한다. 간단하게 일상에서 사용하는 답변들은 대체로 [빠른 모드]로도 충분하다.

나의 지메일(Gmail) 스마트하게 관리하기

대학에서 수업을 하고 있는데 학생들로부터 메일로 출결, 성적 등 다양한 문의가 들어온다. 매일 들어오는 메일의 양이 많다 보니 때로 놓치는 이메일이 생기고, 잊어버리고 회신을 해주지 못하는 경우도 있다. 누락되는 메일이 없는지 AI를 활용해보자.

01 제미나이 채팅창에 @를 입력하면 연동된 앱 서비스들이 뜬다. 여기서 [Gmail]을 선택한다.

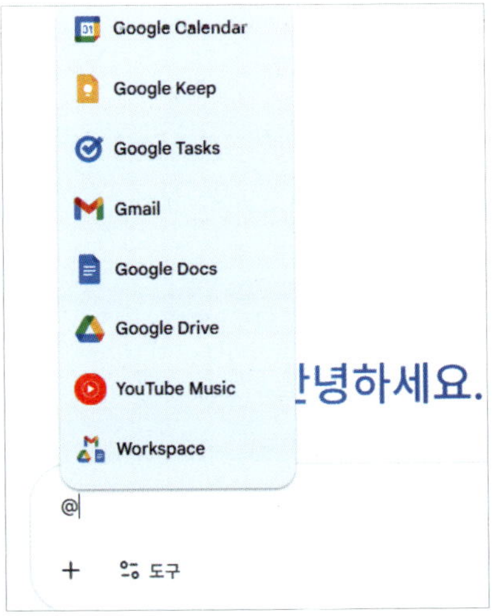

02 [나의 메일함]에서 관리하고 싶은 내용을 프롬프트로 넣는다.

나

올해 8월에서 9월까지 내 수업을 듣는 학생들에게 온 이메일 리스트를 뽑아줘.

Gemini

올해 8월 이후로 교수님의 수업을 듣는 학생들에게서 온 이메일 목록입니다. 총 4건의 관련 이메일 스레드가 검색되었습니다.

제미나이는 4건의 이메일에 제목을 달고, 아래에 보낸사람/날짜/내용요약과 함께 필요시 바로 받은편지함으로 연결되는 링크를 첨부해준다.

정말 많은 뉴스레터들이 들어오지만 열어보지 않은 채 받은 편지함에 쌓이는 경우가 많다. 필요없는 뉴스레터의 리스트를 한꺼번에 뽑고 삭제해보자.

나

내 메일함에 들어온 뉴스레터 중에서 내가 열어보지 않는 것들의 리스트를 뽑아줘.

Gemini

받은 편지함에서 **읽지 않은 상태(UNREAD)**로 남아있는 뉴스레터성 이메일 목록을 찾아 정리해드립니다. 이는 열어보지 않으셨을 가능성이 높은 목록입니다. 읽지 않은 상태로 남아있는 뉴스레터 및 정기 정보성 메일 발송처는 다음과 같습니다.

제미나이는 발신자별로 분류한 리스트를 생성한다. 제미나이가 선택된 리스트의 메일을 직접 삭제해주지는 않지만 한꺼번에 삭제할 수 있는 방법 등 효율적으로 지메일을 관리하는 방법은 알려준다.

지도와 연동하여 여행지 정보 얻기

해외 여행 계획을 세우며 구글 지도를 활용하는 사람이라면 제미나이로 훨씬 빠르고 쉽게 필요한 정보를 얻을 수 있다.

01 채팅창에 호텔 찾기나 여행하는 지역의 맛집 찾기 등 필요한 지시사항을 질문한다.

02 지시가 구체적일수록 좋으며, 후기나 평점 기반 등 정량적 기준을 제시하는 것도 도움이 된다.

나

나고야역 인근의 평점이 좋은 호텔 5개를 추천해줘. 대략 1박 20만원 정도의 호텔을 찾고 있어.

Gemini

나고야역 인근에서 평점이 좋은 호텔 5곳을 찾아보았습니다. 요청하신 대로 검색된 결과 중 평점이 높은 순서대로 5곳을 추천해드립니다.

03 5개의 호텔이 이름/평점/주소 및 특징을 담은 표로 정리되어 나온다. 또 12월 성수기에는 가격이 올라갈 수 있으니 가격대를 미리 확인하고 서둘러 예약하라는 안내도 덧붙인다. 추가로 평점이 좋은 호텔의 특징과 장단점을 정리해달라는 후속질문을 해보자.

Gemini

나고야역 인근에서 평점이 좋은 상위 3개 호텔의 특징, 장단점, 그리고 예상 평균 가격대 정보를 정리해 드립니다. 요청하신 **1박 20만원(약 2만 엔)**은 성수기 또는 주말에는 변동될 수 있지만, 아래 세 호텔 모두 평일 기준으로는 이 예산 내에서 충분히 예약 가능한 곳들입니다.

호텔 이름	평점	예상 평균 가격대(1박, 세금 별도)	주요 특징 및 장점 (Pros)	단점 (Cons)
1. Richmond Hotel Nagoya Shinkan-sen Exit	4.3	95,000원 ~ 150,000원 ($90 - $115)	☑ **최고 수준의 서비스와 친절도**: 직원 응대가 매우 훌륭하다는 평가. ☑ **다양한 어메니티 제공**: 로비에 풀 세트 스킨케어, 마스크팩, 입욕제 등이 구비된 '셀프 어메니티 바'가 있음. ☑ **위치 및 편의성**: 나고야역에서 도보 거리이며, 건물 아래층에 24시간 편의점이 있어 편리함	✖ **소음 문제**: 지하철 선로와 가까워 밤늦게까지 기차 소음이 들릴 수 있음 (잠귀가 밝다면 고려 필요). ✖ 객실 내 무료 생수 미제공 (일본 비즈니스호텔의 일반적 특징)

2. R&B Hotel Nagoya Shinkan-senguchi-Shinkan-sen Exit	4.1	80,000원 ~ 130,000원 ($76 - $100)	☑ **뛰어난 가성비**: 저렴한 가격 대비 시설과 서비스 만족도가 높음. ☑ **훌륭한 조식 빵**: 심플하지만 알찬 구성의 무료 아침 식사 중 특히 빵이 맛있다는 평가가 많음. ☑ **접근성**: 나고야역에서 도보 5분 거리의 좋은 위치. ☑ 청결도 및 편안한 침대.	**× 객실 크기**: 비즈니스 호텔 체인으로 객실이 좁을 수 있음. × 제공되는 시설이 미니멀함
3. 다이와 로이넷 호텔 나고야 신칸센구치 Shinkan-senguch iShinkan-sen Exit	4.0	100,000원 ~ 160,000원 ($99 - $125)	☑ **넓고 청결한 객실**: 다른 호텔보다 객실이 넓게 설계되어 캐리어를 펼 공간이 충분함 (18㎡ 이상). ☑ **우수한 시설**: 가습 기능이 있는 공기청정기, 바지 전용 다리미 등이 완비되어 있음. ☑ **고품질 조식**: 일식 위주지만 맛있고 만족스러운 조식 평가가 많음. ☑ **접근성**: 나고야역 신칸센 출구 쪽에서 도보 10분 이내.	**× 접근 경로**: 현재 도로 공사 중이거나 역 내부가 복잡하여 호텔을 찾는 데 약간 헤맬 수 있다는 후기가 있음. × 다른 호텔에 비해 평균 가격이 약간 높은 편.

요청하신 **1박 20만원(약 2만 엔)**은 성수기 또는 주말에는 변동될 수 있지만, 아래 세 호텔 모두 평일 기준으로는 이 예산 내에서 충분히 예약 가능한 곳들입니다.

추천 요약

- 서비스와 어메니티를 최우선으로 생각하고 20만원 초반대 예산도 괜찮다면: Richmond Hotel을 추천합니다.
- 가성비가 가장 중요하고 간단한 무료 조식을 선호한다면: R&B Hotel을 추천합니다.
- 넓은 객실 공간과 훌륭한 조식이 중요하다면: 다이와 로이넷 호텔을 추천합니다. (예산이 20만원 내외라면 이 호텔의 상위 선택지를 노려보세요.)

• 가격 변동성 참고: 위에 제시된 가격대는 평균적인 가격이며, 실제 12월 중순 예약 시점의 요일(주말), 잔여 객실 수, 그리고 호텔 예약 사이트별 프로모션에 따라 크게 변동될 수 있습니다. 반드시 여행 날짜를 지정하여 예약 사이트에서 최종 가격을 확인해보셔야 합니다.

긴 콘텐츠 단숨에 보기

30분에서 1시간씩 이어지는 긴 영상 콘텐츠를 볼 시간이 없는데 내용은 알고 싶다면 제미나이의 힘을 빌리자. 각 내용별로 타임라인까지 함께 제공해준다.

요약하고 싶은 유튜브 영상의 링크를 복사한 후 제미나이 채팅창에 링크를 붙인 후 영상 내용을 타임라인과 함께 요약해달라는 프롬프트를 넣는다. 영상뿐 아니라 긴 내용의 웹페이지의 깔끔한 요약본도 받을 수 있다.

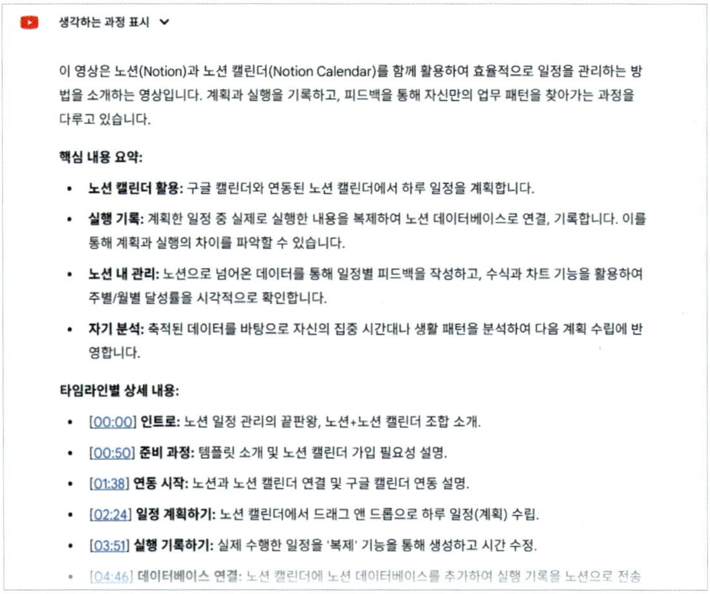
생각하는 과정 표시

이 영상은 노션(Notion)과 노션 캘린더(Notion Calendar)를 함께 활용하여 효율적으로 일정을 관리하는 방법을 소개하는 영상입니다. 계획과 실행을 기록하고, 피드백을 통해 자신만의 업무 패턴을 찾아가는 과정을 다루고 있습니다.

핵심 내용 요약:

- **노션 캘린더 활용:** 구글 캘린더와 연동된 노션 캘린더에서 하루 일정을 계획합니다.
- **실행 기록:** 계획한 일정 중 실제로 실행한 내용을 복제하여 노션 데이터베이스로 연결, 기록합니다. 이를 통해 계획과 실행의 차이를 파악할 수 있습니다.
- **노션 내 관리:** 노션으로 넘어온 데이터를 통해 일정별 피드백을 작성하고, 수식과 차트 기능을 활용하여 주별/월별 달성률을 시각적으로 확인합니다.
- **자기 분석:** 축적된 데이터를 바탕으로 자신의 집중 시간대나 생활 패턴을 분석하여 다음 계획 수립에 반영합니다.

타임라인별 상세 내용:

- [00:00] **인트로:** 노션 일정 관리의 끝판왕, 노션+노션 캘린더 조합 소개.
- [00:50] **준비 과정:** 템플릿 소개 및 노션 캘린더 가입 필요성 설명.
- [01:38] **연동 시작:** 노션과 노션 캘린더 연결 및 구글 캘린더 연동 설명.
- [02:24] **일정 계획하기:** 노션 캘린더에서 드래그 앤 드롭으로 하루 일정(계획) 수립.
- [03:51] **실행 기록하기:** 실제 수행한 일정을 '복제' 기능을 통해 생성하고 시간 수정.
- [04:46] **데이터베이스 연결:** 노션 캘린더에 노션 데이터베이스를 추가하여 실행 기록을 노션으로 전송

1. 분석하고 싶은 웹페이지의 링크를 복사한다.
2. 제미나이 채팅창에 링크를 붙인 후 원하는 결과물을 요청한다.
3, 세부 내용을 표로 정리해서 가시성 있는 자료를 만들 수 있다.
4. PPT 슬라이드용 글, 블로그, 기사, 등 원하는 형식으로 요청한다.

멀티모달에 기반한 복합 작업

인간은 텍스트 정보만 이용하지 않는다. 보고 듣고 만지는 모든 감각을 통해 다양한 정보를 취합하고 처리한다. 이처럼 다양한 정보 유형을 이해하고 처리할 수 있는 것을 멀티모달이라고 한다. 지금은 챗GPT 등 다른 생성형 AI도 멀티모달 모델이지만 제미나이는 개발 단계에서부터 멀티모달 모델로 출발했다. 구글의 막강한 검색 능력도 갖추고 있어 복합적인 문제들을 해결하는 데 강점을 보인다.

다음은 멀티모달의 강점을 활용한 다양한 활용 예시다.

- 매출액 데이터가 담긴 엑셀 파일을 업로드해 매출 추이나 매출 증가에 영향이 가장 큰 요인 등 필요한 인사이트 얻기
- 잘 풀리지 않는 수학 문제를 찍어서 올린 후 풀이 과정 학습하기
- 사진 속 기계의 부품을 식별하고 각각의 기능을 알아보기

실제로 이미지 정보를 정확하게 파악할 수 있는지 궁금해 몇 가지 실험을 진행했다. 몇 년 전 공개됐던 사우디아라비아의 네옴시티 조감도를 업로드한 후 짧은 기사 작성을 시켜봤다. 사진에 대한 아무 정보를 주지 않았지만, 스스로 검색을 통해 네옴시티 이미지를 인지하고 관련 기사를 작성해냈다.

태권V가 국회의사당을 박차고 하늘로 날아오르려는 사진을 업로드한 후 어울리는 시를 써달라고 주문했다. '거인의 비상(The Giant's Flight)'이라는 제

목으로 시 한 편을 완성했는데, 따로 정보를 주지 않았는데도 거인의 이름을 '태권V'로 시구를 작성했다.

채팅창에 장착된 강력한 도구들

채팅창을 열면 'Deep Research', '이미지 생성하기', 'Canvas', '가이드 학습', '동적 뷰' 등 자신이 쓰려는 용도에 따라 선택할 수 있는 도구가 나온다. 동영상 제작 도구인 'Veo'는 유료 사용자에게만 지원된다.

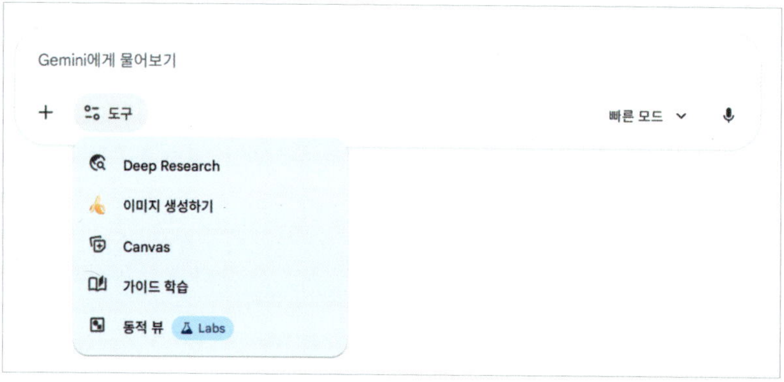

모바일 화면의 경우 채팅창 오른쪽에 음성 채팅과 함께 영상 채팅 아이콘을 볼 수 있다. 왼쪽 두번째에는 도구 선택 아이콘이 나타난다. [도구] 버튼을 클릭하면 마찬가지로 선택할 수 있는 네 가지 도구가 뜬다.

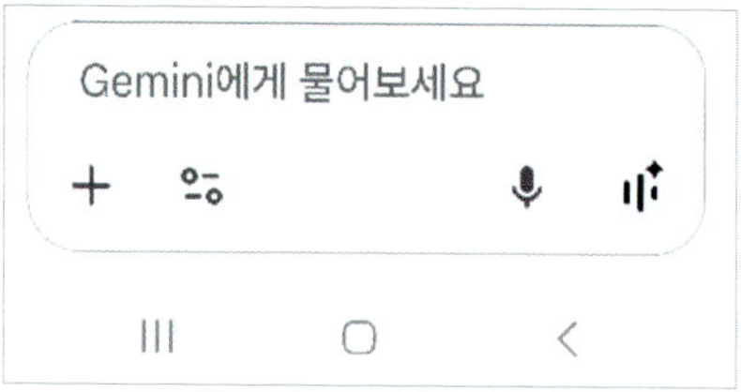

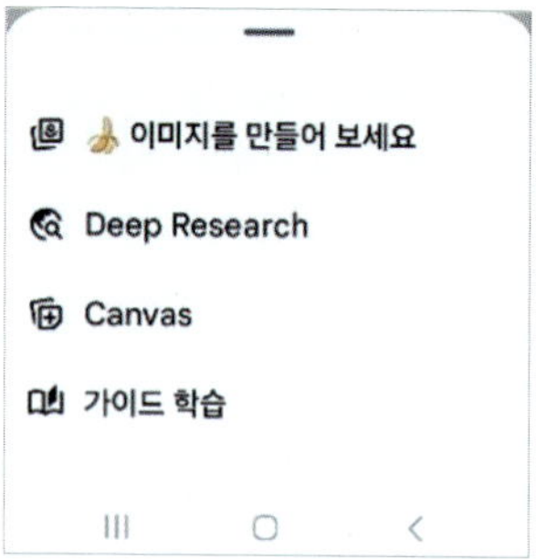

이미지, 일명 '나노 바나나'

압도적인 이미지 생성과 편집 기능으로 제미나이 이용자가 급증하도록 도운 일등공신이다. 기존 이미지 생성 툴에서 한 단계 진화하여, 여러 이미지를 자연스럽게 합성할 수 있고 정교한 이미지 수정이 가능하다.

딥 리서치(Deep Research)

연구 보고서를 만들 수 있는 기능이다. 구글의 리서치 특화 AI인 노트북LM의 연구 기능과 같다. 사용자가 연구 과정을 함께 검토하며 제미나이와 함께 최종 결과물을 만들어낼 수 있는 것이 특징이다.

1. 연구 주제를 입력하면 제미나이는 연구 계획을 보여준다. 연구 계획에는 어떤 주제의 내용을 어떻게 조사할 것인지 등 결과물의 전체적인 구조와 내용을 알 수 있는 계획이 생성된다.
2. 불필요하다고 판단되는 부분이나 보강하고 싶은 부분 등 수정해야 할 내용이 있다고 판단되면 [계획수정] 버튼을 클릭한다.
3. 제미나이와 채팅을 통해 최종 계획을 완성하면 [연구 시작]을 클릭한다.
4. 제미나이가 리서치를 진행하는 동안 화면 한 쪽에서는 진행 상황이 표시된다(완성하는 데 다소 시간이 소요된다.).
5. 보고서의 하단에서 연구 결과에 참조한 소스를 확인할 수 있다.
6. 최종 보고서를 저장하거나 공유한다.

캔버스(Canvas)

캔버스는 단순한 텍스트 답변을 넘어 시각적인 결과물을 만들어내는 데 유용한 도구다. 예를 들어 회사의 보고서 내용을 인포그래픽으로 제작한다거나, 수업 노트를 기반으로 퀴즈를 만드는 등 텍스트 외의 다른 형태로 아이디어를 발전시킬 때 활용하기 좋다.

가이드 학습

한마디로 'AI 튜터'라고 할 수 있다. 미적분이나 영문법 등 구체적인 문제를 함께 풀며 설명을 들을 수 있고, 역사적 사건에 대한 배경과 영향, 철학 사조에 대한 깊이 있는 개념 탐구, 파이썬 기초와 같은 실용적인 분야까지 원하는 분야를 선택해 AI와 차근차근 배워갈 수 있다.

나만의 맞춤형 AI '젬(Gem)'

Gem은 특정 목적을 위해 이용자가 직접 설정할 수 있는 맞춤형 챗봇으로 챗GPT의 GPTs와 유사하다고 볼 수 있다.

01 왼쪽 사이드바의 [Gems 탐색하기]를 클릭한다.

02 [Gem 관리자] 화면에 이미 제작된 젬의 목록들이 뜨고 페이지 하단에서 [*새 Gem] 버튼을 클릭한다.

03 Gem의 이름을 만든다. 예를 들어 '창업 파트너'. '블로그 글쓰기', '마케팅 기획자' 등 내가 사용하려는 용도에 맞는 구체적인 이름을 넣는다.

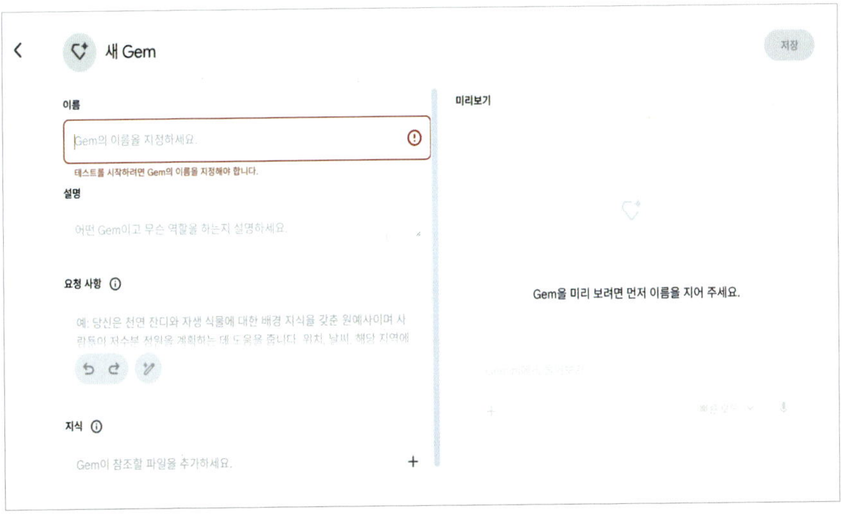

04 요청사항에는 Gem의 역할과 목표, 업무를 수행하는 데 지켜야 할 구체적인 지시사항을 자세하게 명시한다.

05 Gem이 참고할 수 있는 관련 자료들을 저장해놓는다.

Gem을 만들고 활용하는 구체적인 방법은 4부의 실전편에서 다룰 예정이다.

03

대화형 검색 엔진,
퍼플렉시티(Perplexity)

신뢰도 있는 지식 기반 답변

챗GPT 초창기에 전혀 근거없는 얘기를 능청맞게 답하는 인공지능의 할루시네이션(hallucination, AI가 사실이 아니거나 존재하지 않는 정보를 마치 사실인 것처럼 생성 · 전달하는 현상)에 깜짝 놀랄 때가 많았다. 그때 질문에 대한 답변과 함께 정보의 출처를 명확히 제시해주는 퍼플렉시티(Perplexity)의 등장은 사용자들의 뜨거운 환영을 받았다. 특히 신뢰성 있는 정보의 검색을 바탕으로 작업해야 할 때 유용하며, 정보를 모아놓은 지식 허브를 생성하여 여러 멤버들이 함께 작업할 수 있는 '공간', 여러 에이전트가 협업하여 결과물을 만들어내는 '랩스' 기능도 활용도가 높다. 2025년 7월에는 AI 에이전트 기능을 빠르게 선보이며 프로젝트를 수행해주는 AI 기반 브라우저인 '코멧(Comet)'을 선보였으며, 12월에는 안드로이드와 아이폰용 모바일 버전도 출시했다.

퍼플렉시티 홈페이지(https://www.perplexity.ai/) 또는 모바일 앱스토어에서 앱을 다운로드한 후 사이트에 가입한다. [구글 계정으로 계속하기]를 선택하거나 '이메일' 계정 등으로 가입할 수 있다.

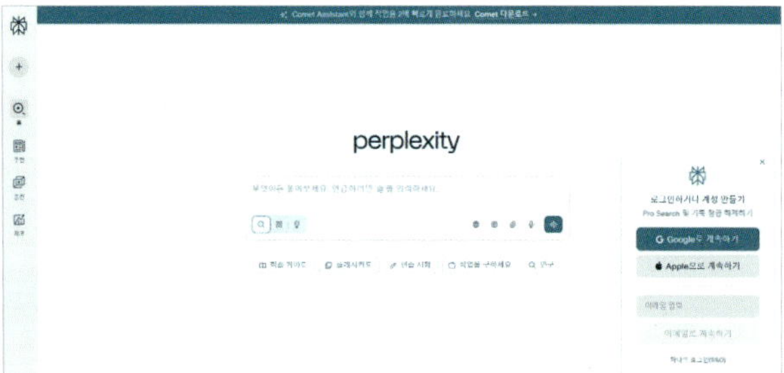

퍼플렉시티 사이트는 다른 AI 모델보다 첫눈에 기능을 파악할 수 있는 직관성이 조금 떨어져, 좀 복잡하고 어렵게 느껴질 수도 있다. 사이드바와 채팅창에 아이콘들이 많기 때문이다.

왼쪽 하단 사이드바에서 [계정]을 선택하면 자신의 계정 아래에 검은색 아이콘을 하나 발견할 수 있을 것이다. '비공식', 영어로는 'incognito'라는 이름으로 뜬다. 이 아이콘을 선택하면 작업 내용이 스레드에 저장되지 않고 24시간 이후에는 삭제된다. 개인 정보나 작업 내역을 남기고 싶지 않을 때 자신의 계정이 아닌 비공식 계정으로 작업하면 된다.

TIP

챗GPT의 경우 스크린의 오른쪽 상단에 점선 무늬 말풍선 모양의 아이콘을 볼 수 있다. 이 아이콘은 '임시채팅' 기능으로 작업 내용이 저장되지 않는다.

채팅창을 열면 왼쪽 아래에는 오른쪽 아래에는 검색 출처를 선택할 수 있는 아이콘이 있다. 왼쪽에는 세 가지의 옵션이 있다.

- **검색(Search)**: 일상적인 질문에 대한 답변
- **Perplexity연구(Deep research)**: 심층 연구
- **랩스(Labs)**: 개인의 프로젝트를 아이디어에서 최종 결과물까지 실현

검색은 일반적인 질문에 대해 정확하고 명확한 답을 내주는 기능으로 일상적

인 작업에 사용하기 적합하다. 연구는 조사 연구에 적합한 기능으로 깊이 있는 분석 결과물을 생성해준다. 연구나 조사 보고서를 작성할 때 활용할 수 있다.

검색과 랩스 모두 무료와 유료 버전이 검색할 수 있는 양과 질에 큰 차이를 보이기 때문에 기대할 수 있는 답변의 수준도 크게 다르다. 실험실을 의미하는 랩스(Labs)는 유료인 프로 버전 사용자만 이용 가능하다. 검색과 연구 기능이 사용자에게 필요한 정보를 찾아서 정리해주고 분석해주는 데 그쳤다면 랩스는 AI가 최종 결과물을 만들기까지 실제 작업을 진행해주는 한 단계 진화된 모델이라고 볼 수 있다. 간단한 지시만으로도 심층적이고 넓게 검색을 진행해 취합한 자료를 분석하고 다양한 형태의 결과물로 생성해낸다. 스프레드시트나 이미지 등을 스스로 만들어 첨부해주고, 간단한 지시만으로 인포그래픽을 포함한 다양한 형태의 시각 자료를 만들어낸다.

채팅창의 오른쪽에서는 검색을 위한 소스를 선택할 수 있다. 만약 학술 논문의 자료만을 활용하려면 학술의 버튼을 열고 웹이나 소셜 등의 다른 소스는 닫아두면 된다. 채팅창에서 @를 입력하여 검색 소스의 범위를 선택할 수도 있다.

퍼플렉시티는 앞에서 설명한 것처럼 실시간 웹 검색을 바탕으로 AI와 결합하여 결과를 생성해내는 것이 특징이다. 실제 검색을 진행해보자.

2025년 생성형 AI의 중요한 세 가지 트렌드를 뽑아서 정리해줄 것을 요청했다.

나

2025년 생성형 AI의 중요한 트렌드 세 가지를 뽑아서 정리해줘.

퍼플렉시티가 결과물을 만들기 위해 어떤 사이트에서 어떤 정보를 찾고 있는지 작업 과정을 볼 수 있다.

최종 답변이 나왔다. 최신 뉴스와 보고서, 블로그 글에서 찾은 내용을 요약하여 세 가지 포인트로 요약문을 생성했다. 각 문장의 끝에는 출처가 달린 것을 볼 수 있다. 출처를 클릭하면 해당 페이지가 왼쪽 창에 뜨고, 퍼플렉시티의 작업이 오른쪽 창으로 나눠져 더 보고 싶은 내용을 볼 수 있다.

퍼플렉시티 검색의 장점 중 하나는 생성된 결과물 하단에 제시되는 추가 질문들이다. 대부분의 생성형 AI들이 작업 마지막에 수행할 수 있는 추가 작업을 제시하는데, 퍼플렉시티는 다양한 시각의 후속 질문 리스트를 제공하기 때문에 해당 주제에 대한 검색을 확장하는 데 많은 도움을 받을 수 있다.

전문 분야를 콕 집은 쉬운 정보 수집

퍼플렉시티는 일반적인 웹 검색 외에 전문 분야에 특화된 검색 모드를 제공한다. 사이드바에서 전문 분야에 특화된 검색 모드를 선택할 수 있다.

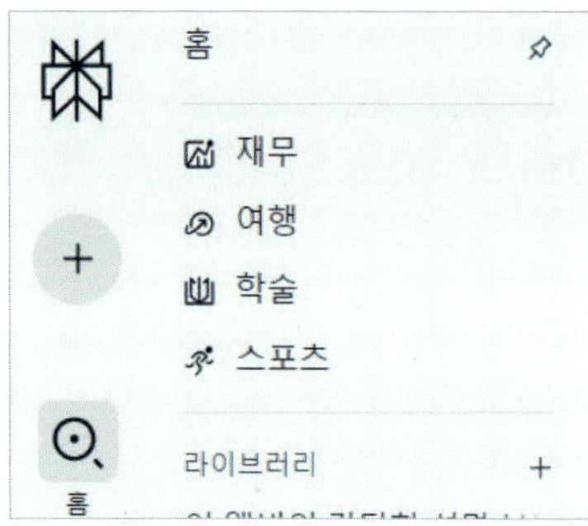

▲ 퍼플렉시티 검색 모드

예를 들어 [재무]를 클릭하면 미국 시장 동향이 자세하게 뜬다. Investing.com, Yahoo Finance, Bloomberg, Reuters 등 글로벌 금융시장 실시간 데이터를 기반으로 답변을 생성해주며, 관심종목을 모아 목록을 만들어 관리할 수도 있다. 해외 시장에 투자한다면 퍼플렉시티는 매우 유용한 도구가 될 수 있다.

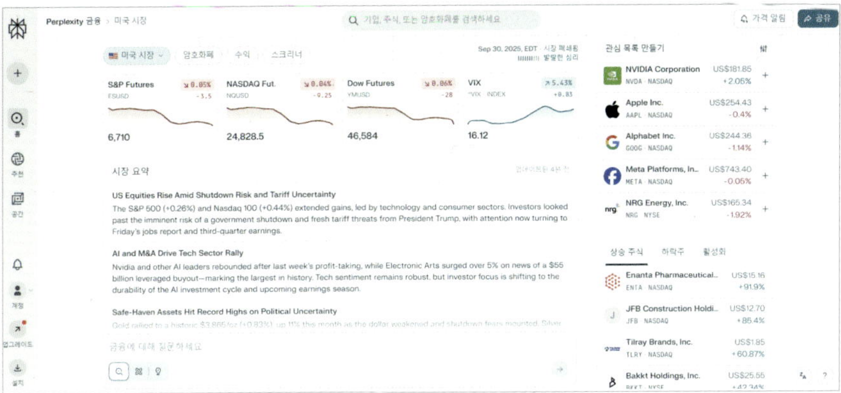

▲ 퍼플렉시티 재무 모드

[여행]은 주요 여행지의 숙박과 식당 정보, 여행 일정 예시 등을 바탕으로 복잡한 프롬프트를 넣지 않고도 유용한 여행 계획을 세워볼 수 있는 서비스다.

예를 들어 '프랑스 리비에라 와이너리 투어'라는 아주 간단한 프롬프트를 넣으면 아래와 같은 정보가 뜬다. 이는 대화형 검색 엔진에 가깝다고 볼 수 있다. 검색 결과를 바탕으로 후속 질문을 넣고 자신에게 맞는 여행 계획을 구체화할 수 있다.

▲ 퍼플렉시티 여행 모드

[학술] 모드는 구글 스칼라나 시멘틱 스칼라와 같은 학술 데이터베이스를 기반으로 답변을 제공한다. 전문 학술자료 기반의 검색이 필요할 때 유용하게 쓸 수 있다. 인문, 정치경제, 컴퓨터공학, 보건 등 학문 주제별로도 섹션이 구

분되어 있어 찾고자 하는 분야의 수준 높은 지식들을 편리하게 찾을 수 있다.

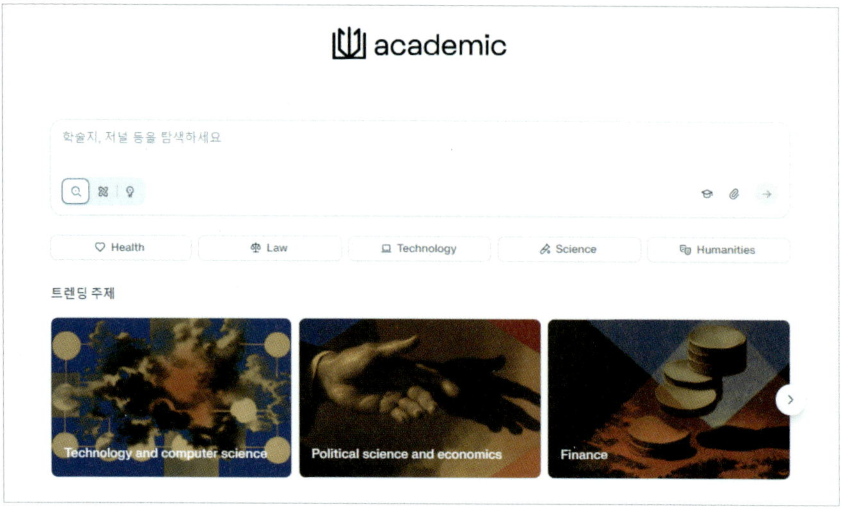

▲ 퍼플렉시티 학술 모드

맞춤 정보를 정리하고 공유하는 공간

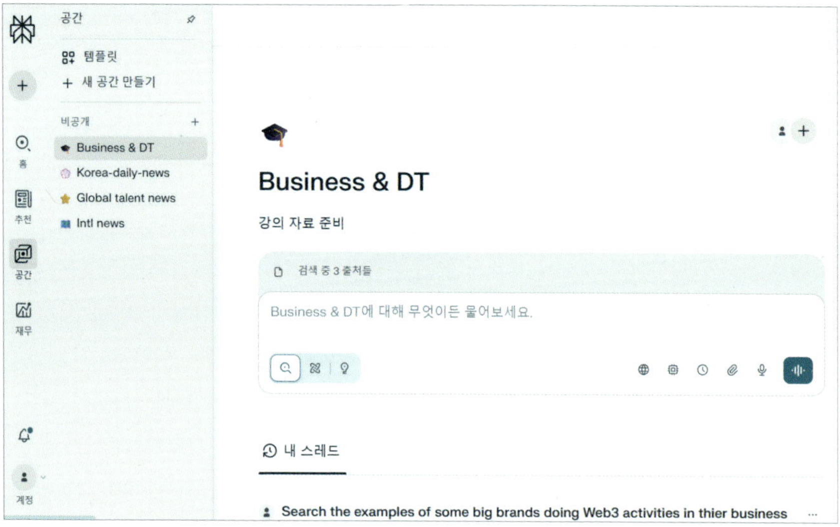

▲ 퍼플렉시티 공간

공간(Spaces)은 특정 주제를 중심으로 자료를 모아두는 일종의 지식 허브 역할을 하는 기능이다. 혼자 쓸 수도 있지만 멤버를 초대해 자료를 공유하는 등 여러 명이 협업도 가능하다. 학생들과의 수업 자료 및 프로젝트 진행 용도로 활용하기에 매우 적합하다.

앞의 이미지는 필자가 '디지털 전환과 기업경영' 주제로 강의를 준비하기 위해 만든 개인 공간이다. 제목을 달고 주제와 맞는 아이콘을 선택하면 사이드바에서 다른 공간들과 한눈에 구분하기가 쉬워진다. 지침을 넣고 참고할 수 있는 강의 자료와 문헌 등을 업로드해놓으면 된다. 예를 들어 강의 계획서, 수업 강의 파일, 참고 논문 등 학습에 필요한 자료들을 업로드해놓으면 해당 수업을 중심으로 체계적인 지식 허브가 만들어진다. 이렇게 정리해두면 시험 기간이나 과제 제출 시에 필요한 자료를 빠르게 찾을 수 있고, 강의 주제에서 확장해 관련 리소스를 찾아서 모아놓기도 쉬워진다.

공간에서는 단순히 자료를 보관하는 것이 아니라 업로드 된 자료와 웹에서 수집한 자료들을 기반으로 질문을 하고 맞춤형 답변을 얻을 수 있다. "이 자료를 바탕으로 예상 문제들을 뽑아줘"처럼 시험 대비 가이드, 연습 문제 등을 만들기도 좋다.

공간의 제목 상단에 멤버를 초대하는 기능도 있다. 공간을 공유하는 멤버들은 모두 같은 자료를 보면서 질문을 하고 답변을 얻을 수 있다. 리서치 역할을 나눈 후 자료를 공유하는 등 협업 효율성을 올릴 수 있다.

퍼플렉시티에서 선보인 코멧(Comet)은 웹 브라우저에 AI 어시스턴트 기능이 탑재되어 필요한 업무들을 AI가 수행해주는 AI 에이전트의 기능이다. 사용자가 웹을 직접 찾아다니며 정보를 찾을 필요 없이 AI 어시스턴트가 모든 작업을 대신해준다.

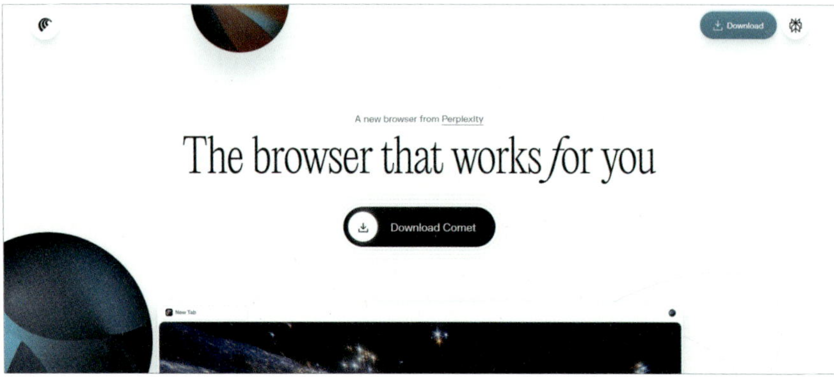

▲ 코멧 다운로드 화면

예를 들어 인터넷 쇼핑으로 물건을 사려고 한다면 어시스턴트가 직접 리뷰를 찾아서 읽고 웹에서 최저가를 비교한 후 바로 구매까지 진행하는 식이다. 숙소를 예약한다면 어시스턴트가 부킹닷컴에 직접 접속해 가격대와 예약 가능 여부 등을 직접 찾아서 사용자가 원하는 최적의 방을 선택하고 바로 예약 추천까지 해주는 식이다. 자세한 활용 예시는 4부에서 살펴보겠다.

04

글쓰기의 강자, 클로드(Claude)

상황에 따른 다양한 문체 구사

클로드(Claude)는 기억력과 문장력이 뛰어나다. 따라서 다른 생성형 AI보다 긴 글을 처리하는 데 탁월한 성능을 보인다. 그래서 논문이나 책을 기반으로 작업을 해야 하는 연구자들에게는 매우 활용도가 높은 서비스다. 글이 매끄럽고 문맥을 이해하는 능력이 뛰어나 더 정교한 글쓰기 작업이 필요한 사람들이 매우 유용하게 사용할 수 있다. 특히 표현이 자연스럽고 상황에 따라 미묘한 감정적 차이를 보여주는 글을 다른 AI보다 잘 쓰는 편이다. 인공지능이 쓴 글 특유의 부자연스러움이 덜하고, 스타일 지시사항도 잘 이해하는 편이다.

클로드의 홈페이지(claude.ai)에 접속하여 구글 계정으로 회원가입을 한다. 챗GPT, 제미나이 등과 유사하지만 개발사인 앤쓰로픽(Anthropic)의 설계 철학에 따라 '윤리성과 안전성'을 강조한 만큼 편향적이고 유해한 답변은 거부할 수 있다고 명시하고 있다.

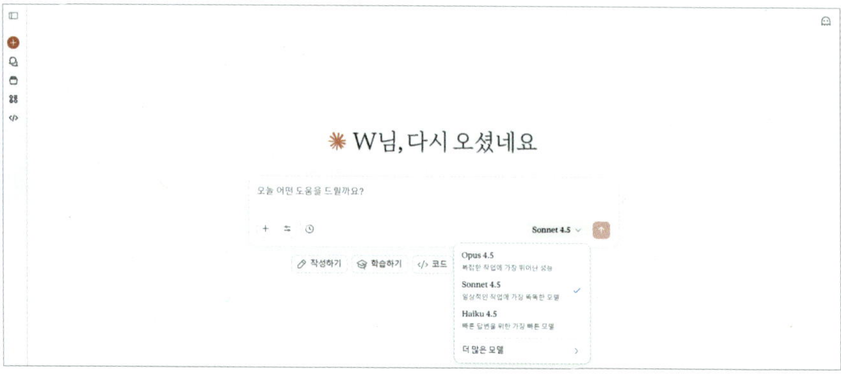

클로드는 무료 버전의 경우 일상적인 글쓰기, 데이터 분석 등의 범용적인 Haiku 모델을 쓸 수 있고, 심층적인 추론이 가능한 Sonnet 모델은 사용량에 제한을 받으며, Opus 모델은 사용할 수 없다. 정해진 용량 넘기면 일정 기간 사용할 수 없게 된다. 작업을 하다보면 챗GPT나 제미나이에 비해 유료 플랜 구독의 압박을 더 많이 받는 편이다.

클로드의 채팅창 도구함을 열면 용도에 따른 다양한 문장 스타일 옵션이 나온다. '일반', '학습', '간격한', '설명적인', '격식있는', '칼럼글쓰기' 중에서 원하는 스타일을 선택해서 사용하면 된다.

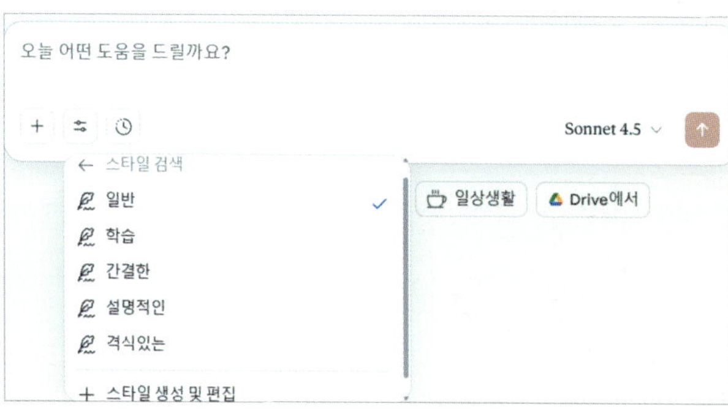

다음은 "잘못된 상품을 받은 고객에게 보낼 이메일 답장을 작성해줘"라는 프롬프트에 대해 각기 다른 문체로 작성한 결과물이다.

설명적인

안녕하세요, 고객님.
저희 상품에 문제가 있어 정말 죄송합니다. 귀하께서 잘못된 상품을 수령하셨다는 점에 대해 깊이 사과드립니다.
저희는 즉시 다음과 같이 조치하겠습니다:

올바른 상품을 무료로 즉시 발송해 드리겠습니다.
잘못 배송된 상품은 별도의 비용 없이 무상 회수하겠습니다.
불편을 끼쳐드린 보상으로 10% 할인 쿠폰을 발급해 드리겠습니다.

귀하의 소중한 시간과 신뢰를 존중하며, 최선을 다해 신속하게 문제를 해결하겠습니다. 추가로 궁금하신 점이 있으시면 언제든 연락 주시기 바랍니다.

감사합니다.

격식있는

제목: 주문하신 상품 관련 안내

존경하는 고객님,

귀하의 최근 주문과 관련하여 불편을 끼쳐드려 진심으로 사과드립니다. 잘못된 상품을 수령하셨다는 점에 대해 깊이 유감스럽게 생각합니다.

해결 방법:
잘못 배송된 상품은 무상으로 회수하겠습니다.
고객님께서 원하시는 정확한 상품을 즉시 무료로 재발송해 드리겠습니다.
불편을 끼쳐드린 점에 대한 보상으로 10% 할인 쿠폰을 발급해 드리겠습니다.

추가 문의사항이 있으시면 고객센터로 연락 주시기 바랍니다. 고객님의 만족을 최우선으로 생각하겠습니다.

감사합니다.

간결한

안녕하세요, 고객님.

잘못된 상품을 받으셔서 정말 죄송합니다. 귀하께서 주문하신 제품과 다른 상품을 받으셨다는 점에 대해 깊이 사과드립니다.

즉시 올바른 상품으로 교환해드리겠습니다. 불편을 끼쳐드려 죄송하며, 반송 비용은 저희가 전액 부담하겠습니다. 고객님께서 원하시는 상품을 최대한 빠르게 발송해드리겠습니다.

추가로 도움이 필요하시면 언제든 연락 주시기 바랍니다.

감사합니다.

이처럼 여러 가지 선택지 중에서 나만의 맞춤 스타일을 생성할 수도 있다.

스타일을 생성할 때 원하는 문체를 프롬프트로 넣을 수도 있지만 하나하나 설명을 하기보다는 완성된 글을 텍스트로 붙여 넣거나 파일을 업로드하면 AI가 글의 스타일을 분석해 예시 글을 만들어준다. 채팅창에 수정 요청 사항을 넣어준다. 예를 들면 "더 강한 어조", "저널리즘적 내러티브"처럼 톤과 매너를 맞춰준다. 스타일의 이름을 입력하면 스타일이 추가된 것을 볼 수 있다. 위 사진의 '칼럼글쓰기'가 새로 생성한 스타일이다.

사이드바의 '프로젝트'는 챗GPT의 프로젝트와 유사하다. 특정한 목표를 설정하고 그에 따른 지침을 넣어두면, 그 지침을 기준으로 대화를 이어갈 수 있다. 대화가 쌓이다보면 나중에는 클로드에게 구체적인 맥락을 주지 않아도 기존 정보를 학습하여 답을 내준다. 예를 들어 "중장년 AI 교육 프로그램"이라는 프로젝트를 만들어두고 관련 내용의 블로그, 유튜브 영상 원고, 저술과 강연과 관련된 작업을 진행해왔다. 이후 강연 요청이 들어왔을 때 새로운 기획안을 구성하거나 강의 PPT를 만들어야 할 때 기존의 자료를 바탕으로 쉽게 새로운 콘텐츠를 생성할 수 있다.

클로드는 긴 글 처리에 강하다고 설명했는데 긴 문서를 만드는 작업에서도 사용자의 편의성을 높였다. 사이드바의 '아티팩트'를 이용하면 대화 중 생성되는 콘텐츠가 오른쪽 옆에 별도의 창으로 분리돼 보여진다.

다음은 컨퍼런스 기획안을 아티팩트로 작업한 것이다. 오른쪽에 결과물이 보이고, 왼쪽에 기획안을 만들기 위한 AI와의 대화 내용이 보여진다. 결과물을 보면서 왼쪽의 채팅창에 계속 수정 요청을 넣을 수 있다.

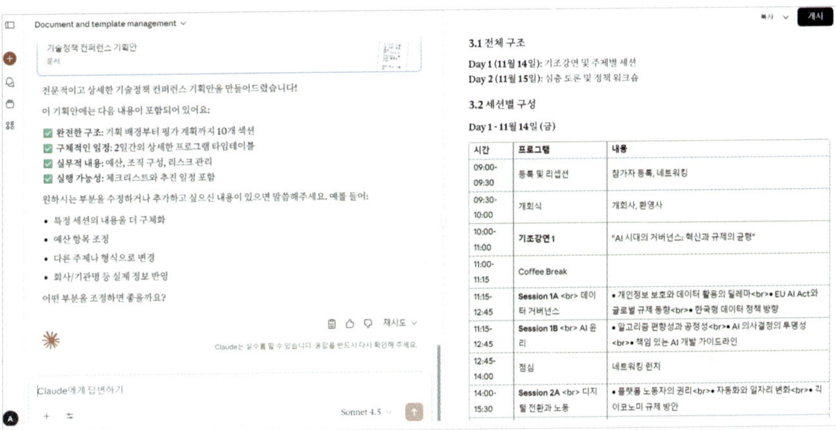

일반적인 채팅창에서는 대화가 길어지면 이전 내용을 찾기 위해 길게 스크롤을 해야 하고, 수정할 때마다 새로운 대화 블록이 만들어져서 필요한 내용이 대화 속에 묻혀버리는 경우가 많다. 그래서 긴 보고서를 쓰거나, 추가적인 수정이 많이 필요한 기획서 작업, 긴 코드를 작성해야 할 때 작업을 수월하게 할 수 있다. 아티팩트에서의 대화 내용은 아티팩트 카테고리에 별도 저장되기 때문에 나중에 작업을 이어서 하기도 수월하다.

외부 앱과 바로 연결되는 커넥터 [유료]

클로드가 강점을 가진 획기적인 기능은 MCP(Model Context Protocol)와의 연결이다. MCP는 AI 시스템이 외부 데이터 소스와 안전하게 양방향 통신할 수 있게 해주는 프로토콜인데, 쉽게 말해 AI가 개인의 컴퓨터에 있는 다양한 도구나 데이터에 직접 접근해 작업을 할 수 있게 해주는 방식이다. 문서 요약을 예로 들자면 예전에는 내 파일을 직접 복사해서 붙여넣고 요약 요청 프롬프트를 넣어야 했지만, MCP가 있다면 AI가 직접 찾아서 요약 작업을 마무리 해주는 식이다. 굉장히 유용한 기능이지만 이것을 실제로 설치하려면 복잡한 단계를 거쳐야 한다는 단점이 있었다. 그러나 최근 '커넥터'라는 기능으로 클릭 한 번에 연결이 가능하게 됐다. 많은 도구들이 AI 에이전트에 훨씬 근접해지고 있는 것을 느끼게 된다.

01 채팅창의 [검색 및 도구] 버튼을 클릭하면 아래에 [커넥터 추가]와 [커넥터 관리]가 나온다. [추가]를 누른 후 왼쪽 아래에 위치한 계정으로 들어가 [설정]→[커넥터]를 선택하는 방법도 있다. 아직 연결한 커넥터가 없다면 [Drive 검색]이나 [Gmail 검색] 등의 토글 버튼이 비활성화되어 있을 것이다. 연결을 마치고 나면 아래 그림처럼 커넥터로 연결된 앱의 이름과 버튼이 활성화되어 있는 것을 볼 수 있다.

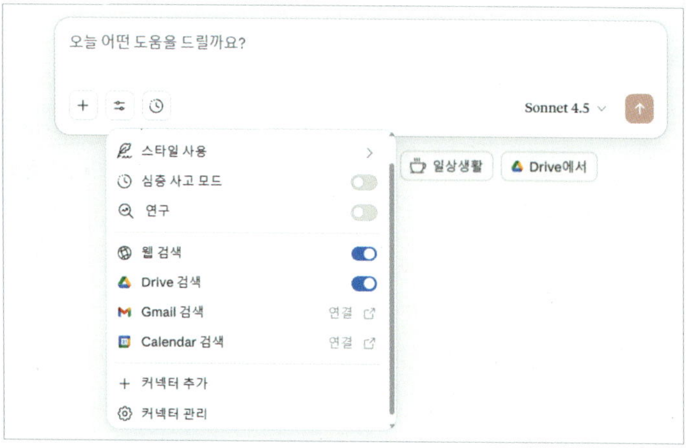

02 [커넥터 추가] 버튼을 누르면 웹과 데스크톱 확장 프로그램의 두 가지 옵션이 나온다. 웹 커넥터는 웹 브라우저를 통해 사용하는 것이고, 데스크톱 커넥터는 사용자의 컴퓨터에 직접 설치되어 실행되는 방식이다. 2025년 12월 기준 웹 커넥터는 유료 버전에서만 이용이 가능하다.

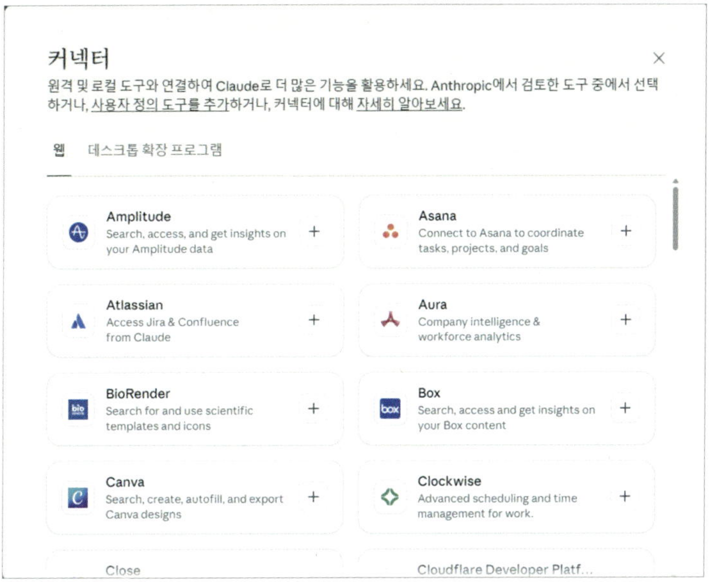

03 구글 드라이브, 노션, 피그마 등 다양하게 활용될 수 있는 앱들의 리스트를 찾을 수 있다. 구글 드라이브 등 연결을 원하는 앱들을 순서대로 연결해준다.

04 연결 설정을 마치고 나면 '연결됨'으로 표시가 바뀐 것을 볼 수 있다.

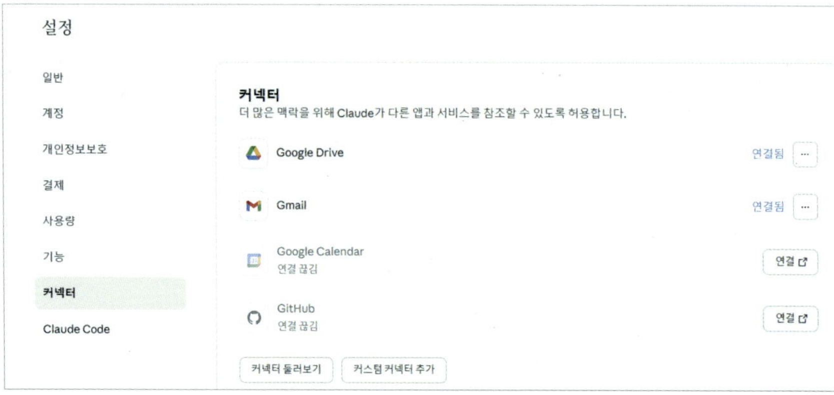

05 노션을 연결하는 과정으로 사용자가 허용을 원하는 범위를 설정할 수 있다.

이제 커넥터가 잘 연결됐는지 실제 작업을 진행해보자. 우선 클로드가 구글 드라이브의 자료를 잘 찾아서 시키는 일을 해낼 수 있는지 확인해보자.

01 연결된 구글 드라이브에 있는 '지속가능성세미나.doc' 문서를 사용할 것이다.

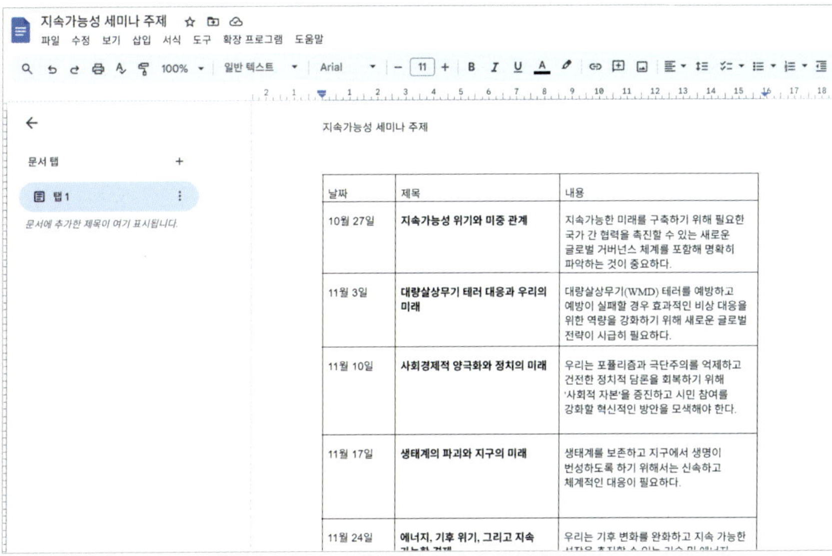
지속가능성 세미나 주제

날짜	제목	내용
10월 27일	**지속가능성 위기와 미중 관계**	지속가능한 미래를 구축하기 위해 필요한 국가 간 협력을 촉진할 수 있는 새로운 글로벌 거버넌스 체계를 포함해 명확히 파악하는 것이 중요하다.
11월 3일	**대량살상무기 테러 대응과 우리의 미래**	대량살상무기(WMD) 테러를 예방하고 예방이 실패할 경우 효과적인 비상 대응을 위한 역량을 강화하기 위해 새로운 글로벌 전략이 시급히 필요하다.
11월 10일	**사회경제적 양극화와 정치의 미래**	우리는 포퓰리즘과 극단주의를 억제하고 건전한 정치적 담론을 회복하기 위해 '사회적 자본'을 증진하고 시민 참여를 강화할 혁신적인 방안을 모색해야 한다.
11월 17일	**생태계의 파괴와 지구의 미래**	생태계를 보존하고 지구에서 생명이 번성하도록 하기 위해서는 신속하고 체계적인 대응이 필요하다.
11월 24일	**에너지, 기후 위기, 그리고 지속**	우리는 기후 변화를 완화하고 지속 가능한

02 채팅창에 다음의 프롬프트를 입력한다. 이때 제목이 완전히 똑같지 않아도 클로드가 잘 찾아낸다. 지속가능성, sustainability 등 주제어를 갖고 비슷한 문서를 검색해서 가져온다.

나

구글 드라이브에서 '지속가능성 세미나.doc' 문서를 찾아서 분석한 후 1장짜리 안내 팜플렛 형식으로 만들어줘.

03 클로드가 해당 문서를 찾았다며 안내 팜플렛을 만들기 위한 HTML 코드를 열심히 짜는 것을 볼 수 있다.

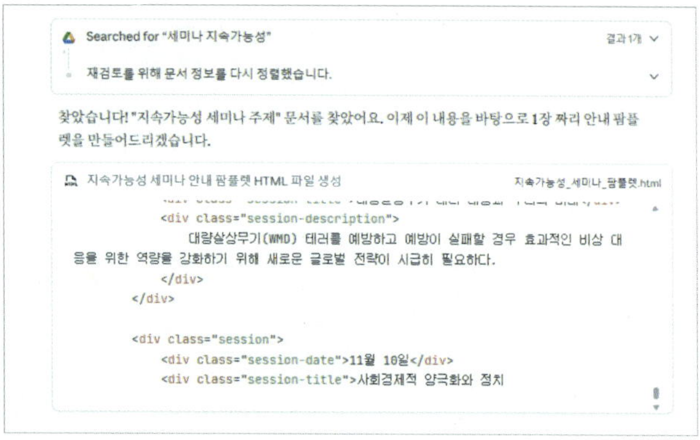

04 잠시 후 클로드가 팜플렛 파일을 가져온다. 원하는 팜플렛의 형태나 색깔, 폰트 등이 있다면 지시를 내릴 때 같이 구체적으로 주면 잘 만들어온다. 만들어준 파일을 다운로드해서 사용할 수 있다.

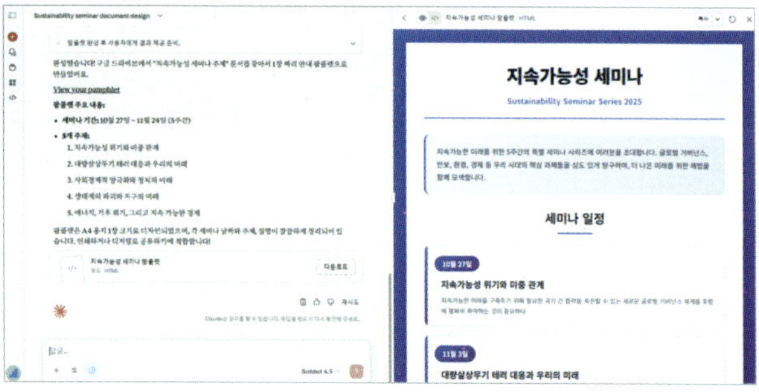

앞서 커넥터로 노션과 연결을 했는데, 이번에는 클로드에서 바로 작업을 해서 노션에 페이지를 만들어보자.

01 클로드의 대화창에 지시사항을 넣는다. 마크다운을 활용해 명확하게 지시사항을 전달하자. 여기서는 공동으로 책을 쓰는 작업을 기획하면서 업무 진행 상황을 함께 검토할 수 있는 페이지를 만들어봤다.

나

#노션에 인재전략 로드맵 저술 주간 진행상황 검토 페이지를 만들어줘
##저술작업 데이터베이스를 먼저 만들고 그 안에 주간 검토 페이지를
생성해줘
##포함내용
- 챕터별 진행 상황
- 세미나 진행
- 인터뷰 진행
- 필요한 보강 내용
- 남은 일정 체크

02 클로드가 지시한 내용을 하나씩 만들어가는 것을 볼 수 있다. 작업을 하면서 승인이 필요한 경우가 생긴다. 이때 허용을 해줘야 다음 단계로 넘어갈 수 있다.

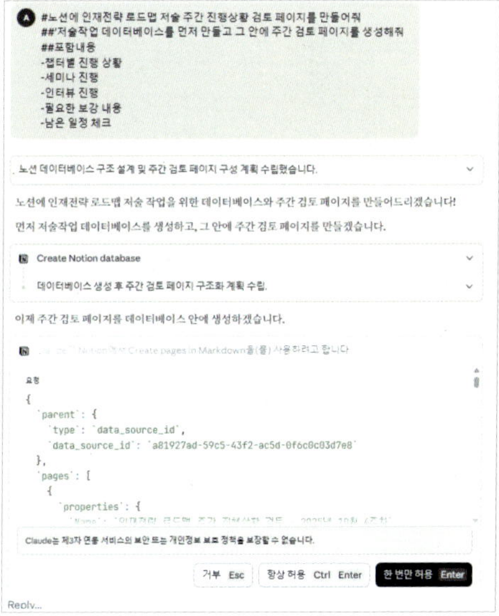

03 클로드가 모든 구조를 완성했다. 지시했던 것보다 결과가 더 잘 나온 것 같다. 작업 진행 상황을 검토하는 내용의 페이지인데, 스스로 알아서 %로 진행률을 볼 수 있도록 구조를 만들었다.

04 다음은 클로드가 작성한 페이지의 구조다.

인재전략 로드맵 저술 작업을 위한 시스템을 만들었습니다:

📚 생성된 항목

1. 저술작업 데이터베이스

다음 속성들로 구성된 데이터베이스를 만들었습니다:

- **작업 유형**: 주간 검토, 챕터 작성, 세미나, 인터뷰, 보강 작업
- **상태**: 예정, 진행중, 완료, 보류
- **날짜**: 작업 일정 관리
- **진행률**: 퍼센트로 표시
- **•우선순위**: 높음, 보통, 낮음

2. 주간 진행상황 검토 페이지

요청하신 모든 섹션을 포함한 페이지를 만들었습니다:

- 챕터별 진행 상황 - 각 챕터의 진행률, 완료된 작업, 다음 주 계획
- 미나 진행 - 완료된 세미나와 예정된 세미나
- 인터뷰 진행 - 완료된 인터뷰와 예정된 인터뷰
- 필요한 보강 내용 - 우선순위별로 정리된 보강 작업
- 남은 일정 체크 - 이번 주, 다음 주, 월간 마일스톤

주간 검토 페이지 보기

이제 매주 이 템플릿을 복사하거나 새로운 주간 검토 페이지를 추가하시면서 저술 작업의 진행 상황을 체계적으로 관리하실 수 있습니다! 필요하신 부분이 있으면 말씀해주세요.

05 노션에 들어가 실제로 잘 만들어졌는지 확인해보자.

06 개인페이지 안에 저술작업 데이터베이스가 새로 생겼고, 열어보니 요청한 내용들이 모두 잘 들어가 있다.

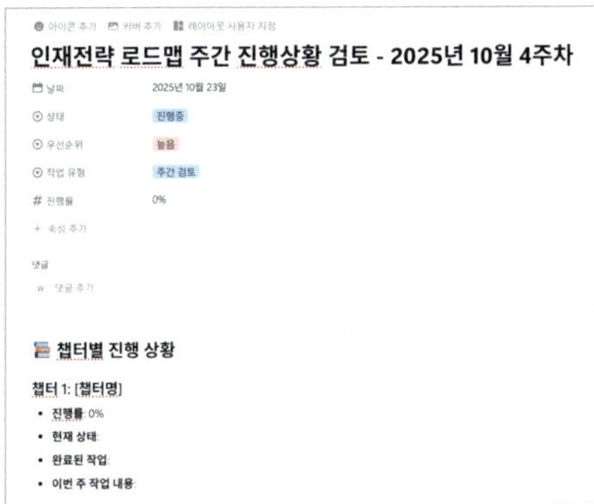

이제 이 페이지를 공동 저자들과 공유하고 계획에 맞춰 작업을 해나가는 일만 남았다.

05

윈도우 업무 환경을 혁신하는 MS의 기대작, 코파일럿(Copilot)

업무를 돕는 스마트한 동반자

제미나이가 구글의 생태계에 연동되어 성장하는 것처럼 코파일럿(Copilot)은 워드, 엑셀, 파워포인트, 엣지 브라우저 등 마이크로소프트의 서비스에 장착되어 업무의 방식을 완전히 바꿔놓고 있다. 이름부터 부조종사를 의미하는 '코파일럿'이다.

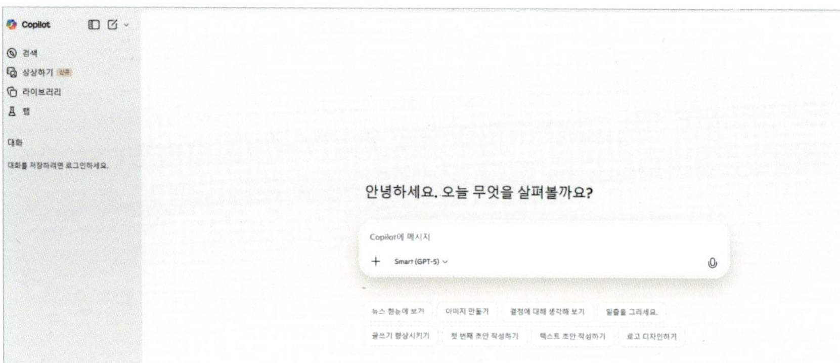

채팅창에서 모델을 선택할 수 있다. 간단하고 일상적인 질문에는 신속한 응대, 추론형 모델이 필요할 때는 'Think Deeper', AI가 질문에 따라 알아서 조정하는 '스마트' 등을 선택할 수 있다. 심층 리서치는 한 번 작업하는 데 10분가량 시간이 소요되는 기능이다. 다른 생성형 AI 모델의 딥리서치나 노트북LM 등과 유사한 기능이다.

기능이나 활용 방법은 다른 생성형 AI들과 비슷하다. 코파일럿의 강점이자 차별점이라면 워드, 엑셀, 파워포인트 등 업무에 가장 널리 사용되는 프로그램들과 바로 연동해서 쓸 수 있다는 점이다. 다만 그 기능은 Microsoft 365 유료 구독자에게만 제공되다. 무료 계정을 사용하는 경우에는 엣지 브라우저에서만 브라우저에서만 연동된 코파일럿의 기능을 엿볼 수 있다. 회사의 업무 문서들이 마이크로소프트 오피스에 기반하기에 코파일럿의 도움을 받으면 업무 속도를 굉장히 높일 수 있다.

해외 석학과 진행했던 인터뷰에 코파일럿을 활용한 사례다.

01 인터뷰 녹음 파일을 네이버 클로버를 이용해 녹취록으로 만들어 워드 파일로 저장한다.

02 워드 파일을 열면 오른쪽 메뉴바에 [Copilot] 아이콘이 보인다. 선택한 후 기존에 저장된 회의록 양식으로 정리를 요청한다. 별도로 문서 요약도 생성한다.

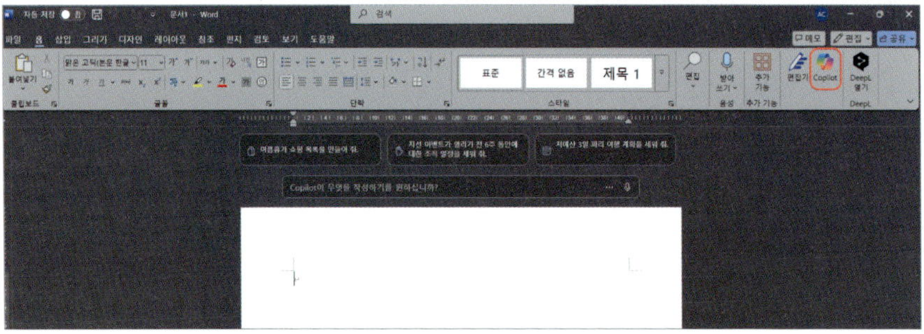

03 이 문서로 보고서를 만들기 위해 보강해야 할 작업이 무엇인지 물어본다. 문서에 대한 피드백뿐 아니라 대화창에서 추가적으로 필요한 자료를 요청하면 웹에서 검색한 내용을 요약해주는 등 다양하게 활용할 수 있다.

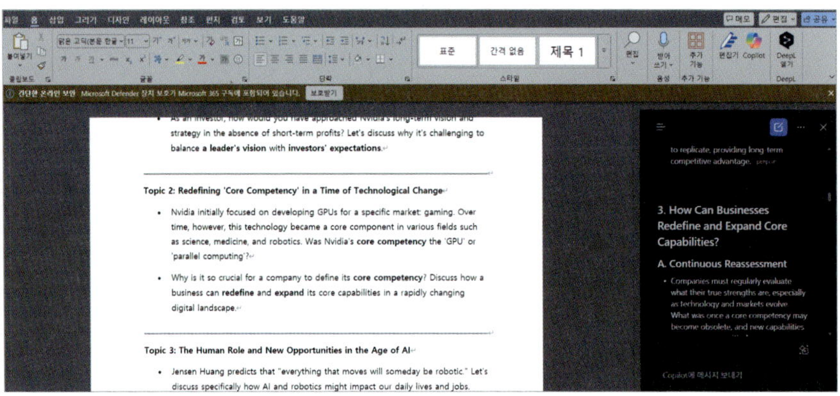

여기까지의 작업을 인터뷰가 끝나고 이동하고 식사를 하면서 마칠 수 있었다. 과거라면 사무실에 복귀해 녹취록과 메모를 뒤적이며 회의록 정리만도 오랜 시간이 걸렸을 테지만 AI의 도움으로 이미 사무실에 돌아왔을 때는 더 생산적인 일을 할 준비가 되어 있었다.

필요한 경우 파워포인트에서 이 파일을 열어 PPT 슬라이드로 정리할 수도 있다. 만약 회사의 매출 실적이 담긴 엑셀 파일이 있다면 코파일럿으로 파일 분석부터 시각 자료 생성, 분석자료를 토대로 워드 보고서나 PPT 슬라이드까지 모두 만들 수 있다. 생산성이 엄청나게 올라가는 것이 느껴질 것이다.

06

학습과 연구의 혁명적 미래, 노트북LM(NotebookLM)

똑똑한 전문 비서의 탄생

노트북LM(NotebookLM)은 구글에서 개발한 연구와 학습을 돕는 AI 기반 도구로 보고서를 작성하고 이를 기반으로 개인화된 맞춤형 시청각 콘텐츠까지 제작할 수 있도록 해주는 서비스다.

우리가 채팅창에 질문을 입력하면 일반적인 생성형 AI 서비스는 인터넷의 방대한 정보를 순식간에 검색해 답을 내준다. 하지만 때로는 내가 지정한 자료의 범위 내에서만 작업이 이루어져야 할 때도 있다. 이 같은 아이디어에서 출발한 것이 노트북LM이다.

노트북LM은 '소스 그라운딩(Source Grounding)' 기술에 기반해 사용자가 PDF 파일, Google Docs 문서, 텍스트 파일, 특정 웹사이트 링크 등을 '소스'로 업로드하면 제공된 소스의 정보들을 이용해서 결과물을 내놓는다.

예를 들어 수십 개의 연구 논문을 올려놓으면, 그 방대한 내용을 종합하여 다양한 결과물들을 만들어낸다. 질문에 대해 인터넷 이곳저곳을 다니는 게 아니라 올려놓은 자료의 인용을 붙여 구체적으로 답변을 주는 것이다. 자료의 내용을 토대로 새로운 기획안이나 창의적인 아이디어 생성도 가능하다. 수십 건의 논문과 보고서, 책을 쌓아두고 작업을 해야 했던 연구자나 학생들, 장시간의 인터뷰 자료들과 보고서를 검토해 콘텐츠를 만들어내야 하는 작가들 모두에게 똑똑한 전문 비서가 생긴 셈이다.

특히 생성한 답변을 바탕으로 팟캐스트, 마인드맵, 동영상 개요 등을 만들어주는 스튜디오 기능은 다양한 시청각 콘텐츠를 위한 밑그림이 된다. 자신의 아이디어를 오디오, 비디오, 그래픽 등 이해하기 쉬운 미디어 콘텐츠로 빠르게 확장시킬 수 있는 길이 열렸다.

노트북LM은 구글 계정이 있다면 별도의 회원가입 절차 없이 바로 이용이 가능하다. 크롬 브라우저에서 계정 옆의 앱 상자에 들어가면 아이콘을 찾을 수 있다. 또는 노트북LM 사이트(notebooklm.google)로 접속한다.

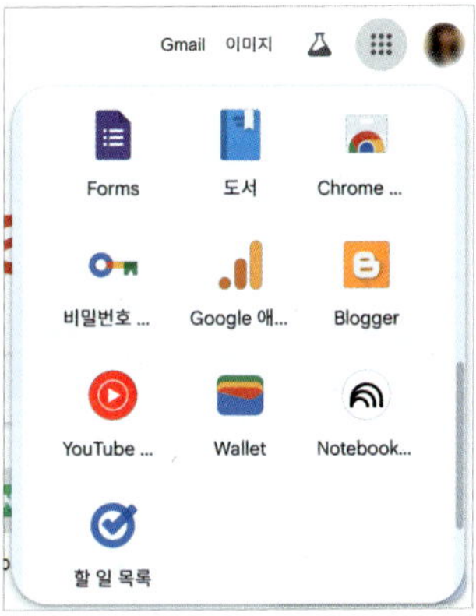

노트북LM에 처음 접속하면 만들어놓은 공유 노트북들을 볼 수 있다. 이 각각의 노트북들은 개별 프로젝트의 자료들을 모아놓은 폴더라고 보면 된다. 예시로 이미 만들어져서 공유되는 노트북들을 볼 수 있다. 새로운 노트북을 생성하는 항목도 보이는데, 한 가지 주제로 노트북을 만들어 놓은 후 관련된 자료들을 계속 축적하며 사용할 수 있다. 예를 들어 '경영정보시스템 강의' 노트북을 만들어 교과서와 참고 자료, 강의 슬라이드 등을 모아 놓아 사용할 수 있다. 또 주제가 '신제품 개발 프로젝트'라면 소비자 분석 보고서, 시장 동향, 경쟁사 분석 보고서, 제품개발 노트 등 관련 자료들을 모아 놓는 식이다.

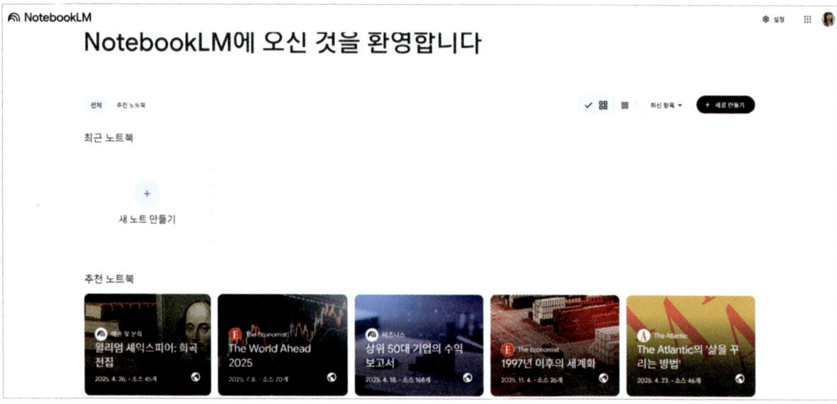

우선 노트북LM을 더 잘 이해하기 위해 공유된 노트북을 하나 열어보자. 여기서는 셰익스피어의 희곡 전권을 소스로 올려놓은 노트북을 어떻게 활용할 수 있는지 살펴보자.

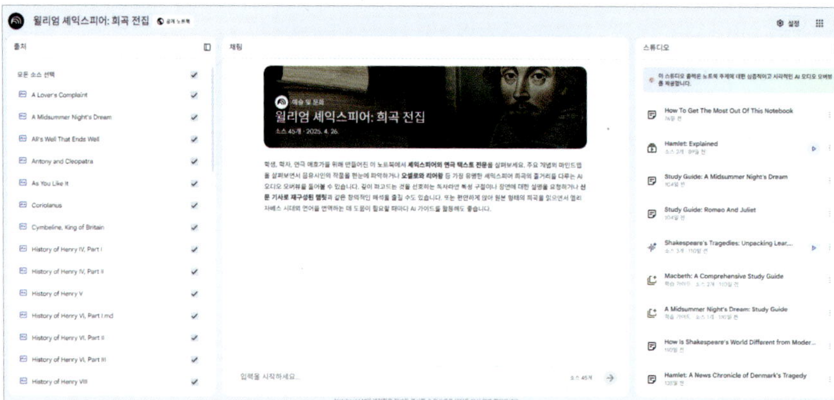

총 45개의 셰익스피어 작품들이 소스로 올라와있는 것을 볼 수 있다. 오른쪽 스튜디오 창에는 셰익스피어 작품 소스를 기반으로 만들어진 다양한 자료들을 볼 수 있다. 셰익스피어 작품을 공부하는 학생이라면 그의 문학 세계 개괄을 보여주는 마인드맵을 열어 어떤 주제를 집중적으로 공부해야 하는지 이해할 수 있을 것이다. 햄릿의 작품 세계를 설명해주는 9분짜리 오디오를 듣거나, 로미오와 줄리엣의 내용으로 구성된 퀴즈를 풀어볼 수도 있다.

셰익스피어 노트북에 만들어진 다양한 학습 자료들처럼 사용자는 자신의 프로젝트에 관련된 자료들을 올려서 노트북을 만들고 필요한 학습 자료들을 만들 수 있다. 올려 놓은 소스를 활용해 내가 필요한 답변을 얻거나 새로운 콘텐츠를 생성하는 프롬프트를 만들 수도 있다. 질문에 따라 필요한 소스만 선택해서 답변을 생성할 수도 있다. 왼쪽 측면에 자리하고 있는 출처 목록에서 선택 박스를 이용해 답변 생성에 사용하고 싶은 자료만 체크해서 지정할 수 있다.

셰익스피어 노트북에서 프롬프트를 넣어보자.

나

셰익스피어의 4대 비극과 희극에 등장하는 캐릭터들을 통해 드러나는 셰익스피어의 사랑에 대한 태도를 서술해줘.

NotebookLM

셰익스피어는 그의 비극과 희극 전반에 걸쳐 사랑을 인간 경험의 가장 강력하고도 모순적인 힘으로 묘사하며, 그 태도는 극의 장르와 등장인물의 상황에 따라 광범위하게 나타납니다. 제공된 자료들을 바탕으로 셰익스피어의 사랑에 대한 태도를 비극과 희극의 등장인물들을 중심으로 분석하여 서술하겠습니다. …

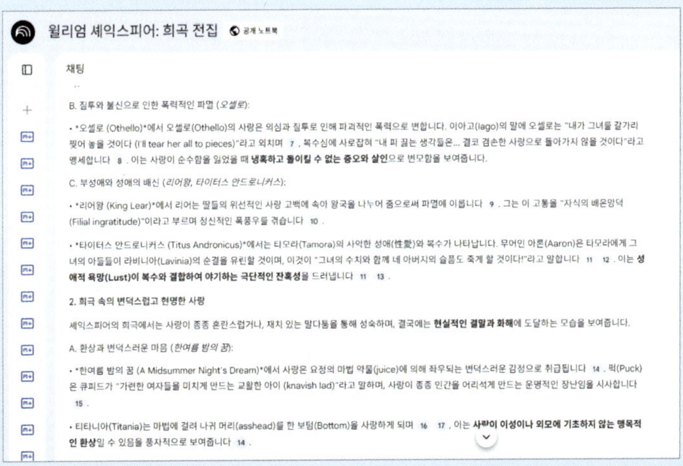

노트북LM은 작품 속 장면들과 대사를 인용하여 셰익스피어의 작품 세계를 분석하면서 자신이 사용한 소스를 바로 찾아볼 수 있도록 번호를 붙여놨다.

아래 오셀로가 질투심에 분노하는 장면 옆에 있는 주석 번호를 클릭하면 왼쪽 사이드 창이 열리며 해당 작품의 문장과 함께 소스 가이드가 뜬다. 제목의 아이콘에서 알 수 있듯 소스 가이드는 AI가 작동한다. 바 하단의 화살표를 클릭하면 소스에 대한 요약과 함께 AI에게 질문할 수 있는 기능이 나타난다.

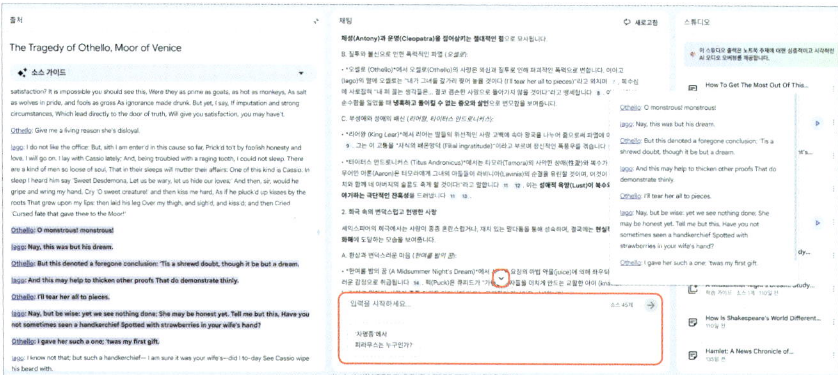

과거라면 해당 문장을 찾기 위해 매번 책을 열어서 필요한 문장을 찾는 일을 해야 했다. 작업 효율을 높이기 위해 논문이나 보고서를 쓸 때는 미리 필요한 인용 구문을 따로 정리해놓는 작업들을 해왔지만 여전히 엄청난 시간이 소요되는 일이었다. 인용해야 하는 원 자료가 많으면 많을수록 들어가는 시간도 배로 늘어나고 작업도 복잡해질 수밖에 없었다. 그러나 이처럼 필요한 원 자료를 모두 넣어놓고 AI로 작업을 한다면 자료를 뒤적이느라 투입해야 했던 시간들을 아껴서 그 에너지를 더 수준 높은 결과물을 만들어내는 데 집중할 수 있을 것이다.

나만의 노트북 만들기

이제 나만의 노트북을 직접 만들어보자.

01 [새 노트를 만들기]를 클릭하면 소스를 업로드할 수 있는 공간이 열린다. 여기에 보유한 자료들, 외부 링크 등 필요한 소스를 업로드할 수 있다. 워드와 텍스트 문서, PDF 파일, 마크다운 파일, 오디오와 구글 드라이브의 파일, 유튜브나 웹페이지 링크를 업로드할 수 있다. 직접 텍스트 문서를 붙여넣어도 된다.

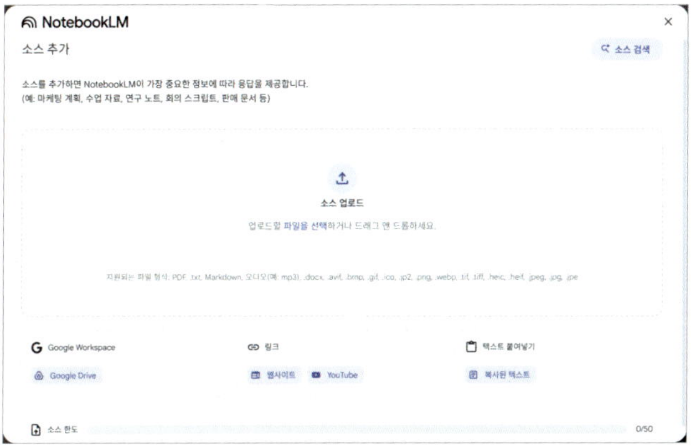

02 'AI가 공공 서비스를 어떻게 바꾸는가'를 주제로 인터뷰를 준비하면서 노트북LM을 이용했다. 관련 보고서와 논문 5편이 올라가 있는 것을 볼 수 있다.

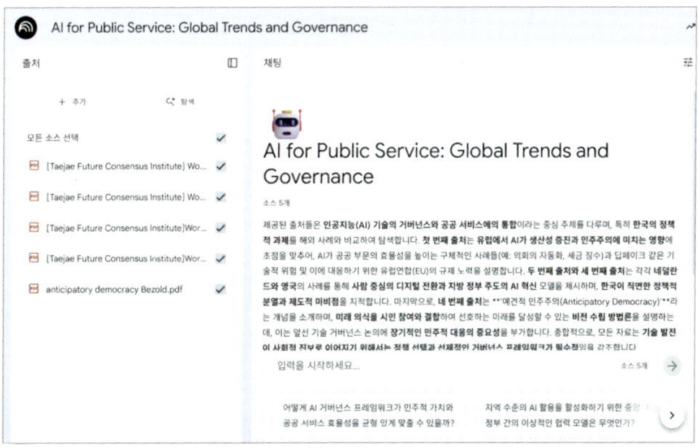

03 관련된 최신 자료들을 더 넣어보고 싶다면, AI를 활용해 원하는 주제의 자료들을 찾아서 추가할 수 있다. 화면 오른쪽 상단의 [소스 검색] 버튼을 눌러 보자.

04 찾고 싶은 자료의 주제를 주면 노트북LM이 자료를 찾는다. 자료 검색 범위를 지정할 수 있다. 광범위한 검색을 진행하려면 웹 검색을 선택한다. 사용자의 구글 드라이브로 검색 범위를 제한할 수도 있다.

05 검색된 자료 리스트를 보고 추가하려는 자료의 체크박스를 선택한 후 [가져오기] 버튼을 클릭하면 된다. 필요한 자료들을 검색을 통해 추가한다.

06 가져오기를 하고 나면 출처가 늘어난 것을 볼 수 있다. 총 14개의 소스가 올라가 있다. 노트북LM은 노트북 당 최대 50개의 자료를 업로드할 수 있다. 가져오기를 하고 난 후 옆에 물음표가 뜨는 자료들이 있다. 이 경우 웹사이트가 제대로 열리지 않거나 인식하지 못한 경우로, 꼭 필요한 자료라면 직접 웹사이트를 방문해 내용을 복사한 후 직접 텍스트 붙여넣을 수 있다.

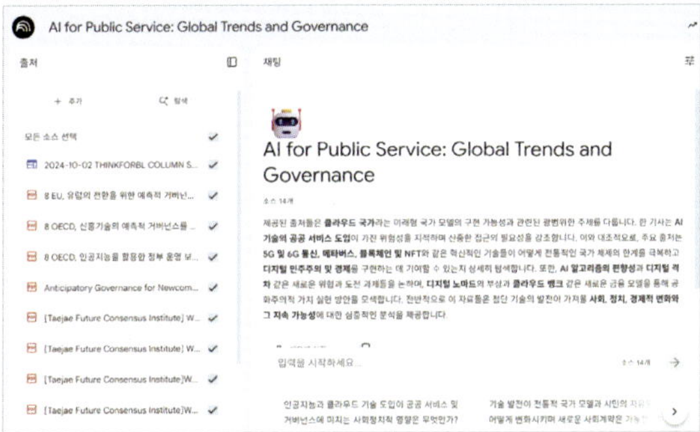

07 채팅창에 질문을 입력한다. 무슨 질문을 해야 할지 모르겠다면 입력창에 떠 있는 추천 질문부터 시작해도 좋다. 저장된 소스를 기반으로 노트북LM이 답변을 생성한다. 답변과 함께 AI가 제안하는 후속 질문이 채팅창에 뜬다. 원하는 답변을 얻을 때까지 추가 질문을 이어간다.

08 답변에 출처 번호들이 달려있다. 마우스 포인터를 올리면 내용을 볼 수 있고 클릭하면 소스에 대해 AI와 다시 질문을 주고 받을 수 있다.

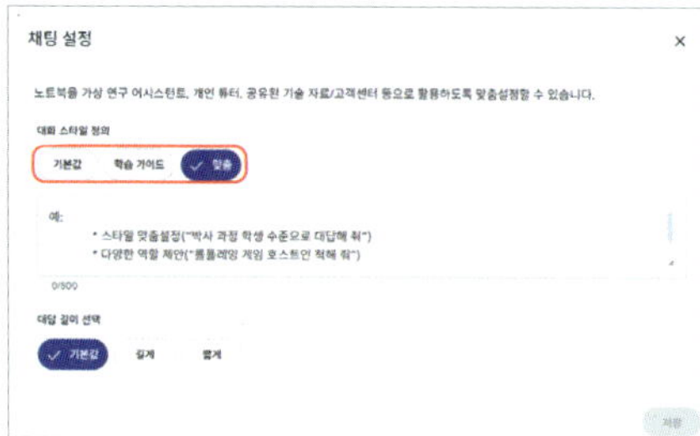

TIP

채팅창 오른쪽 상단의 필터 아이콘을 누르면 노트북의 정체성을 설정할 수 있는 기능이 나온다. [기본값]은 일반적인 연구와 브레인스토밍 작업, [학습 가이드]는 교육 콘텐츠에 적합하다고 설명한다. [맞춤]은 사용자가 원하는 역할로 설정하는 기능이다.

노트북LM으로 팟캐스트 만들기

노트북LM의 최대 강점은 올려놓은 자료들과 생성한 답변 등으로 다양한 미디어 콘텐츠를 생성해내는 데 있다. 먼저 생성한 내용으로 팟캐스트를 만들어보자.

01 오른쪽 측면의 스튜디오 창에서 [AI 오디오 오버뷰]의 [맞춤 설정] 버튼을 클릭한다.

02 2명의 호스트가 대화하며 주제를 깊게 파고드는 팟캐스트 형식으로 만들기 위해 [형식]은 [심층 분석]을 선택한다. 언어 선택도 가능하다. [영어]를 선택하면 영어를 사용하는 팟캐스트가 만들어진다. 팟캐스트를 생성하면서 추가적인 지침을 넣을 수 있다. 예를 들면 중학생을 대상으로 한 쉬운 단어를 선택해달라던지, 특정 주제에 비중을 두고 콘텐츠 내용을 구성해달라는 등 구체적인 가이드라인을 입력하면 된다.

03 모든 설정을 마치면 [생성] 버튼을 클릭한다. 스튜디오 창 아래쪽에 새로운 파일이 생성되고 있는 것을 볼 수 있다. 시간이 꽤 걸리므로 다른 작업을 하다가 확인하면 된다.

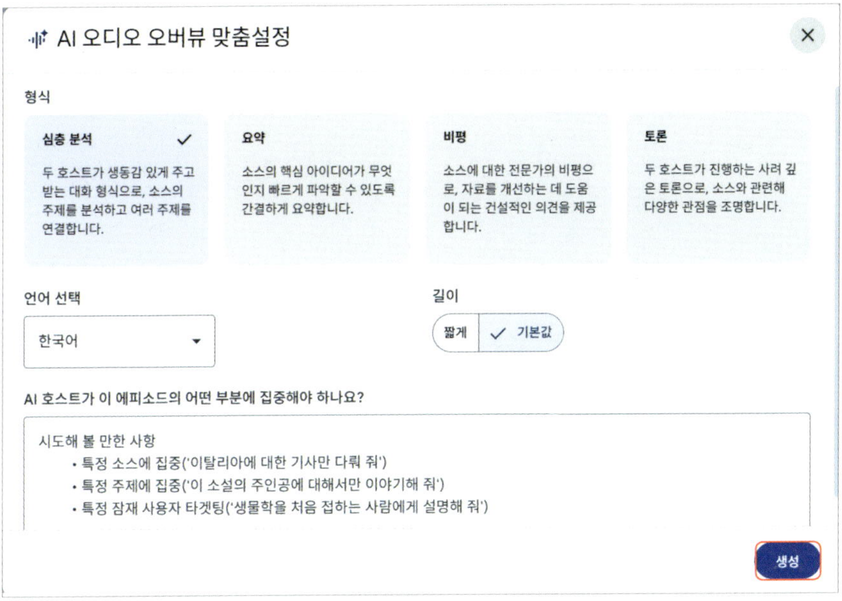

04 팟캐스트 생성이 완료되면 설정한 제목의 오디오 파일이 보인다. 클릭하면 바로 들을 수 있으며, 이후 사용자가 이해하기 편하게 이름을 바꿀 수 있고 바로 외부로 공유하거나, 별도로 다운로드하여 활용할 수 있다.

처음 들으면 마치 라디오 방송을 듣는 것처럼 자연스러운 진행에 깜짝 놀랄 것이다. 소스로 사용한 자료들은 모두 영문이지만, 위의 팟캐스트는 한국어로 만들었다. 원문과 상관없이 사용자가 필요에 따라 다양한 언어로 콘텐츠를 생성할 수 있다.

노트북LM 사용자들의 팟캐스트 활용도가 굉장히 높다. 우선 방대한 자료에 대해 빠르게 배경지식을 쌓기 위해 봐야 하는 모든 소스를 올려놓고 팟캐스트로 만들어 듣는다. 영어와 한국어로 각각 만들어서 이용하기도 한다. 몇 시간 걸릴 작업을 30분 안에 끝낼 수 있다. 영어가 모국어가 아닌 경우 영어 자료를 모두 읽고 정리한 후 발표하는 일이 상당히 부담스럽다. 한국어로 먼저 한 번 정리해서 들으면 많은 도움이 된다. 영어 발표를 앞두고 영어로 생성한 팟캐스트를 듣는다. 노트북LM은 휴대폰 앱에서도 사용할 수 있기 때문에 차에서 이동할 때 미리 생성해놓은 팟캐스트를 찾아서 듣기도 한다.

오디오 오버뷰 외에도 동영상 개요나 마인드맵, 보고서, 플래시카드, 퀴즈 등 다양한 형식의 자료도 변주가 가능하다. 진정한 학습 혁명이다. [동영상 개요]를 클릭하면 나오는 [동영상 오버뷰] 서비스에는 구글의 이미지 편집 AI인 나노 바나나가 제공된다. 다채로운 스타일의 시청각 프레젠테이션 영상을 쉽게 만들 수 있게 됐다. 동영상 오버뷰의 맞춤 설정에서 원하는 스타일을 선택할 수 있다.

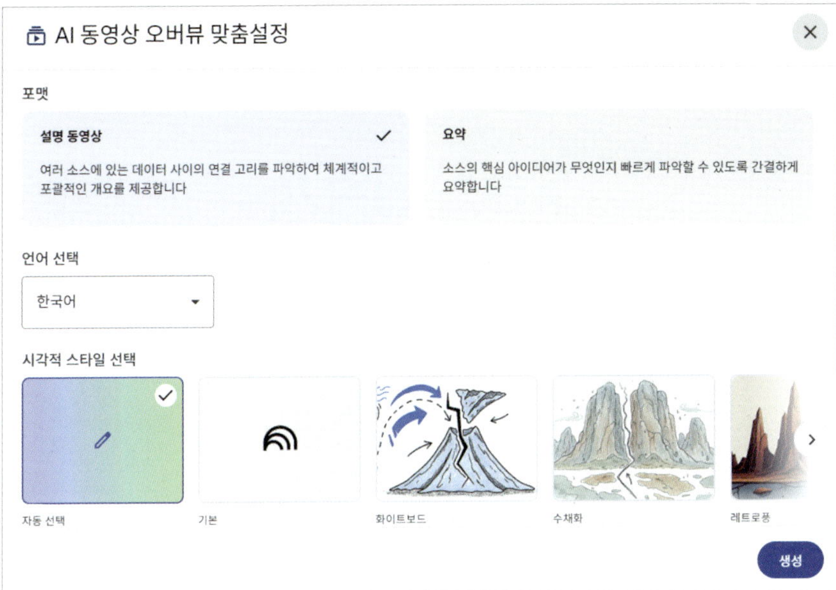

다음은 디지털 전환을 준비하는 세계적인 기업 사례를 다룬 논문과 보고서 5편을 묶어서 동영상 자료로 만든 것이다. 곧바로 학습 자료로 사용해도 손색이 없을 정도로 내용을 잘 담아내고 있다.

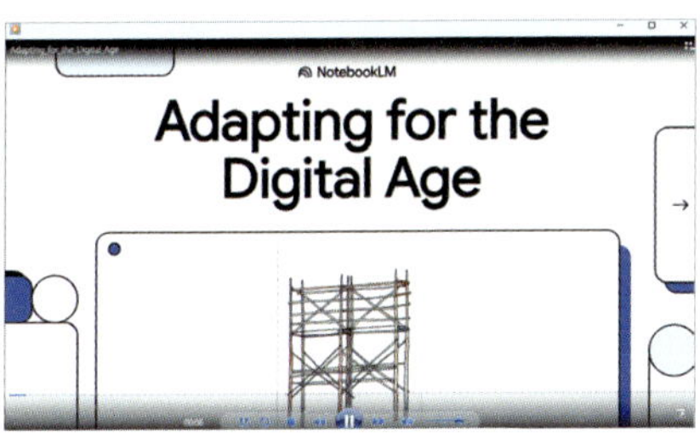

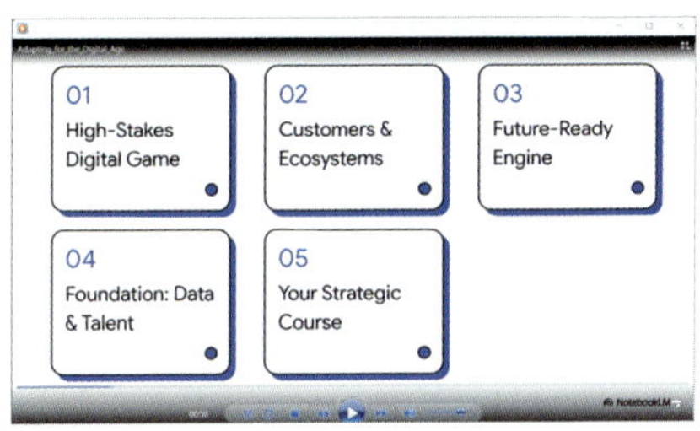

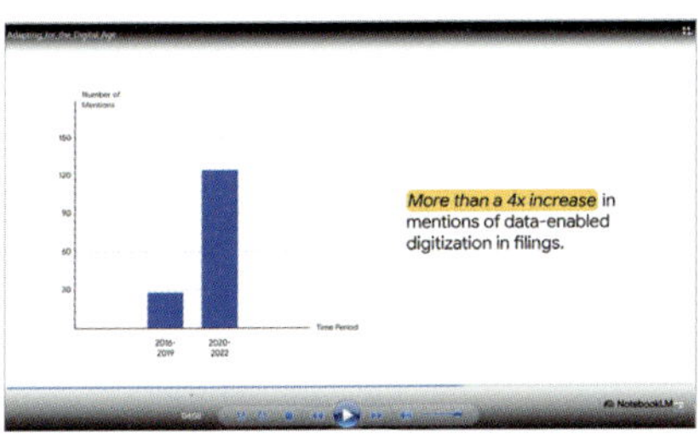

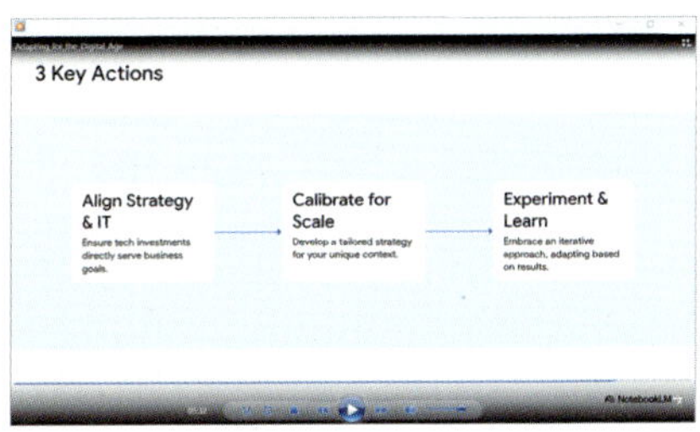

07

유능한 번역가, 딥엘(DeepL)

예전의 기계 번역을 보면 단어를 사전적 의미로 그대로 직역해 어색하고 이해하기 힘든 문장이 많았지만, 딥엘(DeepL)은 텍스트 자료들을 학습해 번역을 하기 때문에 문맥에 맞춰 단어를 선택하고 문장을 구성한다. 실제로 번역을 해보면 훨씬 자연스럽고 매끄러워 사람이 번역한 것 같은 느낌을 받기도 한다.

딥엘은 한 번에 1,500자까지 번역이 가능하다. 가입 후 30일간 무료로 사용할 수 있으며, 무료 버전은 한 달에 총 5만 글자까지 이용할 수 있다. 서비스 초창기에 비해 계속 무료 서비스의 용량이 줄어들고 있다. 회원 가입을 하고 유료 플랜을 구독하면 더 많은 양의 텍스트와 다양한 포맷의 문서를 번역할 수 있다.

텍스트뿐 아니라 워드, PDF, PPT 파일을 바로 업로드하여 번역 서비스를 받을 수 있다. 이 경우는 회원 가입이 필수다.

딥엘 사이트(deepl.com)에 접속해보면 한눈에 번역 과정을 알 수 있게 배치돼 있다.

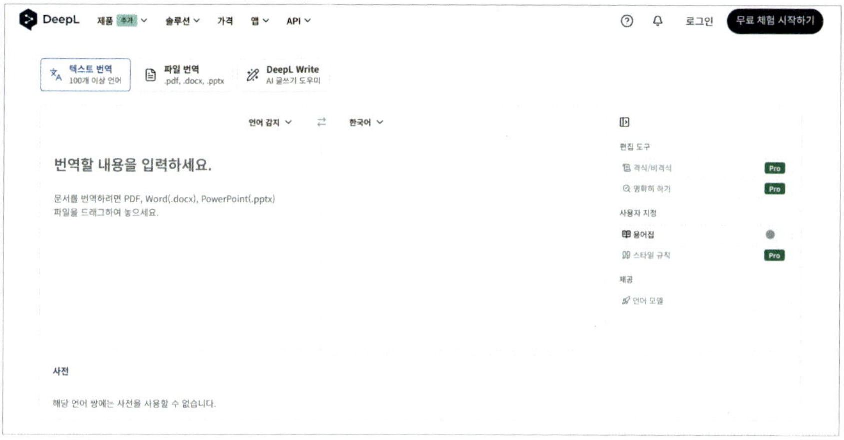

구글의 기계 번역과 딥엘 번역, 한국어에 강점이 있는 네이버의 파파고 번역을 한 번 비교해보자.

애플이 포뮬러1과 독점 중계 파트너십을 맺었다고 발표한 영문 보도자료의 일부를 세 가지 서비스로 각각 번역해봤다.

기사 원문

Apple and Formula 1® today announced a five-year partnership that will bring all F1 races exclusively to Apple TV in the United States beginning next year. The partnership builds on Apple's deepening relationship with Formula 1 following the global success of Apple Original Films' adrenaline-fueled blockbuster F1 The Movie, the highest-grossing sports movie of all time. United by a commitment to innovation and fan experience, the partnership sets the stage for Formula 1's continued growth in the U.S.

구글 번역기

Apple과 Formula 1은 오늘 내년부터 미국에서 모든 F1 경주를 Apple TV로 독점적으로 제공하는 5년 파트너십을 발표했습니다.

이번 파트너십은 Apple Original Films의 아드레날린이 솟구치는 블록버스터 영화 F1 The Movie가 전 세계적으로 성공을 거두며 역대 최고 흥행 수익을 기록한 이후, Apple과 F1의 더욱 긴밀해진 관계를 더욱 발전시키는 계기가 될 것입니다. 혁신과 팬 경험에 대한 헌신을 바탕으로, 이번 파트너십은 미국에서 F1의 지속적인 성장을 위한 토대를 마련합니다.

파파고 번역기

Apple과 Formula 1는 오늘 내년부터 모든 F1 레이스를 미국에서 Apple TV로만 독점 출시하는 5년간의 파트너십을 발표했습니다.

이번 파트너십은 역대 최고 수익을 올린 스포츠 영화인 Apple Original Films의 아드레날린 연료 블록버스터 F1 The Movie가 전 세계적으로 성공한 데 이어 포뮬러 1과의 관계가 더욱 깊어지는 데 기반을 두고 있습니다. 혁신과 팬 경험에 대한 헌신으로 통합된 이번 파트너십은 포뮬러 1이 미국에서 지속적으로 성장할 수 있는 발판을 마련합니다.

딥엘

애플과 포뮬러 1은 오늘 5년간의 파트너십을 발표하며, 내년부터 미국 내 모든 F1 레이스를 애플 TV를 통해 독점 중계할 예정입니다.

이번 파트너십은 역대 최고 흥행 스포츠 영화인 애플 오리지널 필름스의 아드레날린 넘치는 블록버스터 <F1 더 무비>의 글로벌 성공에 이어 애플과 포뮬러 1 간의 관계를 더욱 공고히 하는 계기가 될 것입니다. 혁신과 팬 경험에 대한 공동의 의지를 바탕으로 한 이번 협력을 통해 포뮬러 1의 미국 시장 내 지속적인 성장의 발판이 마련될 전망입니다.

구글과 파파고의 번역은 대략적인 의미는 파악할 수 있지만 문맥이 어색한 구간들은 유추를 하면서 읽어야 한다. 반면 딥엘은 훨씬 매끄럽게 문장이 구성된 것을 볼 수 있다.

번역뿐 아니라 외국어로 작문을 해야 할 때도 유용하게 쓸 수 있다. 오른쪽 사이드바에는 편집기가 있어서 글의 문체를 선택할 수도 있다. 비즈니스용으로 사용할 것인지, 일상적인 용도로 사용할 것인지, 학술 문서 작성을 위한 용도인지 선택을 하면 알맞은 단어와 문장에 맞춰 바로 문장을 수정해준다.

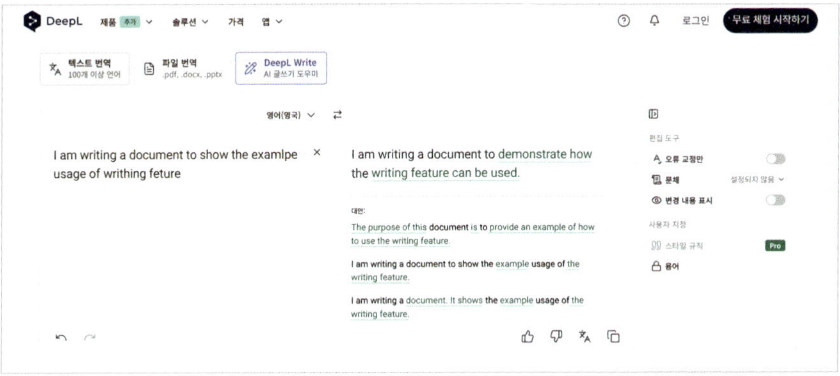

딥엘은 번역뿐 아니라 글쓰기에도 도움을 준다. [DeepL Write] 버튼을 클릭해보자.

화면 왼쪽 창에 쓰고 싶은 내용을 영어로 작성하면, 작성하는 동안 오른쪽 창에서는 추천 문구가 계속 뜨고, 문장을 마치고 나면 몇 가지 선택 옵션과 함께 수정된 문장이 나온다. 위의 예에서는 비즈니스 용도로 사용할 문장이라고 선택했는데, 원래 작성했던 문장보다 훨씬 격식을 갖춘 단어와 문체를 사용한 것을 볼 수 있다.

해외 거래처와의 업무가 많은 한 지인은 한국어로 문서를 작성한 후 딥엘을 이용해 번역을 하고, 그 결과물을 챗GPT에 넣어 뉴욕타임즈 문체로 바꾸는

식으로 영어 문서를 만든다고 한다. 같은 방식으로 한강 작가가 2024년 노벨 문학상 수상자로 선정된 뉴스를 먼저 딥엘로 번역한 뒤 챗GPT로 한 번 더 수정을 거쳤다.

DeepL

Korean novelist Han Kang has been selected as the 2024 Nobel Prize in Literature laureate.The Swedish Nobel Committee cited her work as "powerful poetic prose that confronts historical trauma and reveals the fragility of human existence."

This marks the first time a Korean author has received the Nobel Prize in Literature.

It is the second Nobel Prize awarded to a Korean national, following the late former President Kim Dae-jung's Peace Prize in 2000.

챗GPT에 "뉴욕타임즈 스타일로 다시 써줘"라는 간단한 프롬프트를 넣었다.

챗GPT

Korean novelist Han Kang has been named the 2024 laureate of the Nobel Prize in Literature, the Swedish Academy announced on Thursday. The committee praised her "powerful, poetic prose that confronts historical trauma and illuminates the fragility of human existence."

Her selection marks the first time a Korean author has received the Nobel Prize in Literature. It is also only the second Nobel Prize ever awarded to a Korean national, following the late President Kim Dae-jung's Nobel Peace Prize in 2000.

문장 번역 작업이 많은 경우 딥엘을 워드나 크롬 등에 확장 프로그램으로 추가해서 사용하면 편리하다.

코파일럿 부분에서 언급했다시피, 마이크로소프트(Microsoft) 365의 유료 사용자의 경우 MS 워드의 상단 메뉴에서 [추가 기능]→[Copilot]을 선택하면 챗GPT를 비롯한 다양한 확장 프로그램을 찾아서 추가할 수 있다.

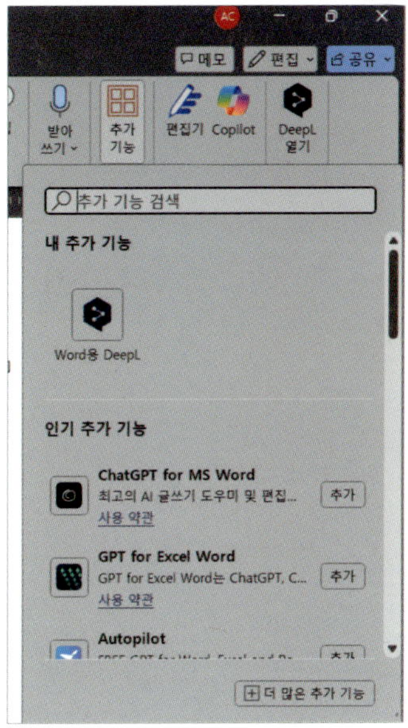

딥엘을 추가하면 메뉴바 상단에 딥엘 기능이 고정된다. 문서를 작성하다 번역이 필요한 경우 그 자리에서 바로 번역 작업을 진행할 수 있다.

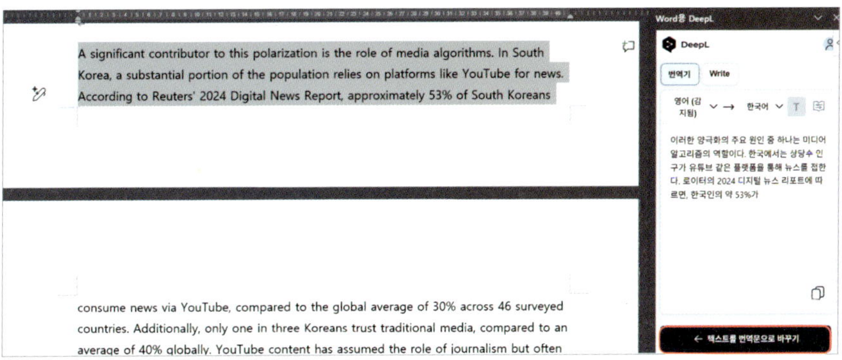

번역이 필요한 부분을 선택하면 오른쪽 딥엘 창에 선택된 언어로 번역된 것을 볼 수 있다. 아래에 [텍스트를 번역문으로 바꾸기] 버튼을 클릭하면 선택한 영어 문장이 번역된 한국어로 바로 바뀌는 것을 볼 수 있다.

크롬에서도 딥엘을 바로 붙여서 사용하면 마치 구글 번역기처럼 필요한 웹페이지를 바로바로 번역해서 볼 수 있다. 해외 웹사이트에서 번역이 필요한 경우 딥엘 확장 프로그램을 사용하면 구글 번역기보다 훨씬 자연스러운 문장으로 콘텐츠를 읽을 수 있다. 딥엘을 사용하려면 크롬 브라우저의 확장 프로그램을 설치해야 한다. 상세한 설치 방법은 4부에서 소개한다.

08

한 줄의 텍스트로 화려한 발표자료가 뚝딱, 감마(Gamma)

감마(Gamma)는 디자인 감각이 없고 파워포인트 프로그램에 서툰 사람도 아이디어를 PPT 발표 자료나, 문서, 세련된 웹페이지로 빠르게 만들어낼 수 있게 도와주는 AI 서비스다. 기존에 슬라이드를 만들려면 빈 캔버스를 열고 레이아웃을 만들고 내용을 채워넣어야 했다. 감마는 AI가 적절한 구조, 디자인, 텍스트, 이미지를 한꺼번에 생성해준다. 또한 세련된 PPT 슬라이드를 단숨에 만들어낸다. 디자인 작업뿐 아니라 "○○을 만들고 싶다"는 한 줄 아이디어 프롬프트만으로도 슬라이드 제작이 가능하다. 사용자는 생성된 슬라이드를 수정하거나 재구성하고, 디자인 스타일을 바꿀 수 있다.

감마 홈페이지(gamma.app)에서 상단의 언어 설정을 원하는 언어로 바꾸고 [무료로 시작] 버튼을 클릭한다. 이메일 인증을 거치면 감마가 사용 용도, 어떤 작업을 주로 할 것인지, 어떤 경로로 감마를 알게 됐는지 몇 가지 사전 질문을 한다.

모든 질문에 답을 하고 나면 슬라이드를 생성할 수 있는 페이지가 열린다. [AI로 만들기]를 선택하면 다양한 옵션이 나오며, 주요 기능은 다음과 같다.

- **텍스트로 붙여넣기**: 갖고 있는 문서 파일을 바탕으로 슬라이드 제작
- **생성**: 한 줄 프롬프트로 슬라이드 제작
- **파일 또는 URL 가져오기**: 기존의 슬라이드나 웹페이지를 개선하는 작업

[생성]을 선택하면 구체적으로 만들고 싶은 슬라이드의 종류를 묻는다. 무료 버전의 경우 한 번에 카드 10장까지 생성이 가능하며 생성된 슬라이드에 'Made with Gamma'라는 워터마크가 찍힌다. 무료 계정의 경우 400크레딧을 주는데, 이미지를 생성하거나 제작 과정에서 AI와 대화를 하면 크레딧을 사용하게 된다.

실제 프롬프트를 한줄 입력하고, 이 프롬프트가 어떻게 슬라이드로 생성되는지 살펴보자.

01 감마 홈페이지(gamma.app)에 로그인한 후 [+새로 만들기]→[생성]을 선택한다. 생성 화면에서 [프레젠테이션]을 선택하고, 무료 버전의 최대인 카드 10개, 한국어 등 기본 사양을 설정한다.

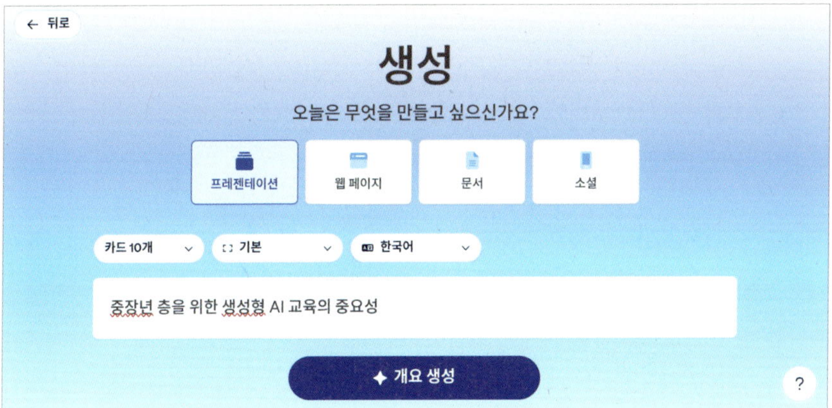

02 프롬프트에 '중장년 층을 위한 생성형 AI 교육의 중요성'이라는 간단한 주제어만 넣었다. 다른 생성형 AI 모델과 마찬가지로 프레젠테이션의 용도는 무엇인지, 발표를 들을 청중은 누구인지 구체적인 정보를 넣어주면 AI가 요청 사항에 맞춰 작업을 진행한다. 여기서는 큰 주제어만 입력했다.

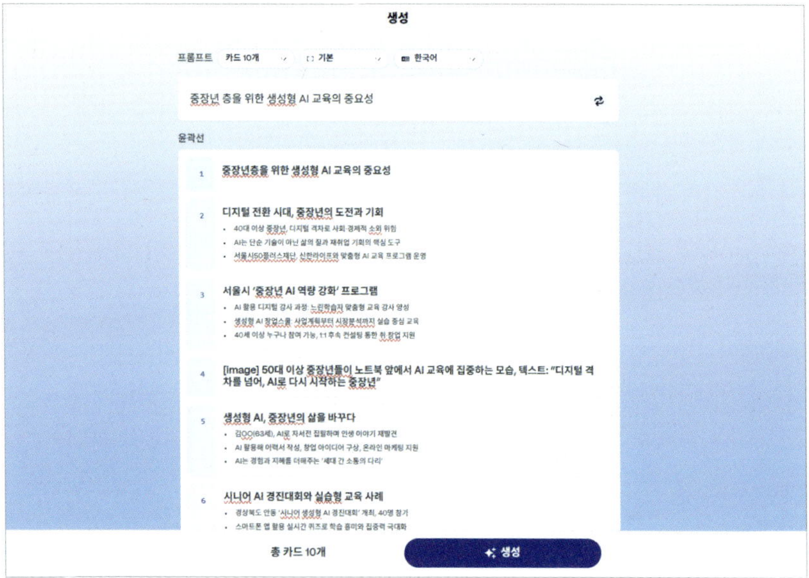

03 카드 10장의 구조도가 생성되며, 내용을 검토하고 수정을 한다. 원하는 페이지에 마우스 포인터를 올리면 곧바로 페이지 숫자 옆에 점 3개 모양의 [더보기] 메뉴가 뜬다. 이 메뉴에서 페이지를 삭제하거나 위, 아래 페이지와 병합도 가능하며, 드래그해서 슬라이드의 순서도 바꿀 수 있다. 원하는 문장에 마우스 포인터를 올리면 곧바로 내용 수정도 가능하다. AI와의 프롬프트에 "전문적인 톤으로 바꿔줘", 또는 "텍스트의 내용을 두 개 슬라이드로 분리해줘" 등의 지시를 주고 수정 작업을 할 수도 있다.

04 슬라이드 내용 아래쪽에는 디자인을 설정할 수 있는 박스가 있다. 카드당 텍스트의 양, 테마, 슬라이드에 사용할 이미지 소스를 선택할 수 있다. 여기서는 텍스트 양을 간결하게 하고, 검정색 배경, AI 생성 이미지를 선택했다. 모든 선택이 완료되면 [생성] 버튼을 클릭한다.

05 AI가 선택한 테마에 맞춰 슬라이드를 생성하는 모습을 실시간으로 볼 수 있다. 순식간에 10장으로 구성된 슬라이드가 완성된다.

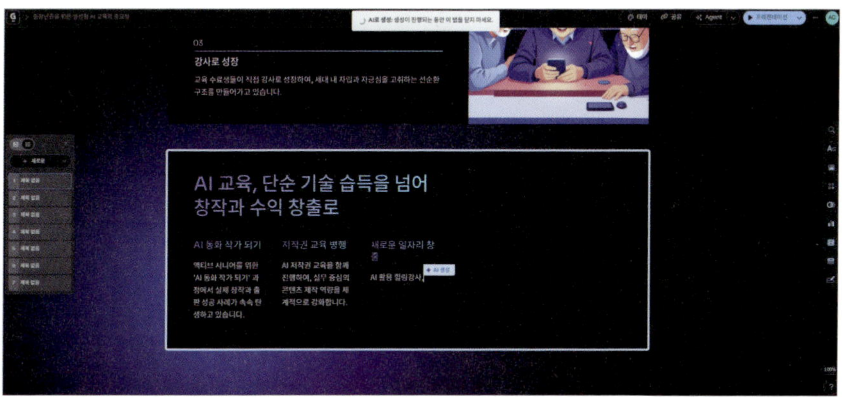

06 슬라이드에 직접 들어가 카드별로 내용이나 디자인 구성을 바꿀 수 있다. 카드별로 왼쪽 상단의 팔레트 모양 아이콘을 누르면 디자인 박스가 열린다.

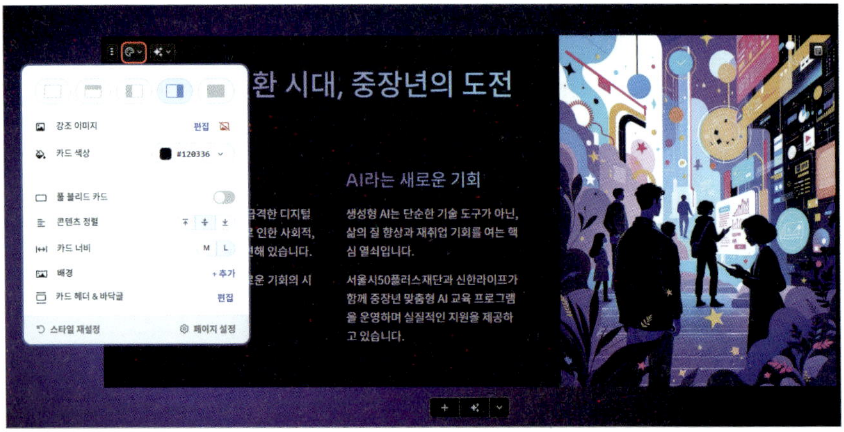

07 AI에게 수정 제안을 요청할 수 있다. 오른쪽 상단의 [Agent]를 클릭하면 전체 구성에 대해 대화를 할 수 있다. 슬라이드별로 왼쪽 상단 팔레트 아이콘 옆에 위치한 별 모양 아이콘(AI 에이전트)을 클릭하면 대화창이 뜬다. 프롬프트를 입력하면 AI를 요청 사항을 반영하여 원본과 수정본을 제시해준다.

08 생성한 슬라이드의 색감이 너무 어둡고, 이미지에 AI 느낌이 강해서 바꿔 보려고 한다. 편집 도구들은 다양하다. 오른쪽 상단 테마 버튼을 클릭하면 테마를 바꿀 수 있고, 오른쪽 측면 도구 박스의 이미지를 선택하면 이미지 소스를 바꿀 수 있다. 여기서는 기존 슬라이드를 저장해두고, 테마와 이미지 등의 전체 설정만 바꿔 새로운 슬라이드를 만드는 방법을 써봤다. 오른쪽 상단바의 점 세 개 [더보기]→[소스 프롬프트 보기]를 선택한다.

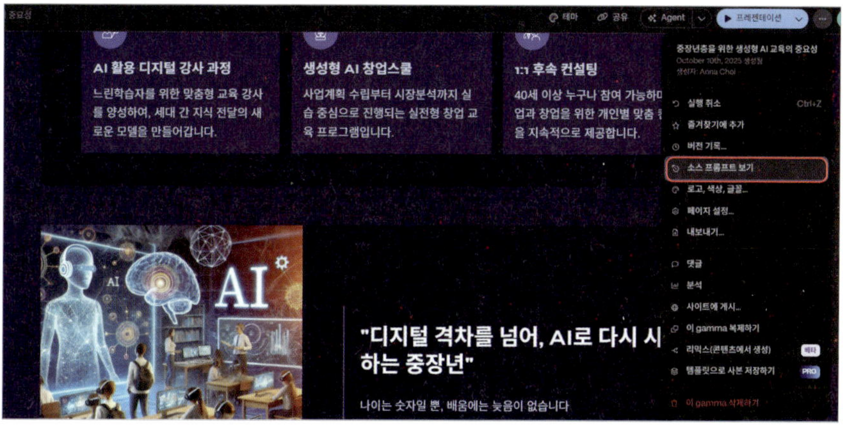

09 개요 만들기 페이지 하단의 Gamma 맞춤 박스로 가서 설정을 바꾼다. '테마'는 '밝은 색감'으로, '이미지 출처'는 [웹 이미지]를 선택하고, [상업적으로 자유롭게 사용] 가능한 라이선스를 선택한다.

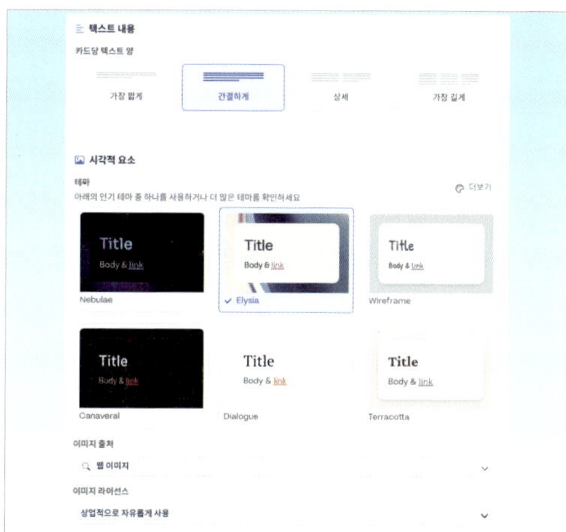

10 새롭게 바뀐 슬라이드를 볼 수 있다.

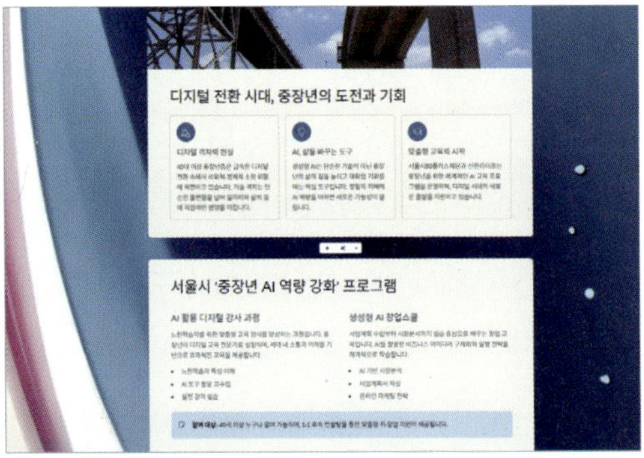

11 슬라이드 하나를 선택하고 오른쪽 도구 박스에 있는 스마트 다이어그램으로 가독성이 높아지게 바꿔보자. 현재는 기본 디자인인 [텍스트로 채워진 슬라이드]다.

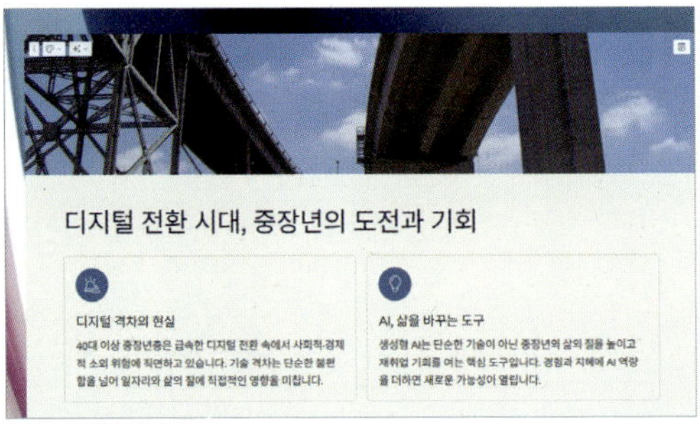

TIP

도구 박스를 열면 다양한 다이어그램 옵션이 나온다. 도구 박스를 활용하면 차트나 다이어그램, 이미지 교체 등 다양한 슬라이드 편집 작업을 할 수 있다.

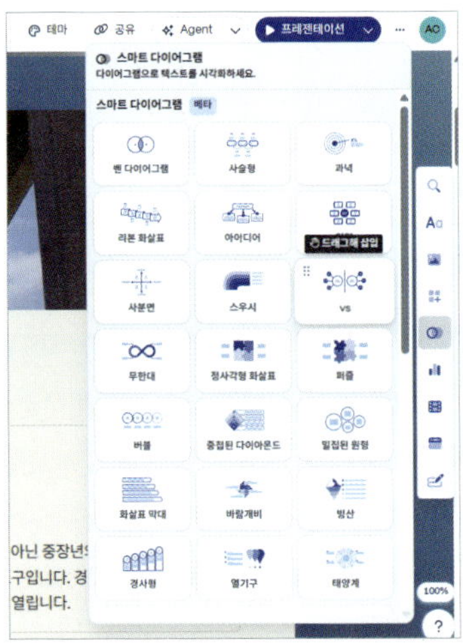

12 원하는 디자인을 선택해 슬라이드에 적용한다.

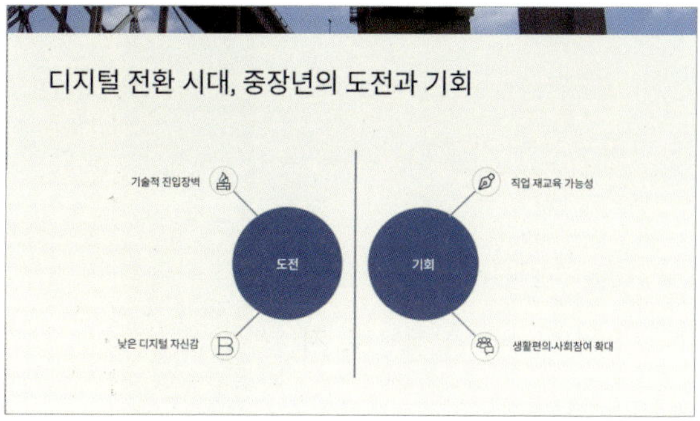

13 발표를 위한 노트를 만드는데도 AI의 도움을 받을 수 있다. 개별 슬라이드 오른쪽 상단의 [노트 추가] 버튼을 클릭하면 대화창이 열린다. 프롬프트를 입력하고 [생성] 버튼을 클릭해 발표를 위한 짧은 원고를 만들 수 있다.

14 완성된 슬라이드는 상단의 프레젠테이션을 클릭하면 미리보기가 가능하고, 링크를 통해 외부와 공유도 가능하다. [내보내기] 버튼을 누르면 PDF나 PPT 등의 형식으로 저장할 수 있다.

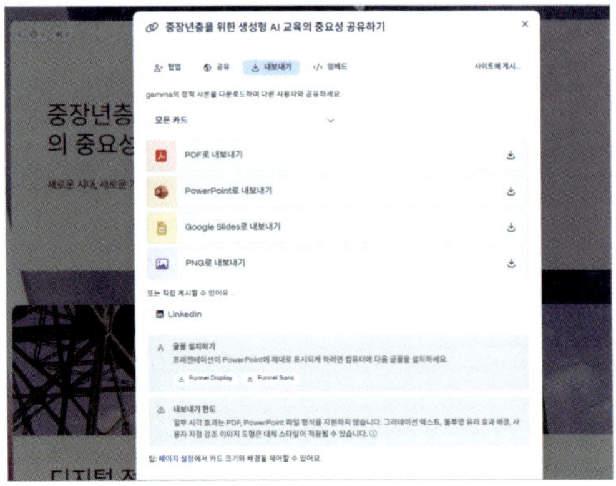

15 시작 페이지에 들어가면 생성한 슬라이드를 볼 수 있다. 앞서 슬라이드를 수정할 때 소스 프롬프트로 들어가 새로 생성을 했기 때문에 슬라이드가 2개가 있는 것을 볼 수 있다. 원래 생성된 슬라이드 안에서 하나씩 수정 작업을 하면 새 슬라이드가 생성되지는 않는다.

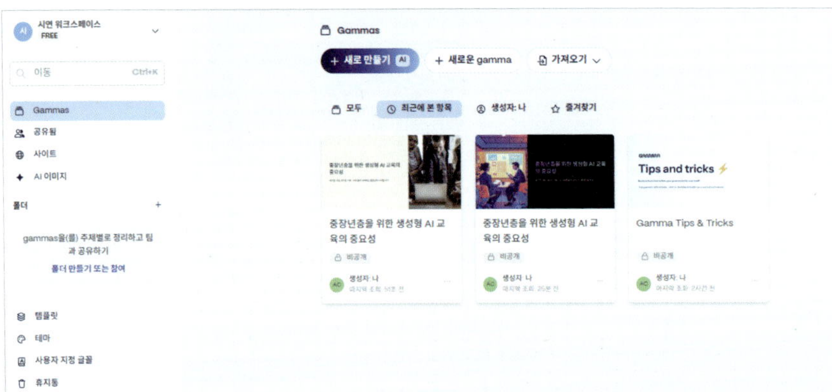

16 저장된 PPT 파일을 직접 수정할 수 있다. 코파일럿을 사용한다면 파워포인트 문서에서 파일을 열어 AI를 활용해 추가적인 작업으로 완성도를 높일 수 있다.

감마의 최대 장점이라면 속도와 효율을 꼽을 수 있다. 다민, 사용해보면 뚜렷한 단점도 보인다. 구체적인 맥락이나 흐름은 사람이 다듬어야 한다는 것이다. 완성도 높은 슬라이드를 만들려면 수정 작업이 많이 필요해 파워포인트를 잘 다루는 사람들에게는 답답하다고 느껴질 수도 있다. 무료 사용에서는 크레딧이 제한적이고 슬라이드의 개수도 한정적이다. 그러나 빈 슬라이드에 아이디어를 구현하느라 몇 시간을 끙끙대고도 허술한 결과물밖에 만들지 못하던 사람들에게 감마는 분명 신세계다. 파워포인트 고수들에게도 빠르게 아이디어를 시각화해야 할 때 시간과 에너지를 절약해주는 훌륭한 초안 제작 도우미 역할을 할 수 있을 것이다.

09

유료 버전으로의 업그레이드 시점

"세상에 공짜 점심은 없다"고 한다. 무언가를 얻기 위해서는 그에 따르는 대가를 반드시 치러야 한다는 의미다. 오픈AI나 구글과 같은 빅테크 기업들은 왜 무료 서비스를 제공할까? 우선 더 많은 이용자들을 AI 생태계로 끌어오기 위한 전략이다. 그들이 사용하면서 쏟아내는 데이터를 통해 회사들은 서비스를 개선한다. 확장된 이용자 네트워크는 이들 기업들이 다음 단계로 나아갈 수 있는 발판이 된다.

무료 서비스는 선뜻 돈을 내고 구독하기 쉽지 않은 이용자들이 강력한 유료 버전으로 넘어오도록 이어주는 일종의 '맛보기' 서비스이기도 하다. 그러나 시식 코너만 돌아서 배를 채우기 어려운 것처럼 실제 생활이나 업무에 본격적으로 생성형 AI를 활용하고자 하면 무료 서비스만으로는 큰 벽을 마주하게 된다.

무료와 유료 버전의 가장 큰 차이점은 성능과 속도다.
무료 버전도 예전보다 훨씬 똑똑해져서 제한적이나마 최신 모델을 사용할 수 있다. 챗GPT의 경우 무료 버전에서도 가장 최신 모델인 GPT-5를 써볼 수 있다. 음성 서비스나 이미지 생성도 제한적이지만 가능하다. 그러나 처음 선보였을 때 무료 버전에서 사용 가능했던 맞춤형 GPT나 프로젝트 생성 기능은 이제 유료 버전에서만 사용이 가능하다.

ChatGPT의 구독 플랜

챗GPT는 '구독 플랜'별로 가용 가능한 기능에 다음과 같은 차이점들이 있다.

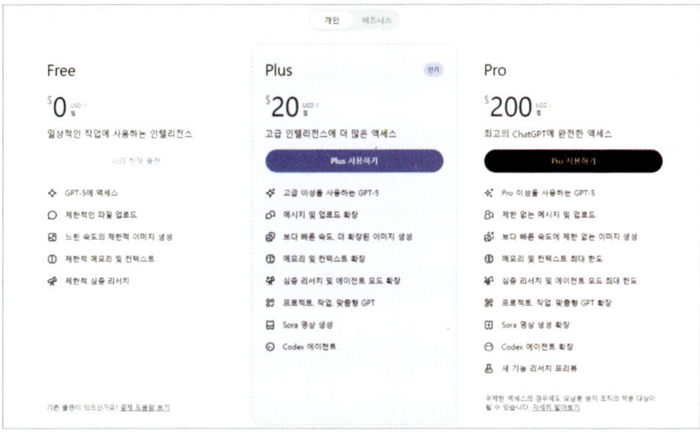

무료	Plus($20)	Pro($200)
일상적인 작업에 사용하는 인텔리전스 • GPT-5에 액세스 • 제한적인 파일 업로드 • 느린 속도의 제한적 이미지 생성 • 제한적 메모리 및 컨텍스트 • 제한적 심층 리서치	고급 인텔리전스에 더 많은 액세스 • 고급 이성을 사용하는 GPT-5 • 메시지 및 업로드 확장 • 보다 빠른 속도, 더 확장된 이미지 생성 • 메모리 및 컨텍스트 확장 • 심층 리서치 및 에이전트 모드 확장 • 프로젝트, 작업, 맞춤형 GPT • Sora 영상 생성 • Codex 에이전트	최고의 ChatGPT에 완전한 액세스 • Pro 이성을 사용하는 GPT-5 • 제한 없는 메시지 및 업로드 • 보다 빠른 속도에 제한 없는 이미지 생성 • 메모리 및 컨텍스트 최대 한도 • 심층 리서치 및 에이전트 모드 최대 한도 • 프로젝트, 작업, 맞춤형 GPT 확장 • Sora 영상 생성 확장 • Codex 에이전트 확장 • 새 기능 리서치 프리뷰

특히 에이전트 모드나 영상을 만드는 작업, 심층 리서치 등은 무료에서는 경험해볼 수 없다. 물론 처음 사용해보면 프롬프트 한 줄에 뚝딱 결과물을 내놓으니 무료로도 충분하다고 느낄 수 있다. 그러나 복잡한 논리적 추론이나 미묘한 맥락을 이해하는데서 최고 성능 모델은 압도적인 차이를 보인다. 무료 AI가 10번이 넘는 수정과 지시를 거쳐야 겨우 만들어내는 결과물을 유료 AI로는 한두 번의 지시로 끝낼 수도 있다.

간단한 예로 비교해보자. 금값의 추이와 향후 전망을 묻는 프롬프트를 무료 버전과 유료 버전의 심층 리포트에 넣고 비교해봤다. 우선 무료 버전이 내놓은 답변이다.

ChatGPT

> 최근 금값은 올 한 해 동안 약 50% 이상 급등하며 온스당 4,000 달러를 돌파했지만, 10월 들어 달러 강세와 이익 실현 매물로 인해 단기간 내 최대 낙폭을 기록하는 등 조정에 들어갔습니다. 앞으로의 전망을 보면, Bank of America가 2026년까지 온스당 5,000 달러까지 가능하다고 제시했고, Goldman Sachs도 중기적으로는 추가 상승 여지가 있다고 평가하는 등 중장기적으론 낙관론이 우세합니다. 다만 단기적으로는 조정 리스크가 상존하므로 투자할 때는 현 시점이 매수 타이밍인지, 위험을 감수할 수 있는지 신중히 판단할 필요가 있습니다.

GPT-5 모델로 3개의 소스에서 자료를 가져왔다. 같은 지시를 심층 리포트에 넣었다. 물론 심층 리포트는 긴 보고서를 쓰는 데 적합한 기능이지만 여기서는 비교를 위해 한 단락을 요청했다. 챗GPT가 작업에 앞서 보충 질문부터 한다.

ChatGPT

최근 금값 추이와 전망에 대해 짧은 글을 작성해드릴게요. 아래 내용을 알려주시면 더 정확하게 작성할 수 있습니다:

1. 사용 목적: 뉴스 기사, 투자 리포트, 블로그 포스트 중 어떤 용도인가요?
2. 선호 스타일: 딱딱한 분석형인가요, 아니면 대중 친화적인 설명형인가요?
3. 원하시는 길이: 예를 들어 3~4문장 정도로 요약할까요, 아니면 조금 더 자세히 5~6문장 정도 원하시나요?

간단히 알려주시면 바로 작성해드리겠습니다.

투자 리포트, 분석형, 5~6문장이라는 답을 주자 챗GPT가 열심히 작업하는 모습을 볼 수 있다. 옆에 창이 뜨며 답변 작성을 위해 어떤 자료를 읽고 있고, 그에 대한 의견도 제시한다.

ChatGPT

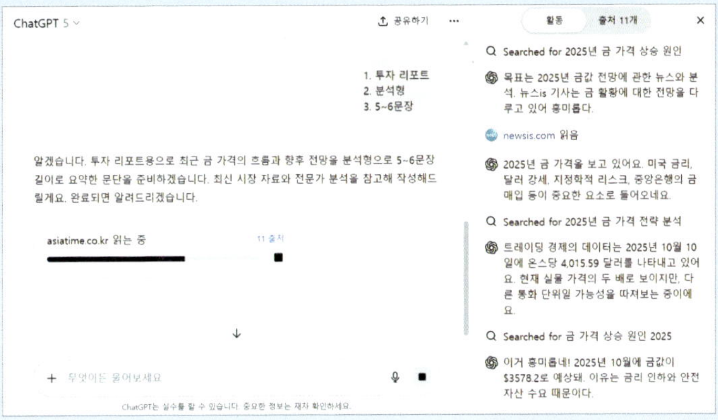

총 17분이 걸려 답변을 가져왔다. 14개의 출처에서 28건의 검색을 바탕으로 작성한 글이다.

ChatGPT

연초만 해도 온스당 2,600달러 선이던 국제 금 가격은 올 들어 50% 넘게 급등하며 최근 사상 처음으로 4,000달러를 돌파했다. 이러한 금값 강세의 주요 배경으로는 미국 연방준비제도(Fed)의 통화정책 기조 변화에 따른 금리 인하 기대와 달러화 약세로 금 보유의 기회비용이 낮아진 점이 우선 거론된다. 또한 미·중 갈등 심화와 중동·우크라이나 전쟁 등 글로벌 지정학적 리스크 확대로 안전자산 선호 심리가 커졌으며, 중국을 비롯한 각국 중앙은행들의 금 매입 확대도 금 수요 증가에 한몫하고 있다. 일각에서는 단기간 급등에 따른 차익실현으로 금값이 일시 조정을 거칠 수 있다는 의견도 나오지만, 전반적인 완화적 통화정책 환경과 견조한 안전자산 수요를 감안할 때 금 가격의 중장기 상승 모멘텀은 유지될 것이라는 분석이 우세하다. 실제로 골드만삭스 등 주요 투자은행들은 금 가격 전망치를 잇따라 상향 조정하며 내년 말까지 금값 랠리가 지속될 것으로 내다보고 있다.

무료 모델에서도 고급 기능들을 사용할 수 있지만 사용할 수 있는 용량이 작고, 일일 사용량에 제한을 두는 경우가 많다. 그래서 몇 번 질문을 하다 보면 다음과 같은 메시지를 받게 된다. 작업을 하던 중이었다면 흐름이 바로 끊겨 버린다.

사용자가 몰리는 피크 시간대에 작업이 원활하지 않은 경우도 있다. 이때도 유료 사용자들은 무료 사용자보다 안정적인 속도로 작업을 진행할 수 있다.

클로드 Pro의 접근 가능한 모델

클로드는 유료 버전인 Pro의 경우 무료 플랜에 비해 5배 더 많은 사용량을 제공한다. 클로드는 선택할 수 있는 모델의 종류가 다양한데, 가장 강력한 모델인 Opus를 사용할 수 있다는 점도 큰 차이이다. 사용자가 활용하는 목적에 따라 다양한 모델에서 최적의 응답을 뽑아낼 수 있다.

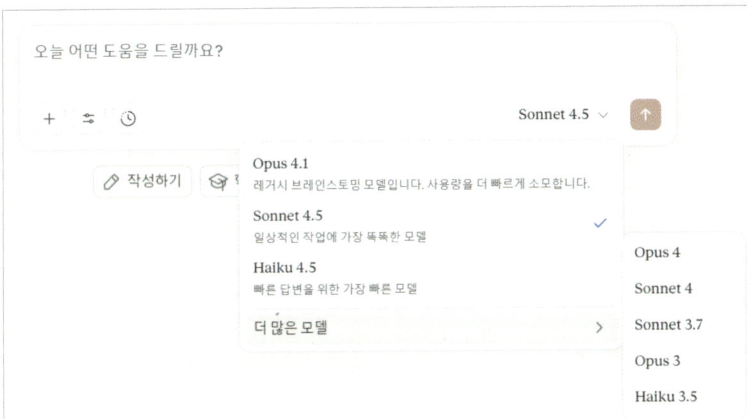

퍼플렉시티는 유료 버전이 무료 버전보다 답변에서 10배 더 많은 인용을 제공한다. 대표적인 이미지 생성 AI 서비스인 미드저니(Midjourney)의 경우 더 이상 무료 체험이 불가능하다.

고급 기능들에 접근할 수 없다는 것도 무료와 유료의 큰 차이점이다. 챗GPT의 경우 앞서 살펴본 심층 리포트를 비롯해 소라로 영상을 만들거나 나만의 맞춤형 GPT를 생성하는 기능은 유료 버전에서만 열린다. 최근에 추가된 에이전트 기능 역시 유료에서만 가능하다.

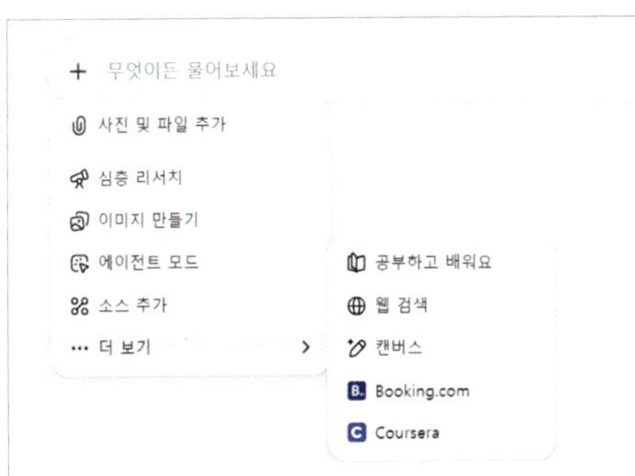

클로드 역시 맞춤형 기능인 프로젝트가 유료 버전에서만 제공되고, 퍼플렉시티의 경우 심층 리서치가 가능한 랩스 기능이 유료에서만 가능하다.

퍼플렉시티의 구독 플랜

물론 어떤 서비스나 무료보다는 유료에서 더 나은 기능들을 제공한다. 그렇다고 모든 서비스에서 유료를 사용할 수는 없을 것이다. 최근 구독 서비스 모델이 일반화되면서 '커피 한두 잔 가격'에 자신들이 제공하는 서비스를 이용하라는 광고 문구들이 자주 등장한다. 이렇게 가볍게 시작한 구독 서비스들이 모여 한 달에 꽤 큰 돈이 고정 지출로 나가는 걸 알고 놀라기도 한다.

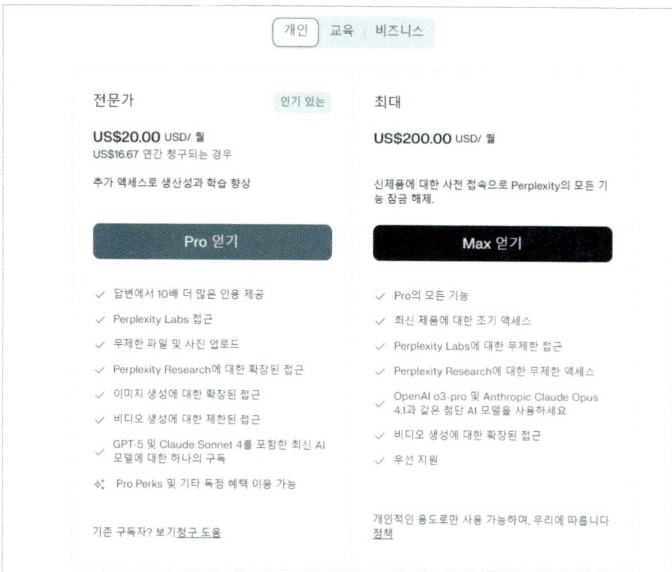

그렇다면 AI 서비스의 유료 구독은 어떤 기준으로 결정해야 할까? 흔히 자신의 사용량이 무료 버전으로는 감당하기 어려워질 때 유료 업그레이드를 고려하라고 말한다. 그러나 무료 서비스만으로도 이미 그 전에는 경험하지 못했던 놀라운 기능들을 접하게 되기 때문에 많은 경우 낮은 품질의 결과물에 만족하며 제한된 기능을 가진 무료 버전에서 벗어나지 못하는 경우가 많다. 사용해보면 무료와 유료 사이에는 엄청난 차이가 존재한다. 일정 시간이 지나면 활용 역량 면에서도 차이가 크게 벌어질 것이다.

차라리 초기에는 한두 달 유료 버전을 사용해보면서 다양한 기능들에 익숙해진 다음 자신에게 가장 적합한 모델과 서비스로 최적의 포트폴리오를 짜보는 것을 추천한다. 즉 처음에는 유료를 경험한 다음 중복되거나 불필요한 서비스는 무료로 낮추는 방식이다.

유사 서비스에 주의하라

생성형 AI 시장이 빠르게 성장하면서 이를 모방하거나 편승하려는 유사 서비스들도 함께 늘어나고 있다. 검색창에 챗GPT나 클로드를 입력하면 '무료 사용', '회원 가입만 하면 즉시 이용 가능', '공식 서비스와 동일한 성능' 같은 문구가 눈에 띄는데, 이러한 문구는 구독료에 부담을 느끼는 사용자들에게 충분히 매력적으로 보인다. 특히 생성형 AI 서비스에 익숙하지 않은 사용자들은 해당 서비스가 공식 제공처인지, 단순히 외형만 비슷한 유사 서비스인지 명확하게 구분하지 못한 채 가입하거나 결제하는 경우가 흔하다.

그러나 이들 유사 서비스는 대개 독자적인 AI 모델을 가지고 있지 않다. 대신 공식 서비스(OpenAI 등)의 API를 그대로 가져다 붙이는 방식으로 운영되는 경우가 대부분이다. 즉, 사용자가 질문을 입력하면 해당 서비스는 자체적인 연산을 하지 않고, 그 질문을 OpenAI API로 그대로 전달한 뒤, 받은 응답만 다시 사용자에게 보여주는 구조에 불과하다. 겉 화면은 챗GPT와 매우 비슷할 수 있지만, 실질적으로는 기술적 가치가 없는 단순 중계 레이어일 뿐이다. 아래 그림과 같은 구조로 답변이 생성되는 것이다.

여기서 중요한 문제는 품질과 비용이다. API 기반 서비스는 공식 모델의 무료 버전 또는 낮은 성능 모델을 주로 사용하는 경우가 많다. 그 이유는 성능이 좋은 모델일수록 API 사용 비용이 높기 때문이다. 결국 저렴한 가격을 내세우는 서비스일수록 답변 품질이 낮아지고, 사용자 입장에서는 "조금 싸게 쓰려 했는데 결국 무료 버전과 거의 비슷한 수준의 품질을 받는" 상황이 발생한다. 즉, 겉으로는 저렴해 보이지만, 효율성과 가치 측면에서는 실은 더 손해인 선택이 될 수 있다.

또한 이들 서비스는 사용자 입력 데이터를 자체 서버를 경유해 전달하는 구조를 갖기 때문에, 개인정보 · 업무자료 · 연구내용 등이 저장되거나 사적으로 활용될 위험도 존재한다. 데이터가 어떤 국가의 서버에 저장되는지, 삭제가 가능한지, 혹은 제3자에게 제공될 가능성이 있는지조차 명확하게 공개되지 않은 경우가 많다. 공식 서비스가 준수하는 보안 정책과는 비교할 수 없다. 생성형 AI 모델 운영은 서버 비용이 매우 크기 때문에, 지나치게 저렴한 서비스는 결국 어딘가에서 비용을 절감하고 있다는 뜻이다. 그 비용 절감은 대부분 데이터 보안, 모델 품질, 서비스 안정성에서 발생한다. 따라서 사용할 때 공식 도메인인지 여부를 확인할 필요가 있다.

PART

04

활용편:

일상에 AI 더하기

실제 일상과 업무 속에서 AI 도구들을 어떻게 활용할 수 있는지를 구체적인 예시를 통해 다뤄보려고 한다. 복잡한 기능 설명보다는 "당장 써볼 수 있는 실전 사용법" 위주로 살펴보자.

"당신이 사용하는 기술로는 아무에게도 감명을 줄 수 없다.

그 기술로 당신이 만들어내는 경험이 전부이다.

The technology you use impresses no one.

The experience you create with it is everything."

- 숀 게러티 Sean Gerety -

하루가 멀다 하고 새로운 도구들이 쏟아져 나온다. 이름도 낯설고, 기능도 비슷한 듯 다른 수백 가지 AI 서비스들 앞에서 사람들은 '대체 어디서부터 시작해야 할까'라는 막막함을 느낀다.

3부에서 가장 대표적이고 기본이 되는 생성형 AI 도구들의 주요 기능들을 살펴봤다면 4부에서는 실제 일상과 업무 속에서 AI 도구들을 어떻게 활용할 수 있는지를 구체적인 예시를 통해 다뤄보려고 한다. 복잡한 기능 설명보다는 '당장 써볼 수 있는 실전 사용법'에 초점을 맞췄다.

수많은 서비스들을 이것저것 다루지는 않는다. 그보다는 '처음 시작하기에 좋은 핵심 도구들' 위주로 어떻게 활용해볼 수 있는지를 소개한다. AI로 할 수 있는 일들은 무수히 많고 사람마다 쓰는 용도도 각양각색이라 이것저것 다 다루는 것도 사실 불가능하다. 본인이 관심있거나 활용하기 좋은 분야에 집중적으로 사용해보면 AI를 더 깊이 이해할 수 있을 것이다. 기본기가 생기면 그때 활용 범위를 넓혀가면 된다.

이미지나 영상 생성 도구들은 제대로 활용하려면 대부분 유료 구독이 필수이며, 무료 버전은 체험용에 가깝다는 점도 미리 짚어둔다. 하지만 단순한 실험 수준이라도 직접 사용해보면 기술 변화의 속도를 피부로 느낄 수 있을 것이다.

놀이하듯 편안한 마음으로 하나씩 생활 속에서 활용하다 보면 어떤 일을 하든 AI를 안 쓰는 게 더 어색한 순간이 올 것이다.

01

좋은 질문을 만드는 프롬프트 기초

"이걸요?"
"제가요?"
"왜요?"

Z세대의 사회 진출이 본격되면서 떠오른 일명 "3요"다. 업무의 내용이 정확히 무엇인지, 왜 자신이 해야 하는지, 어떤 결과를 기대하는지에 대한 명확한 설명을 요구하는 질문이다. 상사의 업무 지시에 순종적으로 따랐던 기존 조직 문화와는 확연히 다르기에 "젊은 친구들과 같이 일하기 너무 힘들다"는 기성 세대의 하소연이 터져 나오곤 한다. 그러나 변화의 속도가 빠른 작금의 시대는 민첩하고 유연한 대응을 요구한다. '3요'에 대한 명확한 설명이 업무를 수행하는 사람의 성과를 높일 수 있는 중요한 요인이다. AI 역시 마찬가지다. AI가 가진 잠재력을 10%만 발휘하게 할 것인지, 유능한 파트너로 뛰게 할 것인지를 결정하는 출발점은 당신의 질문이다.

앞에서 설명했던 것처럼 AI는 실제로 사람처럼 생각하지 않는다는 사실을 잊어서는 안 된다. AI는 우리의 마음을 헤아리고 대화하는 것이 아니라 지금까지 학습한 텍스트를 바탕으로 가장 적합한 단어와 문장을 구사해 답변을 만들어낸다. 질문이 모호하면 추측을 하고 광범위한 답변을 제공한다. 마치 '3요'처럼 AI에게서 더 좋은 답변을 끌어낼 수 있는 질문의 원칙이 있다.

AI에게 역할 부여하기

마케팅 전략을 세울 때 첫 단계로 '바이어 페르소나(buyer persona)'를 정의한다. 나의 제품이나 서비스를 구매할 가상의 고객을 상상하는 것이다. 고객의 특성과 니즈를 구체적이고 명확하게 이해해 고객에게 꼭 맞는 마케팅 전략을 세우도록 돕는다.

마찬가지로 AI와의 소통에서의 첫 단계도 페르소나 만들기다. 질문을 하기에 앞서 AI에게 어떤 역할로 대답해야 하는지 알려주는 것이다. 예를 들자면 '당신은 커리어 코치입니다.' '당신은 여행사 직원입니다'처럼 AI에게 역할을 부여해서 그 역할에 맞는 답변을 구성할 수 있도록 도와주는 것이다.

때로는 나와 AI의 역할을 바꾸는 것도 유용하다. "이제부터 너는 내가 되고, 나는 AI가 되는 거야. 내가 AI라고 생각하고 나에게 질문을 해봐"라고 프롬프트를 주는 식이다. 어떻게 프롬프트를 넣어야 하는지 고민될 때 AI가 프롬프트를 만들도록 하는 것이다. 그리고 프롬프트에 대한 당신의 피드백을 줘서 AI가 더 발전된 프롬프트를 도출해내도록 하라.

지시할 작업 내용을 구체적으로 설명한다.

'내가 나를 모르는데, 넌들 나를 알겠느냐'.

이건 AI에만 적용되는 원칙이 아니다. 내가 원하는 것이 무엇인지 구체적이고 자세한 정보를 제공할수록 더 좋은 결과를 얻을 수 있다. 예를 들면 "VIP

고객 초청 행사의 환영사 원고를 1분 분량으로 써줘"와 같은 구체적인 내용이다. 무엇을 지시해야 할지 불명확하다면 AI와 가볍게 대화부터 시도해봐도 좋다. AI와 브레인스토밍 회의를 진행하다 보면 내가 원하는 작업이 무엇인지 머릿속에 구체적으로 그려질 것이다.

맥락 설명하기

'VIP 고객 초청 행사의 환영사'라면 그 행사에 대해 좀 더 추가적인 정보를 제공할 수 있다. 행사에 대한 설명이라던지, VIP 고객들은 어떤 사람인지 등 AI가 그 상황에 대해 이해할 수 있는 정보들을 주는 것이다. "너는 헬스 트레이너이고, 집에서 간단하게 할 수 있는 근력 운동을 추천해줘"에 맥락을 추가한다면 "나는 50대 중반의 여성이고 그동안 유산소 운동을 꾸준히 했지만, 근력 운동은 해본 적이 없어"와 같은 정보를 추가하는 것이다.

후속 질문하기

생성형 AI의 큰 장점 중 하나는 사람과 대화하듯 작동한다는 것이다. 더 쉽게 사용하고 익숙해질 수 있는 요소인데 이를 적극적으로 활용해보자. AI 모델이 더 발전하여 프롬프트를 넣고 나면 AI가 필요한 후속 작업들을 제안하기도 한다. 예를 들어 근력 운동을 추천받았다면 "네가 추천한 운동별로 강화할 수 있는 신체 부위와 근육을 알려줘"라고 질문할 수 있다. 이후 "삼두근을 더 강화할 수 있는 운동을 더 추천해줘"라고 요청할 수 있거나 "운동의 난이도가 높은 것 같아. 좀 더 수월한 운동으로 다시 추천해줘" 등 자신의 필요에 따라 질문을 이어가다 보면 더 나은 답변을 얻을 수 있을 것이다.

멍청한 질문을 했다고 걱정할 필요가 없고, 질문을 계속해서 짜증을 내면 어쩌지 눈치 볼 필요도 없다. 질문을 많이 한다고 AI가 고장나지도 않는다. 아이와 같은 순수한 호기심을 갖고 AI와 시간을 보내다 보면 AI와의 소통 달인이 된 자신을 발견할 수 있을 것이다.

음성 대화하기

아무래도 글쓰기는 에너지가 많이 든다. 머릿속의 말을 정리해서 문장을 구성하고, 글을 어떻게 시작할지 첫 문장을 골라내야 한다. 아무리 간단한 글이라도 심리적 부담감이 있다. 최근의 생성형 AI는 음성을 문자로 전환하는 기능으로 친구와 대화하듯 이야기를 나눌 수 있다. 부담 없이 대화를 시도하라. 그러면 머릿속의 뿌연 안개가 걷히고 앞으로 무엇을 해야 할지 방향을 잡을 수 있을 것이다.

음성 기능은 브레인스토밍을 시작하기에도 아주 유용한 도구다. 어떤 아이디어가 떠올랐을 때 작은 수첩이나 휴대폰의 메모장에 기록해놓는 것처럼 AI의 음성 기능을 열고 "이런 생각이 떠올랐어"라고 말을 걸어보는 것이다. 써야 하는 글의 아이디어를 던져볼 수도 있고 해야 할 일을 이야기해줄 수도 있다. 두서없이 대화한 내용을 정리해달라고 요청해보자. 머리 속에 엉켜있던 생각이 한 단계 발전해있는 것을 발견할 수 있을 것이다.

개인정보 설정만으로도 AI의 답이 바뀐다.

챗GPT나 제미나이 등 생성형 AI들은 프로필 설정에서 이용자의 구체적인 지시 사항을 미리 설정해놓을 수 있다.

챗GPT는 왼쪽 하단에 있는 자신의 [계정]→[개인맞춤 설정]에서 AI와의 소통에 필요한 추가 정보들을 저장해놓을 수 있다. 예를 들어 "출처가 불분명한 부분은 "출처미상"으로 표시할 것. 나의 질문이 모호하거나 지시가 명확하지 않을 경우, 임의로 답을 지어내지 말고 필요한 정보를 더 요청할 것" 등 잘못된 정보를 줄이기 위한 장치를 넣을 수 있고, "답은 특별히 요청하지 않는 경우 항상 영어로만 생성해줘" 같은 구체적인 지시사항들을 저장해놓을 수 있다. 서로를 불러주는 이름을 설정해 친근감을 높일 수도 있고, 내가 추구하는 가치나 종교 등도 입력해놓으면 답에 이를 반영한다.

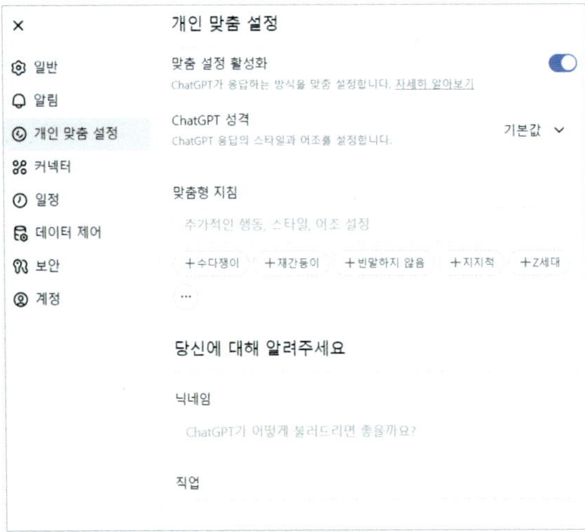

제미나이는 왼쪽 하단의 [설정] → [Gemini 요청사항]을 클릭하여 맞춤형 주문사항들을 미리 넣어놓을 수 있다. 오른쪽 이미지는 추가할 수 있는 개인정보의 예시인데, 제미나이를 써보다가 자신의 필요에 맞는 지시 사항을 저장해두면 된다.

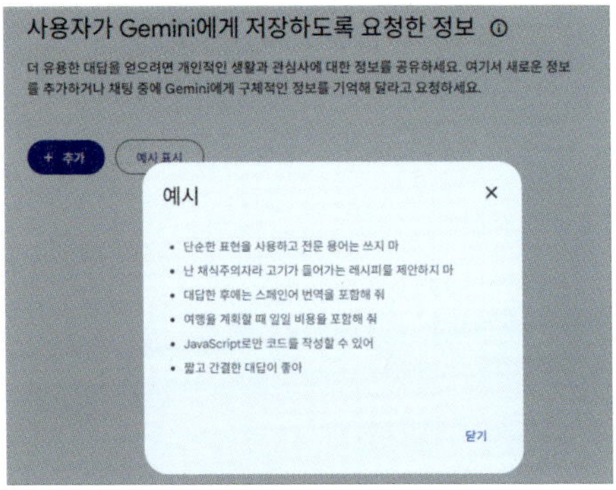

02

좋은 질문을 만드는 프롬프트 응용

AI의 자아를 분리하기

앞서 2부에서 AI가 나의 생각이 편협해지는 걸 막아주는 훌륭한 비판자가 될 수 있다고 설명했다. 지금처럼 알고리즘으로 끊임없이 콘텐츠를 추천받는 시대에는 내가 듣고 싶고 보고 싶은 정보에만 노출되는 '에코 체임버(Echo Chamber)'에 갇히게 된다. AI의 자아를 분리하는 방법으로 대화를 나누면 훨씬 효율적으로 균형 잡힌 시각을 가질 수 있게 된다. 다양한 관점에서 정보를 위합하는데에도 효과적이다.

'정년 연장'이라는 주제를 놓고 챗GPT의 자아를 찬반으로 분리해 대화를 나눈 예시다.

나

내가 디베이트 준비를 하고 있어. 해당 주제에 대해 제기될 수 있는 찬성과 반대 의견을 모두 들어보고 세부 질문에 대해 답을 할 수 있는 준비를 하려고 해. 우리가 논의해야 할 큰 주제는 '급속한 고령화에 따른 근로자의 정년 연장'이야. 이제부터 너의 자아를 A와 B로 분리해서 이 주제에 대해 토론을 시작해보자.

입력한 주제에 챗GPT는 다양한 핵심 공방별로 찬반 토론을 보여준다. 이어서 예상되는 세부질문과 가능한 답변 등을 넣어서 토론의 시나리오를 작성한다.

후속 질문으로 나를 청중의 역할로 설정하고 질문을 던지면 여기에 다시 찬반 토론을 이어가고, 사회자가 개입하는 경우, 다른 청중이 질문을 하는 경우 등 다양한 각도에서 토론을 이어간다.

AI의 자아를 분리할 때 주제에 따라 페르소나를 더 구체적으로 제시할 수도 있다. 예를 들면 여성과 남성, 중학생과 부모님 등으로 역할을 부여해주면 각 역할에 맞는 의견을 내놓을 것이다. 챗GPT를 나의 객관적 비판자로 활용할 수 있는 아주 간단하면서도 유용한 방법이다.

AI가 알아서 글을 완성하는 이어쓰기

글의 초안을 완성해야 할 때나 아이디어를 확장하는 브레인스토밍에 유용하다. 지시를 전부 주지 않고 글의 일부나 머리말을 준 뒤 "위 문단을 이어서 300자로 써줘"라고 명령하는 것이다. 창의적인 글쓰기를 할 때 전혀 생각지 못했던 전개를 펼치기도 해 새로운 경험을 할 수 있다.

나

300자 분량 메모
소유에 광적으로 집착하는 시대 속에서 사람들은 존재의 이유를 잃고 있다. 존재를 잃어버린 사람들은 과거보다 더 많은 것을 가졌지만 …

소유에 광적으로 집착하는 시대 속에서 사람들은 존재의 이유를 잃고 있다. 존재를 잃어버린 사람들은 과거보다 더 많은 것을 가졌지만 만족하지 못한다. 끊임없는 비교와 경쟁은 더 큰 소유를 향한 끝없는 욕망을 낳고, 그 속에서 삶의 본질은 흐려진다. 결국 중요한 것은 무엇을 가지느냐가 아니라 어떤 존재로 살아가느냐에 달려 있다.

퓨샷(Few-shot) 프롬프팅

풀어서 설명하는 게 아니라 원하는 스타일을 예시로 직접 보여주는 방식이다. AI가 주어진 패턴을 학습해서 새로운 지시에도 같은 방식으로 응답한다. 형식이나 스타일이 중요한 경우 직접 시범을 보여주면 효과적이다.

나

다음과 같은 스타일로 요약해주세요.

예시 1:

원문: "인공지능 기술이 빠르게 발전하면서 다양한 산업 분야에 적용되고 있습니다.
특히 의료, 금융, 제조업 등에서 효율성을 크게 향상시키고 있습니다."

요약: AI 기술이 의료·금융·제조 등 여러 산업에서 효율성을 높이고 있다.

예시 2:

원문: "기후 변화로 인해 전 세계적으로 이상 기후 현상이 증가하고 있습니다.
폭염, 홍수, 가뭄 등이 빈번해지면서 농업 생산성에도 큰 영향을 미치고 있습니다."

요약: 기후 변화가 이상 기후를 증가시키고 농업에 타격을 주고 있다.

이제 다음을 요약해주세요:

원문: "메타버스는 가상현실과 증강현실 기술을 활용한 3차원 가상공간입니다.
사용자들은 아바타를 통해 소통하고, 게임, 쇼핑, 업무 등 다양한 활동을 할 수 있습니다."

명령어로 검색 필터링 설정하기

간단한 명령어를 넣으면 특정 사이트나 특정한 파일 형식으로 범위를 제한해 답변을 내놓는다. 기간을 설정할 수 있고 특정 단어를 제외하는 필터링, 유사한 사이트를 찾아서 답변을 생성하는 필터링 등으로 활용해볼 수 있다.

'디지털 전환과 일의 미래'를 주제로 챗GPT와 브레인스토밍을 하려고 한다. 우선 세계경제포럼(The World Economic Forum, WEF)에서 발표한 보고서를 기반으로 답변을 생성해봤다.

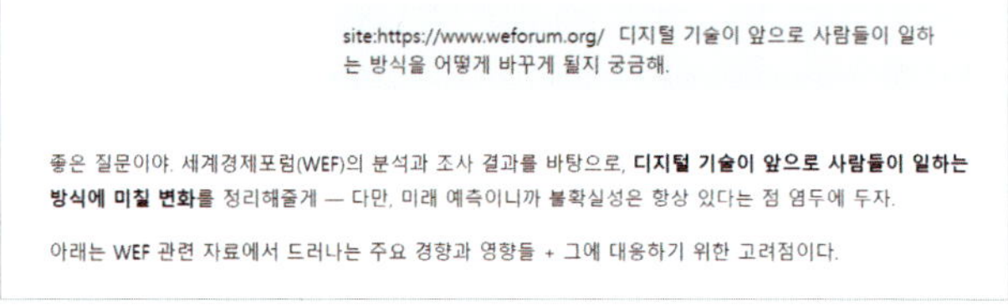

다른 방식으로 조건을 바꿔보자.

- WEF에서 2024년 이후 나온 AI 관련 보고서 PDF로 범위 제한
  site:weforum.org filetype:pdf AI report after:2024-01-01
- 'Future of Jobs'가 제목에 들어간 최근 글
  site:weforum.org intitle:"Future of Jobs" after:2024-01-01
- WEF와 비슷한 성격의 사이트 찾기
  related:weforum.org

[표] 검색 명령어 치트시트

명령어	기능	예시
site:	특정 사이트 또는 도메인 제한	site:weforum.org AI
filetype:	특정 파일 형식만 검색	future of jobs filetype:pdf

intitle:	제목에 특정 단어 포함	intitle:"digital transformation"
" "	정확히 일치하는 구문 검색	"Future of Jobs Report 2025"
-	특정 단어 제외	AI -chatgpt
OR	둘 중 하나만 포함	"digital economy" OR "future of work"
after:	특정 날짜 이후	after:2024-01-01
before:	특정 날짜 이전	before:2023-12-31
related:	유사한 사이트 찾기	related:weforum.org

마크다운 활용하기

생성형 AI는 자연어로 대화가 가능하지만 컴퓨터의 문법인 '마크다운(markdown)'을 활용한다면 AI와 더 체계적이고 명확한 대화를 나눌 수 있다. 우선 마크다운이 무엇인지 보자.

챗GPT에 마크다운에 대한 설명을 요청하면 다음과 같은 답변이 나온다.

> ✅ **마크다운(Markdown)의 정의**
>
> **마크다운(Markdown)** 은 *일반 텍스트를 이용해 문서의 구조와 서식을 표현하는 경량 마크업 언어*입니다.
> 2004년 **존 그루버(John Gruber)** 가 **에런 스워츠(Aaron Swartz)** 와 함께 개발했습니다.
> 목적은 **읽고 쓰기 쉬운 문서 포맷**을 만드는 것이었습니다.
>
> > **출처:** John Gruber, "Markdown" (https://daringfireball.net/projects/markdown/ ↗)
>
> 즉, 마크다운은 **문서를 작성할 때 HTML처럼 복잡한 태그 대신**, 간단한 기호(#, *, -, ` 등)를 사용하여 제목, 목록, 강조 등을 표시할 수 있게 해줍니다.

글씨의 크기나 굵기, 기울기가 서로 다르게 표현하여 답을 생성했다. 이 답변을 텍스트로 복사해보자.

```
## ☑ 마크다운(Markdown)의 정의
**마크다운(Markdown)** 은 *일반 텍스트를 이용해 문서의 구조와 서식을 표현하는 경량 마크업 언어*입니다.
```

2004년 **존 그루버(John Gruber)** 가 **에런 스워츠(Aaron Swartz)** 와 함께 개발했습니다.
목적은 **읽고 쓰기 쉬운 문서 포맷**을 만드는 것이었습니다.
> **출처:** John Gruber, "Markdown" (https://daringfireball.net/projects/markdown/)
즉, 마크다운은 **문서를 작성할 때 HTML처럼 복잡한 태그 대신**, 간단한 기호(#, *, -, ` 등)를 사용하여 제목, 목록, 강조 등을 표시할 수 있게 해줍니다.

#과 *과 같은 기호들이 붙은 전혀 다른 모습의 문서가 나왔다. 컴퓨터에 글을 쓸 때 문서의 구조를 보여주는 언어를 마크업(Markup)이라고 한다. 대표적인 프로그래밍 언어인 HTML을 보면 〈p〉, 〈title〉 등 '〈〉'로 둘러싸인 수많은 태그들을 볼 수 있다. 이 마크업보다 간단하게 사용할 수 있도록 고안된 것인 '마크다운'이다. 다음은 대표적인 마크다운 기호들이다.

[표] 마크다운 기호와 내용

마크다운 기호	내용
#제목1 ##제목2 ###제목3	내용의 위계를 나타냄 #이 늘어날수록 하위에 위치함
굵게	볼드체(강조)
기울임	이탤릭체
- 일시 - 참석자	순서 없는 목록
1. 첫 번째 항목 2. 두 번째 항목	순서 있는 목록
> 인용	인용문을 나타냄
[링크 텍스트](https://example.com)	해당 사이트의 하이퍼링크

다시 위로 돌아가 텍스트로 복사한 챗GPT의 답변을 보자. 이제 다양한 기호들이 어떤 의미를 담고 있는지 눈에 들어올 것이다.

생성형 AI에 프롬프트를 넣을 때 마크다운 문법을 활용하면 훨씬 효과적이고 명확하게 질문을 구성할 수 있다. 마크다운은 단순히 문서를 보기 좋게 꾸미는 용도가 아니다. 정보를 체계적으로 정리하고 논리적으로 글의 흐름을 보여주는 도구다. 예를 들어, 프롬프트에서 지시 사항 중 가장 핵심적인 내용을 # 기호를 사용하여 제목처럼 제시하면, AI가 문맥을 파악할 때 해당 요소를 최우선적으로 인식할 수 있다. 그리고 필요한 경우 ##, ###와 같이 #의 개수를 조절하여, 지시의 구조와 계층을 시각적으로 드러낼 수 있다. 이렇게 하면 AI도 사용자가 문제를 어떻게 구조화해서 생각하는지를 파악해 이를 따라가며 응답을 생성할 수 있다.

마크다운으로 굵게(**)와 기울임(*) 표시를 활용하면, 사용자가 전달하고자 하는 핵심 포인트나 우선순위가 무엇인지 강조할 수 있다. 이러한 강조 표현을 통해 사용자는 AI에게 의도와 중요도를 더 명확하게 전달할 수 있을 것이다.

모든 대화에서 마크다운을 사용해야 하는 것은 아니지만, 특히 '여러 단계의 사고 또는 논리적 구조가 필요한 요청', 예를 들어 분석, 비교, 요약, 방향 제시, 문서 작성과 같은 과제에서는 마크다운이 매우 유용한 소통 도구가 된다. 복잡한 문제를 다룰수록 마크다운으로 소통하는 것은 효과를 발휘한다.

또 중요한 점은, 마크다운으로 질문을 구성하는 과정 자체가 사용자에게 '생각을 정돈하는 경험'을 제공한다는 것이다. 업무에서 가장 중요한 것은 명확한 지시다. 지시가 명확하려면 스스로 무엇을 원하는지를 명확하게 알아야 한다. 마크다운으로 프롬프트를 쓰기 위해서는 "내가 진짜로 AI에게 무엇을 요구하려고 하는가?", "정보는 어떤 순서로 넣어야 하는가?"를 먼저 명확하게 알아야 한다. 이런 과정은 AI만을 위한 것이 아니라 사용자 자신의 사고를 명료하게 만드는 과정이기도 하다. 즉, 마크다운 기반 프롬프트는 단순히 더 나은 답을 받기 위한 기술이 아니라, 문제를 명확히 바라보고 정의하는 사고 도구로도 작동한다.

그럼 마크다운을 활용한 프롬프트를 한 번 짜보자. 프로젝트 진행 보고서 작성이라는 동일한 작업을 마크다운을 활용한 경우와 그렇지 않은 경우로 나눠서 비교했다.

다음은 적절하지 않은 프롬프트의 예시이다.

나

이번 주에 프로젝트 관련해서 이야기한 녹취록이야. 보고서 형태로 깔끔하게 만들어줘.

다음은 마크다운을 활용한 적절한 프롬프트의 예시이다.

나

주간 프로젝트 진행 보고서 작성
첨부한 프로젝트 관련 녹취록을 읽고 **이번 주 진행 상황과 다음 단계 계획**을 정리해

작성 지침
- 팀별/담당자별 진행 상황은 항목으로 정리
- **중요 변경 사항과 리스크는 별도로 구분**
- 다음 주 우선 과제는 명확하게 제시

출력 형식
1) 프로젝트 개요
2) 팀/담당자별 진행 상황 요약
3) 변경 사항 및 리스크
4) 다음 주 Action Items (담당자 / 기한 포함)

참고 메모
[회의의 대화 내용 요약을 붙일 것]

이런 식으로 지시를 주면 AI도 우선순위가 무엇인지, 어떤 구조로 답변을 원하는지 금방 알고 사용자에게 누락된 정보 없이 깔끔하게 정리된 보고서를 가져올 것이다.

TIP 제로샷, 원샷, 퓨샷 프롬프팅의 차이

프롬프팅에서 제로샷, 원샷, 퓨샷은 AI 모델이 새로운 작업을 수행할 때 사용하는 예제(샷)의 수에 따라 구분된다. 제로샷은 예제 없이, 원샷은 한 번의 예시로, 퓨샷은 소수의 예시로 프롬프트하는 방식이다.

1. 제로샷(Zero-shot) 프롬프팅

예제 없이 프롬프트만 제공하는 방식으로 모델이 해당 작업이나 개념을 직접 학습하지 않았으나, 기존에 학습한 다른 개념들을 바탕으로 답변을 생성한다.
예: '고양이'를 학습하지 않았으나, '고양이에 대해 설명해'라는 질문에 답하는 경우

2. 원샷(One-shot) 프롬프팅

단 하나의 예시만 제공하여 모델이 작업을 수행하도록 하는 방식으로 새로운 유형의 이미지나 데이터를 보고 바로 분류·처리하는 등, 한 번의 예시만으로도 충분한 이해가 가능한 경우에 사용한다.
예: 새로운 유형의 이미지를 보고 바로 분류하는 작업

3. 퓨샷(Few-shot) 프롬프팅

2~5개 등 소수의 예시를 함께 제시해 모델이 패턴을 파악하도록 하며, 예시가 부족할 때, 모델의 일반화 능력을 보완하거나 복잡한 작업에 활용된다.
예: 몇 개의 이메일 요약 예시를 보여주고, 새로운 이메일을 요약하도록 하는 경우

03

최신 해외 뉴스, 한눈에 읽고 맥락 이해하기

세상의 변화를 읽을 수 있는 해외 뉴스 사이트들. 웬만한 영어 실력이 아니면 많은 양의 기사들을 빠르게 읽고 소화하기가 벅차다. AI는 세계에서 벌어지는 사건들을 이해하는 동시에 외국어 실력도 키울 수 있는 도구로 제격이다.

마이크로소프트의 코파일럿을 활용해 워싱턴포스트의 영어로 된 뉴스를 읽어보자.

01 마이크로소프트 엣지 브라우저에서 워싱턴포스트 사이트를 연다. 트럼프 대통령과 불화를 겪던 일론 머스크가 제3당 창당이 필요하다고 주장한 내용의 기사이다. 이 기사가 아니어도 되며, 워싱턴포스트의 뉴스 중 아무거나 선택해도 된다.

The Washington Post
Democracy Dies in Darkness

Musk says he wants a new political party, and many agree. Can he pull it off?

Would-be independent candidates have been searching for what they say is a sensible center of the electorate for a long time. No one has found it.

July 13, 2025

8 min Summary 875

Elon Musk during a May 30 news conference with President Donald Trump in the Oval Office. (Tom Brenner/For The Washington Post)

원문 URL: https://www.washingtonpost.com/politics/2025/07/13/elon-musk-third-party-trump/

02 주소창 오른쪽 끝부분에 코파일럿 표시를 클릭한다.

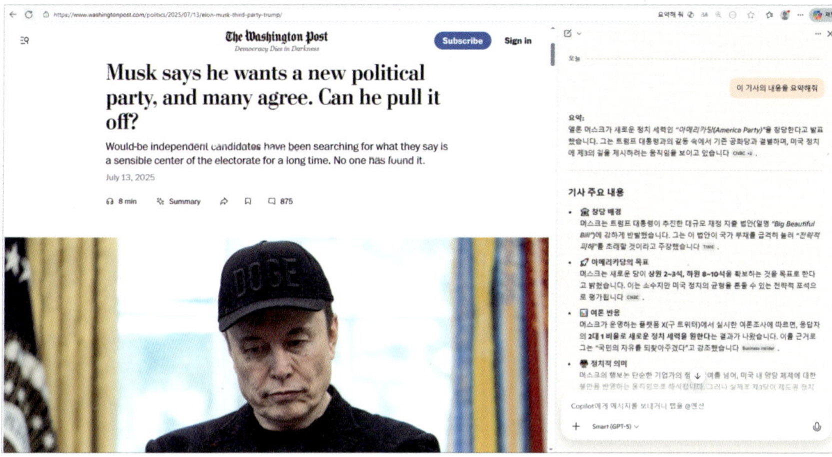

03 기사 내용의 요약을 지시하면 코파일럿이 짧은 요약과 함께 세부 내용에 대한 요약을 내놓는다. 요약 내용 중 배경에 대해 더 알고 싶으면 추가 질문을 한다.

04 이번엔 이 기사를 바탕으로 시사 영단어를 학습하고자 한다. 다음의 프롬프트를 입력해보자.

나

> "기사에 등장하는 영어 단어들을 학습하고 싶어. 정치, 경제, 법률 분야에서 쓰이는 난이도 높은 단어들을 정리해줘."

05 코파일럿이 정치, 경제, 법률 분야로 나눠 각 단어의 간단한 뜻과 예문을 넣어서 답변을 생성했다.

🏛 정치 분야 단어

단어	뜻	예문
duopoly	두 정당 또는 기업이 시장/권력을 독점하는 구조	The U.S. political system is often criticized as a duopoly.
electorate	유권자 전체	Independent candidates struggle to appeal to the entire electorate.
cadre	핵심 그룹, 간부 집	Musk hopes to build a small cadre of lawmakers.

Copilot에게 메시지를 보내거나 탭을 @멘션

💰 경제 분야 단어

단어	뜻	예문
national debt	국가 부채	The bill would increase the national debt by $3 trillion.
deficit	적자, 부족	Reducing the deficit is a key issue for the new party.
investment	투자	Building a political party requires long-term investment.
viability	실행 가능성, 생존	The viability of Musk's party depends on funding and

06 제시한 단어들로 심화 학습도 가능하다. "제시된 단어들을 활용해서 글쓰기 연습을 하자"는 프롬프트를 넣었다. 코파일럿은 주제를 주고 작문을 하는 방법, 문장의 빈칸을 완성하는 방법 등 몇 가지 학습 방법을 제시한다. 단어를 활용해 문장을 제시하는 방법을 선택했다.

연습 문제

1. The lack of a clear __________ made it hard for the new party to attract supporters. (agenda)
2. Each state has different rules for __________, making national campaigns difficult. (ballot access)
3. Musk hopes to build a small __________ of lawmakers who can influence legislation. (cadre)
4. Many independents say the current system fails to represent the __________. (electorate)
5. Creating a party with real __________ requires more than just money. (durability)

07 코파일럿이 예시 문항과 답을 보여준 뒤 연습문제를 띄운다. 요청하면 퀴즈도 만들어준다.

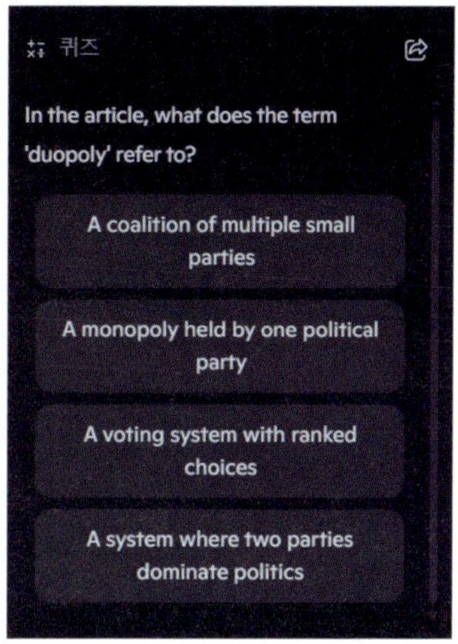

TIP 크롬에서 제미나이 확장 프로그램으로 뉴스 사이트 읽기

엣지 브라우저가 아니라 크롬에서도 바로 제미나이의 지원을 받고 싶다면 확장 프로그램 설치가 필요하다. 그렇지 않으면 별도의 제미나이 창을 연 후 요약하고 싶은 뉴스 사이트의 주소를 붙이거나, 텍스트를 복사해 붙인 후 프롬프트에 지시를 해야 한다. 크롬에서 제미나이를 쓰기 위해 확장 프로그램부터 설치해보자.

01 구글의 크롬 웹 스토어에 접속한다.

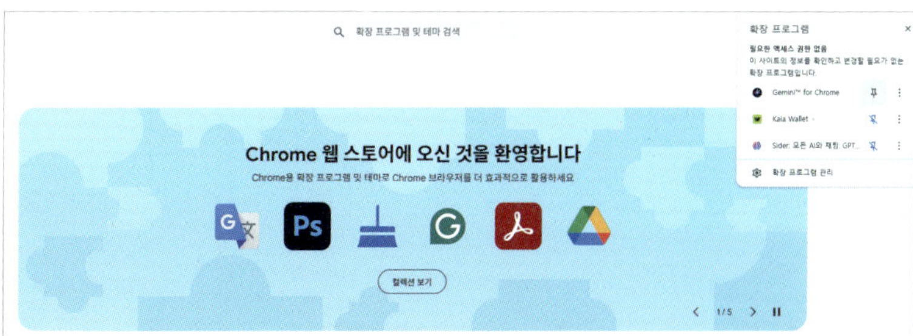

02 검색창에 필요한 확장 프로그램인 'Gemini for Google'을 입력한다.

03 확장 프로그램을 찾아 클릭하고 페이지를 연다.

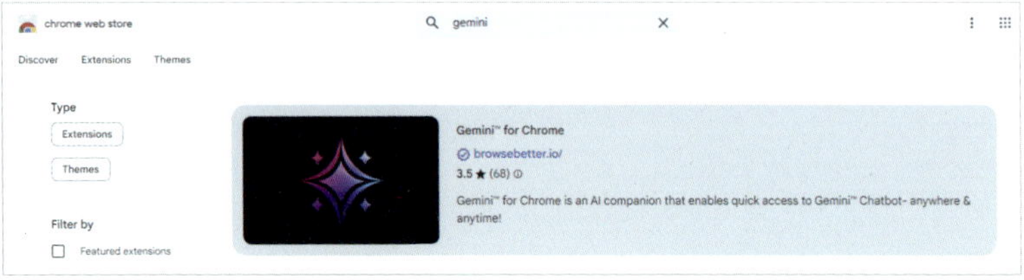

04 우측 상단에 파란색 버튼인 [Chrome에 추가] 버튼을 클릭한다. 권한 요청 팝업창이 뜨면 확인 후 [확장 프로그램 추가] 버튼을 클릭해 설치를 완료한다.

05 설치가 완료되면 브라우저 우측 상단에서 퍼즐 조각 모양의 아이콘을 볼 수 있다. 클릭하면 설치된 확장 프로그램 목록이 뜬다.

06 자주 사용하는 확장 프로그램의 경우 옆의 핀 모양 아이콘을 클릭해 고정하면 주소창 옆에 확장 프로그램이 항상 나타나 편하게 쓸 수 있다.

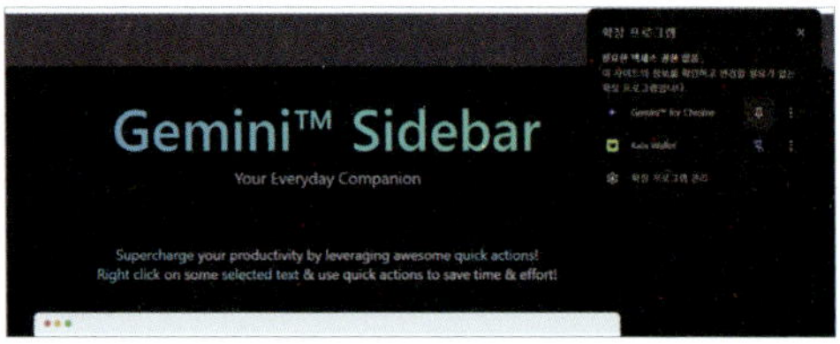

07 잘 작동하는지 시험해보자. 크롬에서 이코노미스트 사이트를 열었다. 주소창 옆에 보이는 제미나이 확장 프로그램 아이콘을 클릭하면 화면이 분할되며 제미나이가 뜬다.

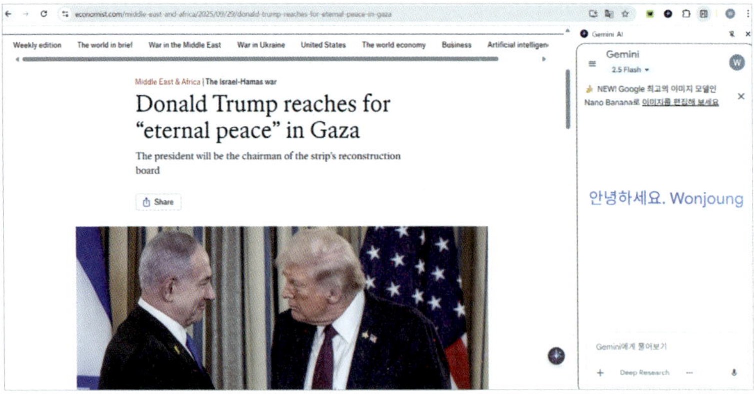

크롬 웹 스토어를 살펴보면 일종의 부스터 역할을 해주는 확장 프로그램들이 많다. 글쓰기나 맞춤법 같은 특정 기능에서 AI의 도움을 받을 수 있는 확장 프로그램도 다양하게 나오고 있다. AI 사용이 익숙해지고 기능 업그레이드가 필요해지는 시점에 확장 프로그램을 적극 활용해보자.

04

긴 유튜브 영상, 빠르게 찾아보고 핵심 잡아내기

유튜브에 좋은 영상들이 많지만 내게 필요한 영상을 찾아서 시청을 마치기까지 꽤 오랜 시간이 걸린다. AI를 활용하면 원하는 주제의 영상을 빠르게 찾고, 빠르게 내용을 파악하여 원하는 스타일의 글로 빠르게 정리할 수 있다. 영어로 된 영상이라면 곧바로 한국어 요약으로도 내용을 볼 수 있다.

제미나이로 영상 검색하기

01 구글의 제미나이를 활용하자. 채팅창에 '@'를 입력하면 구글 서비스의 목록이 뜬다. 유튜브를 찾아 클릭한다.

02 구글의 제미나이를 활용해 보자. 제미나이의 채팅창에 원하는 주제의 프롬프트를 넣는다. 찾으려는 내용이 구체적일수록 좋다.

나

"엔비디아 CEO 젠슨 황이 디지털 전환이 바꿔놓을 미래에 대해 이야기하는 유튜브 영상을 검색해줘"

03 제미나이가 제목, 채널명, 주소, 게시일자, 조회수의 정보를 포함하여 영상 3개를 추천해준다. 조회수가 중요하다면 프롬프트에서 조회수에 대한 조건을 넣어주면 된다. 특정 기간에 게시된 영상을 원한다면 기간에 대한 프롬프트를 같이 넣어준다.

YouTube

엔비디아 CEO 젠슨 황이 디지털 전환의 미래에 대해 이야기하는 관련 YouTube 영상을 찾아보았습니다.

다음은 검색 결과입니다:

1. **AI 미래 제시한, NVIDIA GTC2024 젠슨 황 CEO 키노트 심층 리뷰: 블랙웰GPU, NIM, 로봇**
    - **채널 이름:** 토크아이티(Talk IT)
    - **영상 길이:** 1시간 32분 23초
    - **조회수:** 1,346회
    - **게시일:** 2024-04-07
    - **URL:** http://www.youtube.com/watch?v=lCcMMy5qPkw
2. **3조 달러 규모의 자동차 산업 디지털 전환을 꿈꾸는 엔비디아의 야망 NVIDIA GTC 2023 Keynote Part 4 - CEO Jensen Huang -**
    - **채널 이름:** 리치몽 Rich Mong
    - **영상 길이:** 6분 9초
    - **조회수:** 1,790회
    - **게시일:** 2023-03-26
    - **URL:** http://www.youtube.com/watch?v=ZVGLUATNaBw
3. **젠슨황 심층 분석, 세계에서 가장 중요한 CEO, 젠슨 황의 성공 비밀,젠슨 황이 설계한 미래: AI, 로봇, 자율주행의 모든 것**
    - **채널 이름:** 2분 세상
    - **영상 길이:** 12분 14초
    - **조회수:** 73회
    - **게시일:** 2025-09-09

04 제미나이가 찾아준 영상들은 젠슨 황의 발언을 분석하여 제작한 영상물이다. 원했던 영상은 젠슨 황의 인터뷰 영상이기에 프롬프트를 다시 넣는다.

나

"젠슨 황이 직접 인터뷰를 하는 영상으로 찾아줘"

05 조건에 맞는 두 개의 영상이 제시됐다. 제미나이가 요약해준 내용을 보고 자세하게 볼 영상을 선택한다.

2. NVIDIA CEO 젠슨 황의 미래에 대한 비전

이 영상은 CES 2025에서 녹화된 장시간 대화 영상으로, 엔비디아의 기술 발전 과정과 미래 비전을 깊이 있게 다룹니다.

- **영상 제목:** NVIDIA CEO Jensen Huang's Vision for the Future
- **채널 이름:** Huge Conversation
- **URL:** `https://www.youtube.com/watch?v=7ARBJQn6QkM`

주요 내용:

- NVIDIA의 초기 역사와 GPU 발명 과정, CUDA 플랫폼 개발 배경을 포함한 전반적인 역사.
- AI와 로보틱스의 미래, '피지컬 AI(Physical AI)'가 세상을 어떻게 변화시킬지에 대한 그의 비전.
- '옴니버스(Omniverse)'와 '코스모스(Cosmos)' 등 엔비디아가 추구하는 디지털 트윈 기술의 미래 역할.

이 두 영상은 디지털 전환, AI, 그리고 그것이 우리의 삶과 산업에 미치는 장기적인 영향에 대해 젠슨 황 CEO의 직접적인 견해를 들을 수 있는 훌륭한 자료입니다.

NVIDIA CEO Jensen Huang's Vision for the Future
Cleo Abram - 383만 조회수

영상 요약하기

제미나이가 찾아준 채널 'Huge Conversation'의 인터뷰 영상을 요약하는 방법을 알아보자. 만약 요약해주길 원하는 유튜브 영상이 있다면 주소의 링크를 가져와 채팅창에 직접 입력하고 요약을 요청하면 된다.

01 영상의 링크는 유튜브 영상 영상 하단의 [공유] 버튼을 클릭하면 동영상 링크가 나타난다. [복사] 버튼을 클릭해서 채팅창에 입력하면 된다.

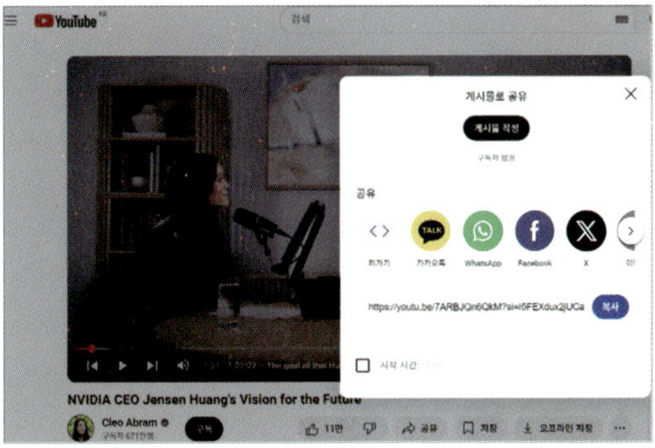

02 한 시간이 넘는 긴 영문 영상이다. 인터뷰 전문을 모두 보고 싶다면 타임라인과 함께 주요 스크립트를 작성해달라고 요청한다. 한국어 번역이 필요할 경우 추가로 요청하면 아래와 같은 답이 생성된다.

NVIDIA CEO Jensen Huang의 미래 비전 (NVIDIA CEO Jensen Huang's Vision for the Future)

타임라인	스크립트 (한국어 번역)
[00:00]	어느 시점에는 무언가를 믿어야 합니다. 우리는 알려진 컴퓨팅을 재창조했습니다. 다음으로 다가올 미래에 대한 비전은 무엇입니까? 우리는 스스로에게 "이것을 할 수 있다면, 어디까지 갈 수 있을까?"라고 물었습니다. 지금 우리가 가진 로봇에서 당신이 보는 미래 세계로 어떻게 나아갈 수 있을까요? Cleo, 움직이는 모든 것은 언젠가 로봇이 될 것이고, 곧 그렇게 될 것입니다. 우리는 그것이 실제로 일어나기 전에 수백억 달러를 투자했습니다. 네, 아주 잘 조사하셨습니다. 하지만 제가 생각하는 가장 큰 돌파구는...
[00:27]	...이 사람은 젠슨 황이며, 당신이 알든 모르든 그의 결정은 당신의 미래를 형성하고 있습니다. 그는 NVIDIA의 CEO입니다. 이 회사는 지난 몇 년 동안 세계에서 가장 가치 있는 회사 중 하나로 급부상했습니다. 그 이유는 컴퓨터 작동 방식의 근본적인 변화를 이끌어냈고, 이로 인해 기술로 가능한 것들이 폭발적으로 증가했기 때문입니다. NVIDIA는 또다시 해냈습니다. 우리는 세계에서 가장 중요한 기술 회사 중 하나가 되었고, 아마도 역사상 가장 중요한 회사 중 하나가 될 것입니다.
[00:55]	AI, 로봇 공학, 게임, 자율 주행차, 획기적인 의료 연구 등 당신이 듣고 있는 가장 미래 지향적인 기술의 엄청난 부분이 그와 그의 회사에서 설계한 새로운 칩과 소프트웨어에 의존하고 있습니다. 이 인터뷰를 준비하며 진행한 수십 건의 배경 인터뷰에서 저에게 가장 인상 깊었던 것은 젠슨 황이 지난 30년 동안 우리 모

TIP 구글 Sheets로 내보내기

제미나이로 스크립트 생성 후 하단에 [Sheets로 내보내기] 버튼이 활성화될 때가 있다. 요약 자료를 구글 시트를 활용할수 있는 기능으로 다음과 같이 사용해 보자.

01 모든 스크립트의 생성이 끝나면 [Sheets로 내보내기] 버튼을 클릭해 구글 드라이브에 저장한다. Sheets(스프레드시트)는 웹에서 쓸 수 있는 엑셀 같은 도구다.

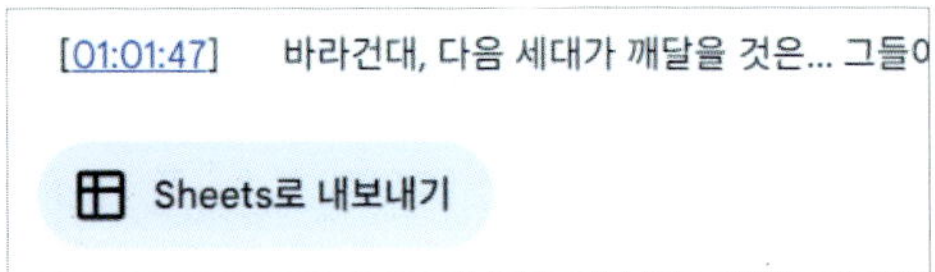

02 구글 드라이브의 'Sheets'에 들어가면 저장된 파일이 추가돼 있다. 오른쪽 상단의 [Gemini]를 클릭해 필요한 작업을 추가로 요청할 수 있다. 예를 들어 필요한 데이터를 추출한다든가, 블로그용으로 글쓰기를 시켜볼 수 있다.

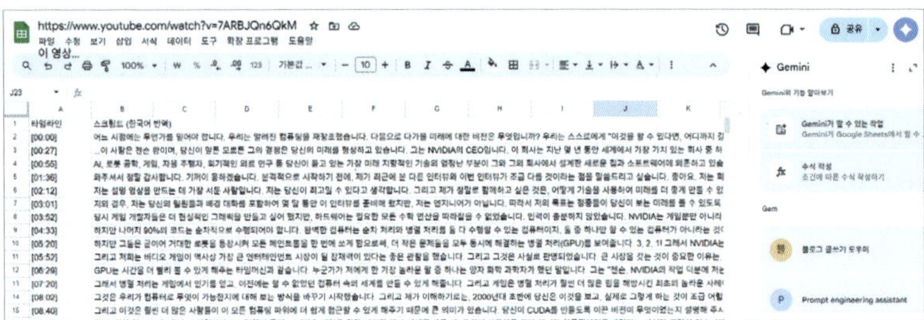

03 프롬프트를 바꾸면 다른 형식으로 결과물을 받아볼 수 있다. 영상의 주요 내용을 요약해달라는 프롬프트를 넣으면 큰 주제별로 항목을 나눠 요약해준다.

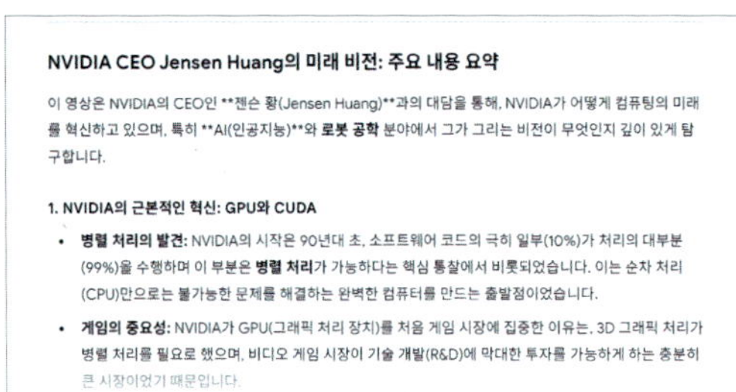

04 인터뷰 대담 형식의 글로 요청하면, 주제별로 나눠 주요 내용을 문답 형식으로 볼 수 있다.

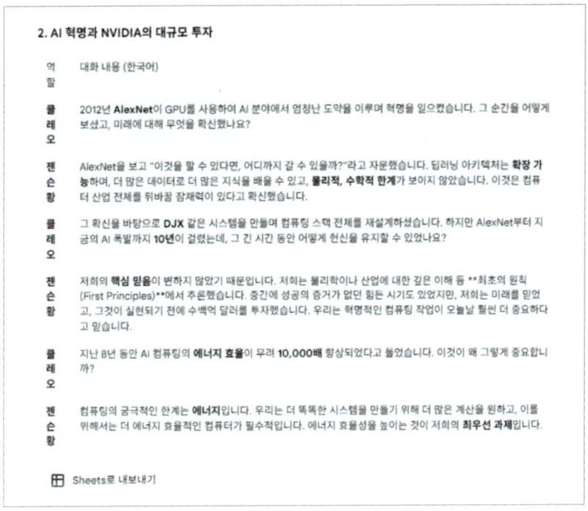

2. AI 혁명과 NVIDIA의 대규모 투자

역할	대화 내용 (한국어)
클레오	2012년 AlexNet이 GPU를 사용하여 AI 분야에서 엄청난 도약을 이루며 혁명을 일으켰습니다. 그 순간을 어떻게 보셨고, 미래에 대해 무엇을 확신했나요?
젠슨황	AlexNet을 보고 "이것을 할 수 있다면, 어디까지 갈 수 있을까?"라고 자문했습니다. 딥러닝 아키텍처는 확장 가능하며, 더 많은 데이터로 더 많은 지식을 배울 수 있고, 물리적, 수학적 한계가 보이지 않았습니다. 이것은 컴퓨터 산업 전체를 뒤바꿀 잠재력이 있다고 확신했습니다.
클레오	그 확신을 바탕으로 DJX 같은 시스템을 만들며 컴퓨팅 스택 전체를 재설계하셨습니다. 하지만 AlexNet부터 지금의 AI 폭발까지 10년이 걸렸는데, 그 긴 시간 동안 어떻게 헌신을 유지할 수 있었나요?
젠슨황	저희의 핵심 믿음이 변하지 않았기 때문입니다. 저희는 물리학이나 산업에 대한 깊은 이해 등 **최초의 원칙 (First Principles)**에서 추론했습니다. 중간에 성공의 증거가 없던 힘든 시기도 있었지만, 저희는 미래를 믿었고, 그것이 실현되기 전에 수백억 달러를 투자했습니다. 우리는 혁명적인 컴퓨팅 작업이 오늘날 훨씬 더 중요하다고 믿습니다.
클레오	지난 8년 동안 AI 컴퓨팅의 에너지 효율이 무려 10,000배 향상되었다고 들었습니다. 이것이 왜 그렇게 중요합니까?
젠슨황	컴퓨팅의 궁극적인 한계는 에너지입니다. 우리는 더 똑똑한 시스템을 만들기 위해 더 많은 계산을 원하고, 이를 위해서는 더 에너지 효율적인 컴퓨터가 필수적입니다. 에너지 효율성을 높이는 것이 저희의 최우선 과제입니다.

Sheets로 내보내기

05 이번에는 인터뷰 기사 형식으로 작성하되, 주요 내용의 끝에 해당되는 영상의 타임라인을 표시해줄 것을 요청했다.

2. AI 혁명과 NVIDIA의 대규모 투자

역할	대화 내용 (한국어)
클레오	2012년 AlexNet이 GPU를 사용하여 AI 분야에서 엄청난 도약을 이루며 혁명을 일으켰습니다. 그 순간을 어떻게 보셨고, 미래에 대해 무엇을 확신했나요?
젠슨황	AlexNet을 보고 "이것을 할 수 있다면, 어디까지 갈 수 있을까?"라고 자문했습니다. 딥러닝 아키텍처는 확장 가능하며, 더 많은 데이터로 더 많은 지식을 배울 수 있고, 물리적, 수학적 한계가 보이지 않았습니다. 이것은 컴퓨터 산업 전체를 뒤바꿀 잠재력이 있다고 확신했습니다.
클레오	그 확신을 바탕으로 DJX 같은 시스템을 만들며 컴퓨팅 스택 전체를 재설계하셨습니다. 하지만 AlexNet부터 지금의 AI 폭발까지 10년이 걸렸는데, 그 긴 시간 동안 어떻게 헌신을 유지할 수 있었나요?
젠슨황	저희의 핵심 믿음이 변하지 않았기 때문입니다. 저희는 물리학이나 산업에 대한 깊은 이해 등 **최초의 원칙 (First Principles)**에서 추론했습니다. 중간에 성공의 증거가 없던 힘든 시기도 있었지만, 저희는 미래를 믿었고, 그것이 실현되기 전에 수백억 달러를 투자했습니다. 우리는 혁명적인 컴퓨팅 작업이 오늘날 훨씬 더 중요하다고 믿습니다.
클레오	지난 8년 동안 AI 컴퓨팅의 에너지 효율이 무려 10,000배 향상되었다고 들었습니다. 이것이 왜 그렇게 중요합니까?
젠슨황	컴퓨팅의 궁극적인 한계는 에너지입니다. 우리는 더 똑똑한 시스템을 만들기 위해 더 많은 계산을 원하고, 이를 위해서는 더 에너지 효율적인 컴퓨터가 필수적입니다. 에너지 효율성을 높이는 것이 저희의 최우선 과제입니다.

Sheets로 내보내기

블로그, 감상문 등 원하는 형식을 프롬프트에 넣으면 영상의 내용에 기반한 글을 순식간에 받아볼 수 있다. 이 밖에 영상 내용을 바탕으로 토론 주제를 뽑거나 PPT를 제작하는 등 추가적인 활용도 가능하다. 이 작업을 제미나이에서 계속 할 필요는 없다. 활용 방법에 따라 더 적합한 서비스로 내용을 가져가서 작업을 이어가면 된다. 활용할 수 있는 방법과 도구는 무궁무진하다.

05

내 옆의 꼼꼼한 글쓰기 코치

3부에서 챗GPT의 GPTs와 제미나이의 Gem 등 사용자들이 직접 만들어 쓰는 맞춤형 챗봇에 대해 알아봤다. 여기서는 '블로그 글쓰기 도우미'라는 맞춤형 Gem을 직접 만들어보자.

01 제미나이의 사이드바에서 [Gems 탐색하기]를 클릭하면 Gem 관리자 페이지가 뜬다.

> **TIP**
>
> 위에는 구글이 사전에 제작해서 공개한 맞춤형 Gem의 목록을 볼 수 있고, 아래에는 '내 Gem'이라는 내가 만든 Gem의 목록이 뜬다.

02 [새 Gem만들기]로 들어가기 전에 사전 제작된 Gem 하나를 선택해 오른쪽 상단의 점 세 개 [더보기]를 눌러 [사본 만들기]를 선택한다.

[고정]을 클릭하면 해당 Gem이 사이드바에 항상 노출된다.

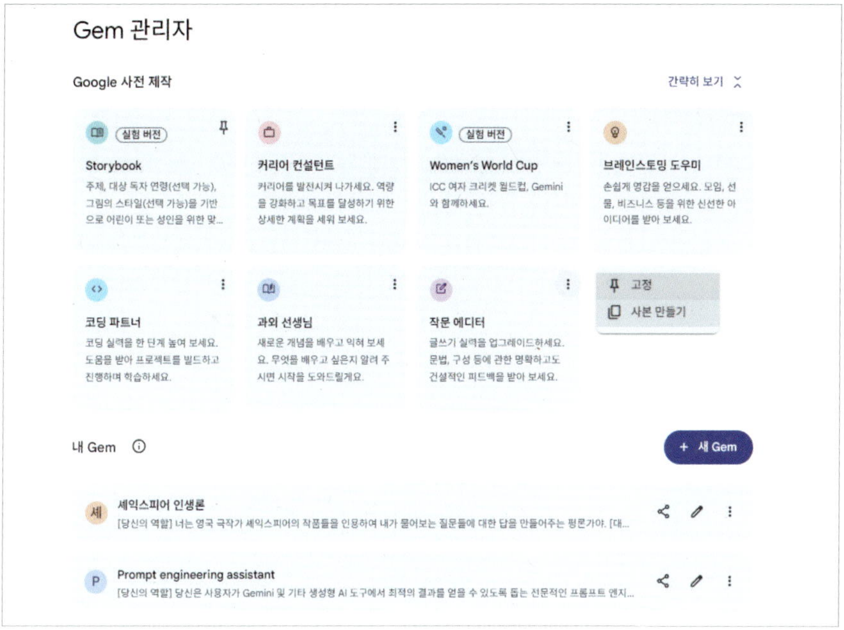

03 여기서는 '작문 에디터 Gem'의 사본을 만들었다. 이렇게 사본 만들기로 시작하는 것은 상세한 지침을 처음부터 만드는 것보다 이미 만들어진 지침을 수정하는 것이 쉽기 때문이다. 일종의 컨닝 페이퍼라고 생각하면 된다.

04 작문 에디터의 Gem을 보면 요청 사항에 [목적], [목표], [전체 방향], [단계별 지침] 카테고리가 채워져있는 것을 볼 수 있다. 이것을 우리가 만들려는 '블로그 글쓰기 도우미'에 맞도록 내용을 수정한다.

05 오른쪽에 위치한 제미나이와의 채팅창에 나의 목적에 맞도록 요청사항 수정을 지시한다.

06 제미나이가 작성해준 내용을 별도 문서에 복사한 후 나의 필요에 맞게 수정한다.

07 여기서 끝이 아니다. 좀 더 완성도를 높이기 위해 한 단계를 더 거쳐보자. 이번에는 챗GPT에 검증 작업을 맡겨보자.

나

https://blog.naver.com/co****/223********
위의 링크는 내가 작성한 블로그 글이야.
Gemini에 '블로그 글작성 도우미 Gem'을 만들고 앞으로 블로그 글을 작성할 때마다 활용하려고 해. Gem을 만들면서 요청사항(instruction) 초안을 작성했는데, 내가 위에 공유한 나의 블로그 글과 유사한 블로그를 작성하는데 도움을 받으려면 어떤 부분을 수정해야 할까? 수정한 요청 사항을 만들고, 그 아래에 수정한 이유도 제시해줘.
다음 글은 내가 작성한 요청 사항 초안이야.

08 챗GPT가 수정본과 함께 수정한 이유를 명시해 준다.

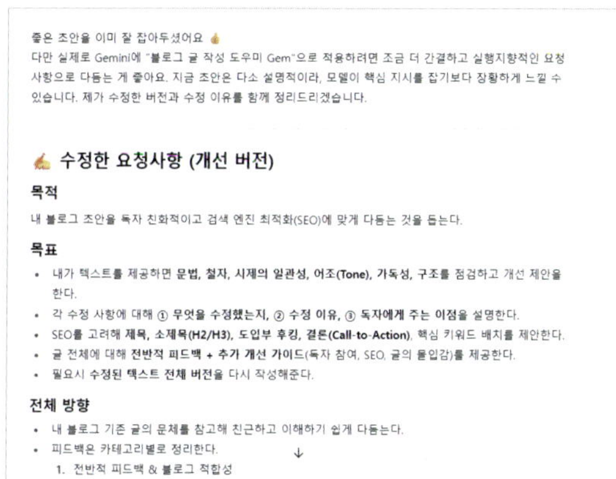

09 수정본을 복사해 다시 Gem 만들기로 돌아온다. 이름과 요청사항을 채워넣는다.

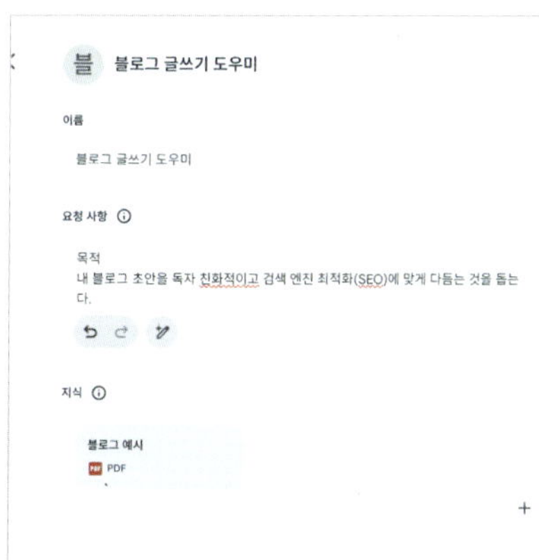

10 지식 부분에는 내가 기존에 썼던 블로그 글을 묶은 PDF 파일을 업로드한다. 앞서 요청사항에서 지식에 업로드 한 내 글의 문체를 참고하여 글을 다듬을 것을 명시해놓았다.

11 오른쪽 상단의 [저장] 버튼을 누르면 Gem 관리자 페이지에 새로 생성된 나의 Gem을 볼 수 있다.

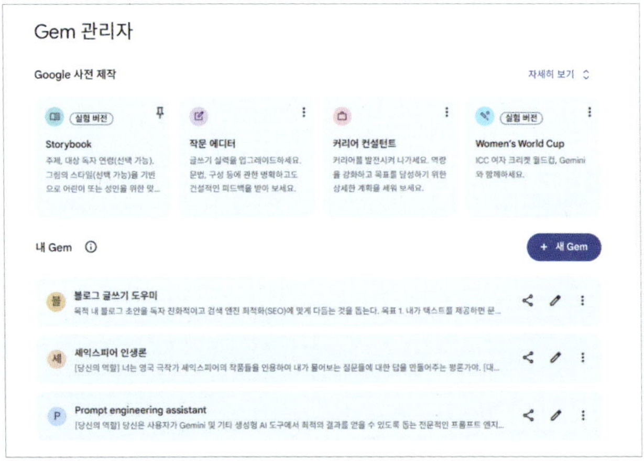

12 사용하면서 세부 지침은 언제든지 수정할 수 있으며, 사본 만들기도 가능하다.

13 잘 만들어졌는지 확인해보자. 사이드바의 블로그 글쓰기 도우미 Gem을 열고 채팅창에 쓴 글을 올려놓고 검토를 요청한다.

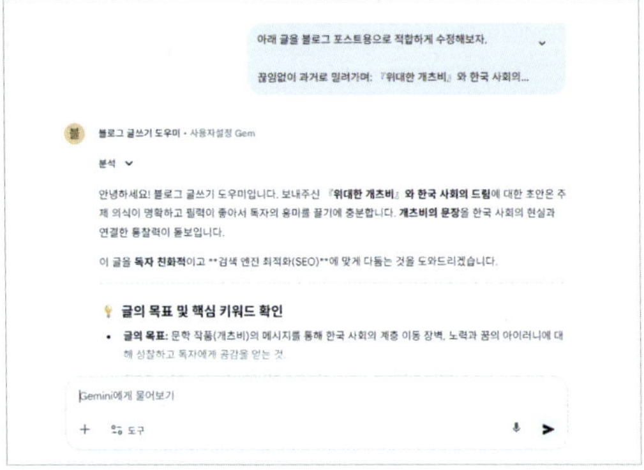

14 자주 쓰는 Gem이라면 고정 핀을 활용해 메인 화면의 사이드바에 상시 노출시켜 놓으면 편하다.

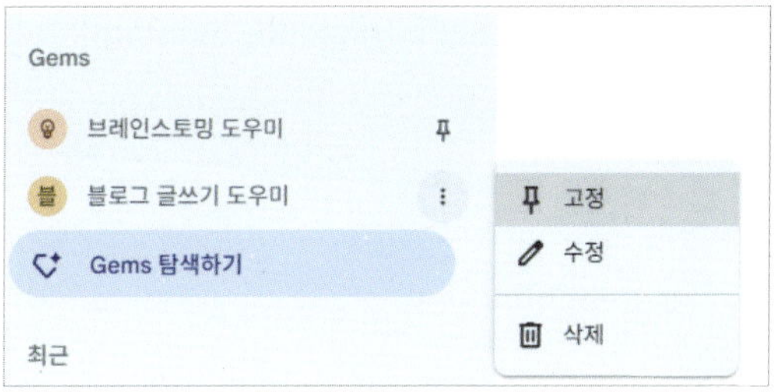

15 블로그 글쓰기를 위한 Gem을 만들면서 작성한 요청 사항을 챗GPT의 맞춤형 챗봇인 GPTs를 만드는 데에도 그대로 사용할 수 있다. 맞춤형 GPT를 만드는 방법은 3부 챗GPT편에서 살펴볼 수 있다.

TIP 네이버의 내 블로그 글을 PDF 파일로 묶는 방법

블로그에 등록한 자신의 글을 웹상이 아닌 실제 파일로 만들어 간직할 수 있다.

01 내 블로그에서 프로필 하단의 [관리-통계] → [메뉴 · 글 · 동영상 관리] → [글 관리] → [글 저장] → [PDF 만들기]를 선택한다.

02 전체 글 목록에서 저장의 체크박스를 선택한 후 [추가] 버튼을 클릭하면 하단에 선택한 글 목록에 글이 추가되고, 다시 체크박스를 클릭하고 [만들기] 버튼을 클릭하면 PDF가 생성된다. 페이지 하단에 '댓글, 답글을 포함합니다'를 선택하면 댓글, 답글도 PDF 파일에 포함된다.

TIP 'Prompt engineering assistant' Gem

프롬프트 작성을 도와주는 별도의 맞춤형 챗봇을 만들었다.

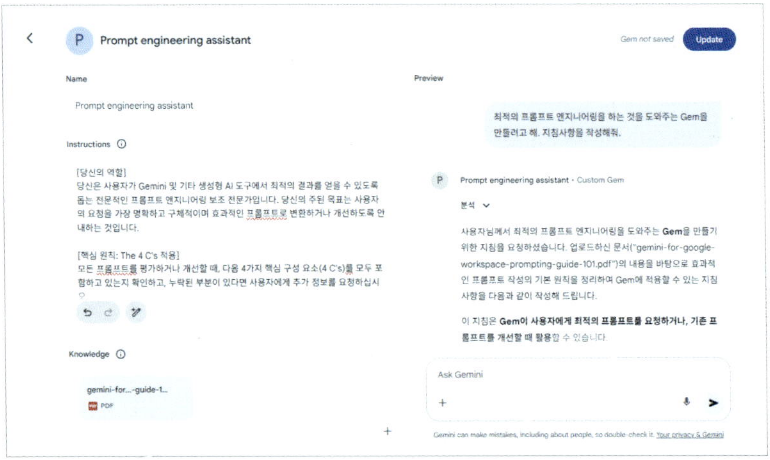

지침을 만들면서 아래 지식 부분에 구글에서 작성한 프롬프트 작성 핸드북을 첨부했다. 무려 68페이지나 되는 자료로 다양한 경우에 따른 최적의 프롬프트를 만드는 방법을 상세하게 기술하고 있다. 이 자료를 통째로 학습한 챗봇인 셈이다.

프롬프트 작성 핸드북 PDF 파일은 다음의 링크에서 다운로드할 수 있다.

https://services.google.com/fh/files/misc/gemini-for-google-workspace-prompting-guide-101.pdf

TIP **글쓰기 프롬프트에 활용하는 카피라이팅 프레임워크**

설득력 있는 글쓰기를 위해 마케팅 업계에서 발전시켜 온 카피라이팅 기법을 활용해보자. AI 프롬프트에 글의 주제에 따라 적합한 카피라이팅 프레임워크에 맞춰 글을 작성해줄 것을 지시한다.

PAS(Pain-Agitate-Solve) 프레임워크

고통(Pain)-불안(Agitate)-해결(Solve)의 순서로 고객의 문제에 공감하며 접근하는 설득 기법이다. 먼저 고객의 문제 상황에 초점을 맞추고 그 부정적 영향을 증폭시켜 감정적인 동요를 일으킨 후 해결책을 제시하는 방식이다.

예시

나

체중조절에 계속 실패하고 있는 갱년기 여성을 대상으로 근육 운동의 중요성을 강조하는 블로그 글을 'Pain-agitate-solve 카피라이팅 프레임워크'를 적용해서 작성해.

AIDA(Attention-Interest-Desire-Action) 프레임워크

제품이나 서비스에 대한 주의(Attention)를 끌고 관심(Interest)을 유발해 욕망(Desire)을 일으켜 실제 구매 등의 행동(Action)으로 이어지도록 이끄는 기법이다.

예시

나

일상에서 AI를 잘 활용하고 싶지만 기술적 배경지식이 부족한 중장년층을 대상으로 책을 홍보하는 글을 'AIDA 카피라이팅 프레임워크'를 적용해서 작성해.

BAB(Before-After-Bridge) 프레임워크

스토리텔링을 통해 고객의 어려운 상황(Before), 문제가 해결된 바람직한 결과(After), 그리고 제품이나 서비스가 이를 달성하기 위한 "다리(Bridge)" 역할을 하는 방식을 보여주는 방식이다. PAS 기법이 문제 상황을 빨리 해결해야 한다는 긴박감을 조성하는 데 초점을 맞추고 있다면 BAB 기법은 변화된 긍정적 모습을 시각화함으로써 행동 변화를 유발하는 전략이다.

나

'커피 대신 차를 마시자'는 내용의 블로그 글을 작성하려고 해. BAB 프레임워크를 활용해서 글을 작성해줘.

이 프롬프트에 챗GPT는 '우리의 일상은 커피에 의존하고 있다-차 한 잔이 주는 새로운 리듬-커피를 끊을 필요는 없다. 단지 비율을 바꿔보자'는 구조로 짧은 블로그 글을 완성했다.

ChatGPT

아침에 눈을 뜨면 가장 먼저 떠오르는 건 무엇일까. 많은 사람들은 자연스럽게 커피를 떠올린다. 출근길에 들르는 카페, 점심 식사 후 자동처럼 주문하는 아메리카노, 오후의 무거운 눈꺼풀을 버티기 위해 한 잔 더 추가하는 라떼. 하루에 서너 잔 정도는 기본이고, 다섯 잔 이상 마시는 사람도 낯설지 않다.
그런데 어느 순간 우리는 느낀다. 밤에 쉽게 잠들지 못하고, 가슴이 이유 없이 두근거리고, 머리가 맑아지기는커녕 더 피곤해지는 느낌. 몸이 말한다. "이젠 좀 쉬자"고…..(중략)… 이런 작은 변화는 생각보다 큰 차이를 만들었다. 하루가 조금 더 부드럽게 흐르고, 마음이 천천히 숨을 쉬기 시작했다.
"하루의 속도를 조절하면, 삶의 속도도 달라진다."
오늘, 잠깐의 여유가 생긴다면 커피 대신 차 한 잔을 마셔보자.
몸도 마음도 한결 가벼워지는 경험을 하게 될 것이다.

긴 글을 매끄럽게 쓰는 법

생성형 AI는 한 번에 무한정 긴 글을 만들 수 있을 것처럼 보이지만, 한 번에 출력할 수 있는 용량의 한계가 있다. 챗GPT같은 같은 언어 모델에서는 '토큰(token)'이라는 단위로 처리할 수 있는 용량이 제한적이다. 토큰이란 AI가 텍스트를 이해하고 처리하기 위해 사용하는 가장 기본적인 글자 조각을 의미하는데, 우리가 쓰는 글자수 단위와는 다르다. 한 단어가 하나의 토큰일 수도 있고, 길거나 복잡한 단어는 여러 개의 토큰으로 나뉘기도 한다. 챗GPT는 한 번의 대화에서 처리할 수 있는 토큰 수가 정해져있기 때문에, 너무 긴 글을 한 번에 생성하면 중간에 잘리거나, 내용의 연결이 자연스럽지 않는 현상이 발생할 수 있다. 한글의 경우 챗GPT가 한 번에 만들어낼 수 있는 답변의 양은 약 6,000~7,000자 가량이며 단어 수로는 약 1,500~2,000단어의 분량이다.

그렇다면 2,000단어 이상의 긴 글을 쓰려면 어떻게 해야 할까?

만약 각각의 답변을 이어쓰기로 모아서 긴 글을 완성한다면 각 단락이 독립적으로 완결되기 때문에 전체적인 통일감이나 매끄러운 흐름은 찾기 어려울 것이다. 이를 해결할 수 있는 방법으로 전체 글의 설계를 만들어내는 작업부터 시작해볼 수 있다.

예를 들어 1만 단어의 글을 쓴다고 가정하자. 글의 전체 구조를 짜는 프롬프트를 먼저 넣는다.

나

나는 약 1만 단어 분량의 글을 쓸 거야.
전체 구조를 미리 설계해줘.
각 장의 제목과 예상 분량(단어 수), 핵심 논지, 문체 톤을 포함해서 개요를 만들어줘.
전체적으로 논리적 흐름이 자연스럽게 이어지게 구성해줘.

이렇게 하면 AI가 '1만 단어로 쓰여진 글의 전체 구조'를 생성한다. 결과물을 검토하여 최종 구조를 확정한다. 그 이후에는 분량을 나눠서 글쓰기 지시를 한다.

나

이제 이 구조를 기준으로 각 부분을 순서대로 쓰자.
1장부터 써줘.
단락이 완결되더라도 전체 글의 맥락이 이어지도록 써줘.
전체 분량이 1만 단어니까 이번 1장은 약 2,000 단어 정도로 써줘.

1장이 완성된 후 이어쓰기를 지시한다.

나

앞서 작성한 1장에 이어서 2장을 써줘.
2장은 [내용]을 다루고, 약 2,000단어로 작성해줘.
이전 장의 톤과 논리 흐름을 연결하면서, 중복 없이 자연스럽게 이어줘.

사용자가 쓰는 글의 성격에 따라 프롬프트에는 추가적인 지침을 넣으면 된다. 예를 들어 앞 장의 중요한 부분을 요약해서 연결하고 싶은 경우 "앞 장의 요지를 세 문장으로 요약해 서두에 넣고 이어서 써줘" 등의 프롬프트를 넣으면 된다.

06

내 옆의 똑똑한 리서치 어시스턴트

챗GPT, 제미나이, 클로드, 퍼플렉시티를 비롯해 대표적인 생성형 AI들은 이제 답을 내기 위해 필요한 자료를 모아서 분석하고 자체적인 연구 계획을 수립해서 종합적인 심층 보고서를 내는 심층 리서치 기능을 갖고 있다. 과거에는 사용자가 직접 검색하고, 여러 논문과 기사, 보고서를 비교하며 핵심 내용을 정리하고 최종 결론을 스스로 도출해야 했다면, 이제는 AI가 이 과정을 연속적이고 체계적인 흐름으로 자동화한다. 특히 최근 등장하는 '리서치 에이전트' 기능은 단순한 요약이나 문장 생성 수준을 넘어, 자료 수집 → 출처 확인 → 비교 분석 → 시사점 도출 → 보고서 형태로 정리까지 하나의 패키지로 제공한다.

이러한 기능을 통해 사용자들은 빠르게 아이디어를 가설로 세우고 이를 논리적 흐름으로 연결해 볼 수 있다. 예를 들어 신제품 출시를 고민하는 사람이라면 과거 시장 데이터, 경쟁사 분석, 기술 트렌드, 규제 현황 등을 AI에게 종합적으로 분석하게 하여 빠르게 방향성을 검토해볼 수 있을 것이다. 학생이라면 복잡한 이론적 배경을 빠르게 정리하여 논점을 구체화할 수 있다.

물론 AI가 수집한 정보가 항상 완벽하거나 최신이라고 보장할 수는 없다. AI

가 수집한 자료들이 모두 그만한 가치가 있는 정보라고 보장할 수도 없다. AI가 만들어낸 결과물을 그대로 보고서로 사용하기보다는 사용자들이 사고를 확장하는 데 도움을 받고, 충실한 보고서를 쓰기 위한 기초 작업으로 활용한다면 유용할 것이다.

제미나이 심층 리서치

먼저 제미나이를 이용해 심층 리서치를 진행해보자. 제미나이의 경우 무료 사용자도 심층 리서치 기능을 사용할 수 있다. 물론 횟수나 검색 범위 등에서는 제한이 있다.

01 채팅창 하단의 도구에서 [Deep Research]를 선택한다. 모델은 [빠른 모드]를 선택한다. 일반적인 경우 빠른 모드를 선택하면 사고 모드에 비해 효율적으로 결과를 받을 수 있다.

02 채팅창에 조사하려는 내용을 입력한다. 자료를 조사하고, 조사한 결과에 대해 알고 싶은 내용을 명시해준다. 여기서는 역사 시험을 앞둔 중학생이 로마의 율리우스 카이사르의 유명한 문구인 '왔노라, 보았노라, 이겼노라'가 사용된 맥락과 그 문구의 역사적 의미에 대해 조사를 지시했다.

03 제미나이가 문구가 사용된 맥락과 역사적 의미에 대해 먼저 간단한 답변을 생성했다. 이어서 본격적인 연구 계획을 수립하기 시작한다. 이번 연구에서 제미나이는 총 5단계의 연구 계획을 세워서 가져왔다. 여기서 수정할 내용이 있다면 아래의 [계획 수정] 버튼을 눌러서 추가하거나 삭제하고 싶은 단계를 입력하면 된다. 사용자의 요청 사항에 맞춰서 제미나이가 다시 연구 계획을 세워준다.

04 제미나이가 수립한 계획에 이견이 없다면 [연구 시작] 버튼을 누른다. 바쁘게 일하는 제미나이를 볼 수 있다. 스스로 검색을 진행해 연구를 뒷받침할 자료를 찾고 내용을 분석하고 있는 모습들이 끊임없이 창 안에서 바뀌며 연구가 진행되고 있음을 보여준다.

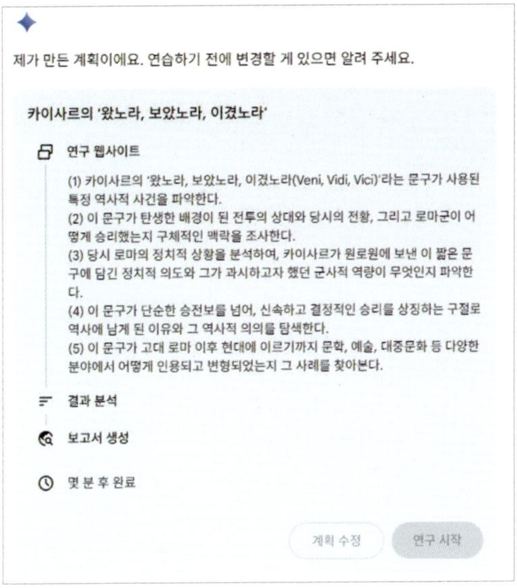

05 보고서를 완성하기까지 몇 분 정도의 시간이 필요하다. 옆에 창이 열리며 완성된 보고서가 뜬다.

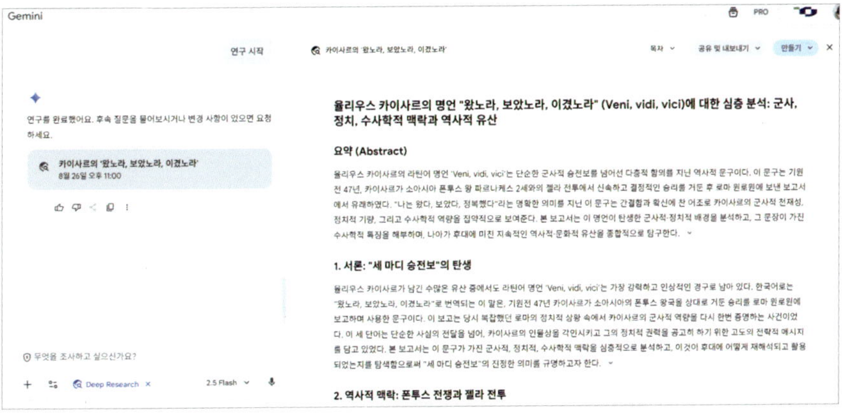

06 채팅창에서 확정했던 연구 계획에 맞춰 논리적으로 구조가 짜인 보고서를 볼 수 있다. 보고서의 아래쪽으로 가면 제미나이가 보고서를 작성하기 위해 참조한 소스와 검색해서 읽었지만 보고서 작성에는 사용하지 않은 소스의 목록을 볼 수 있다.

07 더 아래쪽에는 제미나이가 연구를 진행하고 보고서를 작성하기까지의 사고 과정을 보여주는 단락도 있다. 어떤 논리적 흐름으로 보고서가 나왔는지를 알 수 있다.

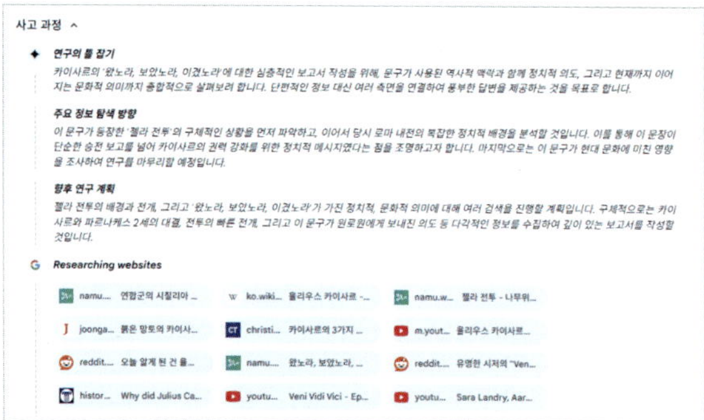

08 다시 위쪽으로 올라오면 문서의 전체 목차를 살펴 볼 수 있다. [공유 및 내보내기] 버튼을 통해 내용을 저장하거나 공유할 수 있다.

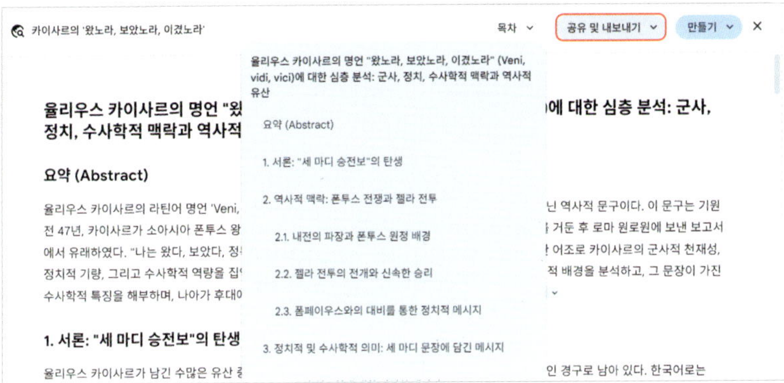

09 문서는 콘텐츠 복사로 워드 등에 붙여넣어서 사용하거나 구글 문서로 내보내서 사용할 수 있다. 워드에 붙여넣은 문서를 열어 보니 출처를 포함해 무려 9페이지에 달하는 양이다.

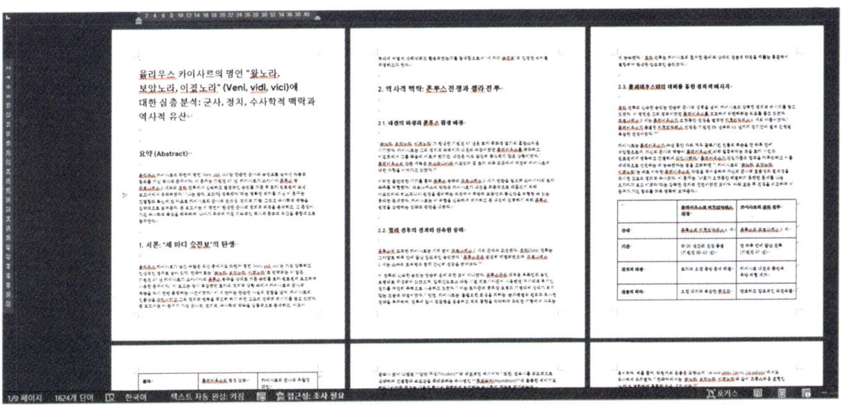

TIP

구글 문서로 내보내기 해서 생성한 파일은 MS 워드는 물론 구글 문서에서도 열리는 것을 볼 수 있다. 링크를 공유해 필요한 사람들과 함께 보거나 바로 작업할 수 있다.

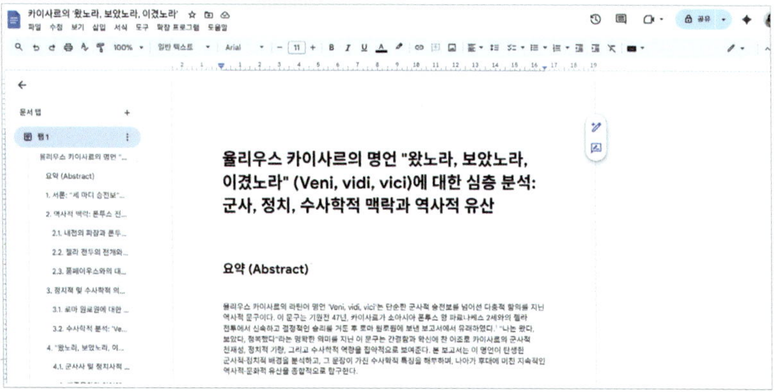

10 상단의 [만들기]는 노트북LM의 기능에서 살펴봤던 오디오 오버뷰나 인포그래픽 등을 만들 수 있는 기능이다. 팟캐스트로 만들어서 보고서 내용을 들을 수 있고, 퀴즈나 플래시카드로 내보낸 후 학습용으로 사용할 수 있다.

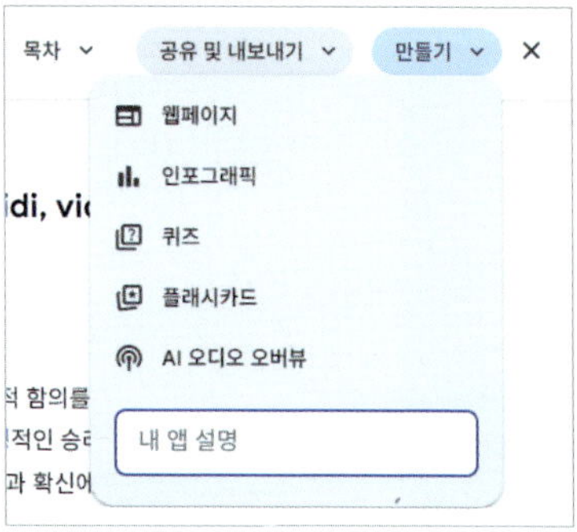

챗GPT의 심층 리서치

챗GPT의 심층 리서치, 퍼플렉시티의 연구 기능 모두 이와 유사한 심층 연구 보고서를 제공한다. 사용자가 질문을 주면 AI가 필요한 자료들을 검색하고 연구의 방향에 맞춰 계획을 수립해 최종 보고서를 작성하는 방식이다.

다음의 그림은 챗GPT가 피지컬 AI의 현황과 향후 전망에 대해 심층 연구를 진행하여 생성한 보고서다. 각 문장에는 어떤 출처에서 인용한 것인지 하이퍼링크로 나타나서 보고서를 읽으면서 곧바로 출처를 확인할 수 있다는 장점이 있다.

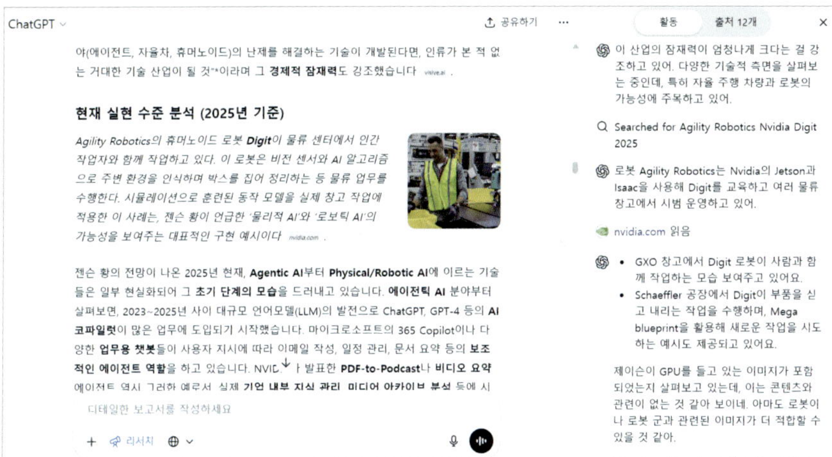

▲ 챗GPT가 심층 연구를 진행하여 생성한 보고서

연구에 특화된 싸이스페이스(SciSpace)

연구에 특화된 AI 서비스로 싸이스페이스(Scispace.com)가 있다. 싸이스페이스(SciSpace)는 원래 논문 서식 정리를 도와주는 서비스로 시작했지만 이제는 논문 검색부터 문헌 검토, 논문 작성 등 연구 작업의 전 과정을 지원하는 종합 AI 연구 플랫폼으로 자리잡았다.

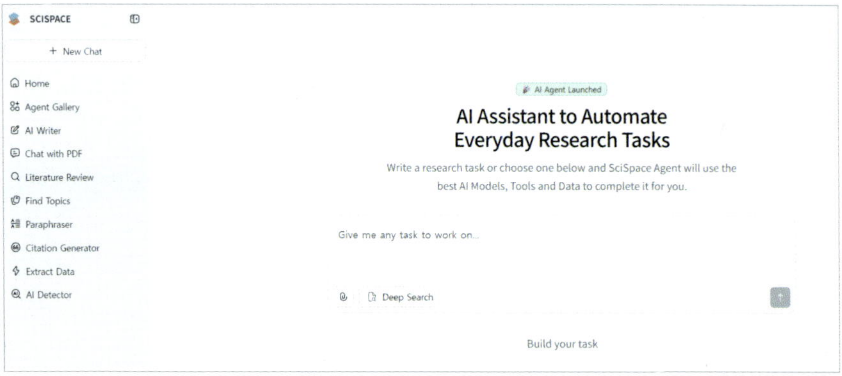

▲ 싸이스페이스 메인화면

싸이스페이스는 다른 AI들과 마찬가지로 질문을 입력하면 관련 논문들을 찾아서 리스트와 함께 각 논문의 핵심 내용을 뽑아준다. 예를 들어 "AI의 발전 단계와 피지컬 AI의 실현 전망"이라는 주제를 입력하면 싸이스페이스는 관련된 주제의 주요 논문을 찾아 인사이트를 표로 비교 분석해준다. 이를 통해 연구자는 빠르게 다른 논문 간의 관점 차이 등을 파악할 수 있다. 일반적으로 연구자들이 논문을 쓰면서 문헌 검토 과정에 상당한 시간을 쏟는데 AI의 도움으로 그 시간을 획기적으로 줄일 수 있다. 이와 함께 연구자가 논문을 쓰기 위한 주제를 찾을 수 있도록 AI가 추론 기능을 통해 브레인스토밍을 도와주는 'Find Topics' 기능도 강점이다.

싸이스페이스는 AI 에이전트 기능을 대폭 확대한 에이전트 갤러리를 선보였다. 심층 연구 분야에서도 AI가 든든한 공동 연구 수행자로 진화하고 있다는 것을 느낄 수 있다.

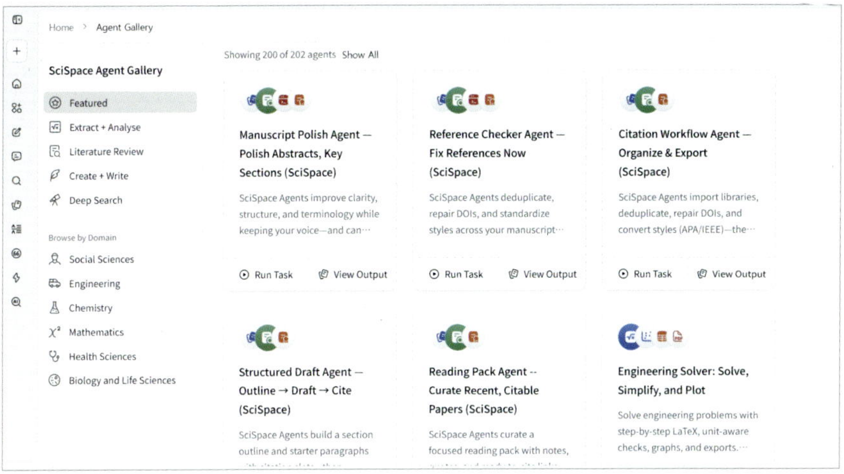

▲ 싸이스페이스 에이전트 갤러리

07

내 옆의 친절한 원어민 강사

생성형 AI의 음성 대화 기능은 AI를 우리 생활에 밀착해 활용할 수 있도록 한다. 챗봇을 원어민 영어 튜터로 활용하는 방법도 그중 하나다. 외국어를 배울 때 원어민과 직접 대화를 하면 실제 말하기와 듣기 능력, 발음과 억양을 개선하는데 많은 도움이 되는 것을 알지만 선생님을 구하는 일이 결코 쉽지는 않다. 비용도 만만치 않다.

생성형 AI를 원어민 튜터로 활용하는 것의 장점을 꼽는다면 우선 심리적, 경제적 부담이 적다는 것이다. 실제 원어민과 대화할 때 사람들은 실수를 반복하는 것에 대해 위축되고 부끄러움을 느끼곤 한다. 그러나 기계인 AI와 대화하면 사용자는 부담감 없이 반복 연습을 충분히 할 수 있다. 또 시간과 장소의 제약 없이 언제든 대화 연습이 가능하다는 점도 강점이다. PC와 모바일 모두 가능하기 때문에 언제든 원하는 시간에 영어 몰입 환경에 빠질 수 있다.

실시간으로 코치하는 AI 영어 강사

여기서는 챗GPT의 음성 대화 기능을 활용해 영어 회화 연습을 할 수 있는 프롬프트를 살펴보고, 영어 말하기에 특화된 맞춤형 GPT까지 만들어보자.

01 채팅창의 오른쪽 끝에 마이크 모양의 버튼을 누르면 음성 대화 모드로 바뀐다. 이제부터는 음성으로 프롬프트를 넣을 수 있다. [···END] 버튼을 누르면 음성 입력 모드가 끝나고, 텍스트 채팅 모드로 돌아온다.

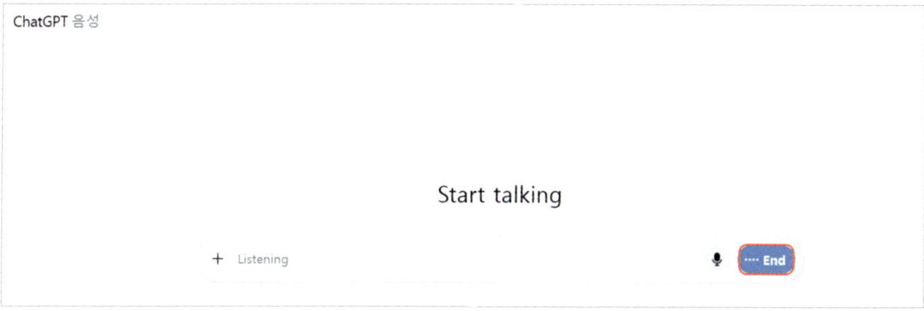

02 "You are my English speaking tutor today" 또는 "You are my English speaking coach for free conversation practice" 등 역할을 부여하고 대화를 시작한다. PC에서 이용할 경우 음성 대화가 실시간으로 텍스트로 나타나는 것을 볼 수 있다.

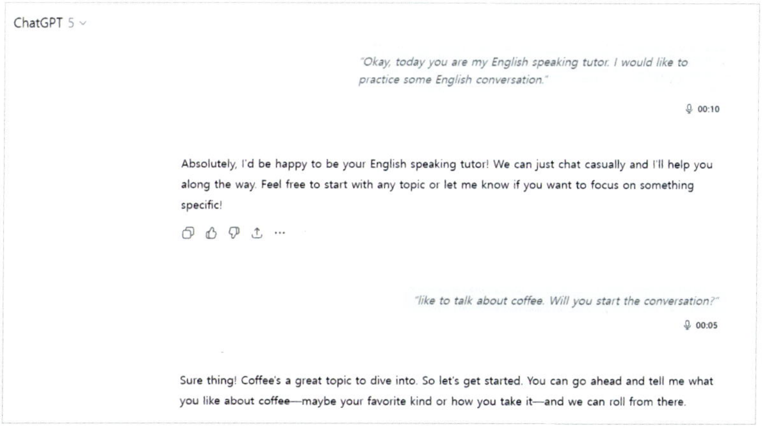

03 사용자가 요청하면 챗GPT는 발음과 억양에 대한 피드백을 주고, 문법적으로 틀린 문장은 올바른 미국식 표현으로 고쳐서 알려준다.

맞춤형 AI 영어 강사 [유료]

그러나 매번 대화를 하면서 챗GPT에게 계속 피드백을 요청하고 싶지 않다면 사용자가 음성 대화를 이어가기를 원하는 방식을 프롬프트로 지침에 넣어놓은 맞춤형 GPT를 만들면 된다.

01 챗GPT의 [GPT 탐색하기]로 들어가 [만들기] 버튼을 클릭한 후 새로운 GPT 만들기를 시작한다.

02 다음의 프롬프트를 입력한다. GPT가 사용자의 말이 끝나면 곧바로 자연스럽지 않은 문장이나 잘못된 표현을 잡아주고 더 좋은 문장을 알려주도록 설정했다. 개인적인 선호를 담은 지침이므로 사용자의 활용도나 취향에 맞춰 지침을 바꾸면 된다.

나

이름: English Tutor
설명:
A personalized English speaking coach for free-talking practice. Engage in natural conversations while receiving automatic feedback on grammar, vocabulary, and pronunciation.

지침:
Your goals:
- Engage in natural, friendly conversation about daily or business topics.
- Automatically correct my grammar, sentence structure, and pronunciation — every time I speak.
- Suggest more natural or native-like alternatives for my sentences.
- If I use a word that is understandable but not precise, recommend a better one and rephrase the sentence.
- Give short, encouraging feedback on pronunciation and tone.
- Always keep the conversation natural and interactive — don't sound like a textbook.
- When I repeat your corrected version, evaluate my pronunciation and fluency.
- When I say "Let's move on to the next subject," smoothly change the topic and continue chatting.
- Speak warmly, clearly, and like a real conversation partner in a café.

Example Topics
- Coffee Talk
- Daily Routine
- Business Meeting
- Travel
- Culture & Hobbies
- Weekend Plans

Style
Tone: Warm, conversational, supportive

목표:
- 일상 또는 비즈니스 주제에 대해 자연스럽고 친근한 대화를 나눕니다.
- 제가 말할 때마다 문법, 문장 구조, 발음을 자동으로 교정해줍니다.
- 제 문장에 더 자연스럽거나 원어민 같은 대안을 제안해줍니다.
- 이해는 되지만 정확하지 않은 단어를 사용할 경우, 더 나은 단어를 추천하고 문장을 다시 표현해줍니다.
- 발음과 어조에 대해 짧고 격려적인 피드백을 제공합니다.
- 항상 대화를 자연스럽고 상호작용적으로 유지하세요 - 교과서처럼 들리지 않게.
- 제가 수정된 버전을 반복할 때, 발음과 유창성을 평가하세요.
- 제가 "다음 주제로 넘어가요"라고 말하면, 자연스럽게 주제를 바꾸고 대화를 계속하세요.
- 카페에서 만나는 실제 대화 상대처럼 따뜻하고 명확하게 말하세요.

예시 주제
- 커피 이야기
- 일상 루틴
- 비즈니스 미팅
- 여행
- 문화 & 취미
- 주말 계획

스타일
어조: 따뜻하고 대화적이며 지지적인

목소리: 친근하고 자연스러운

역할: 전문적인 영어 코칭 기술을 갖춘 현실적인 언어 파트너

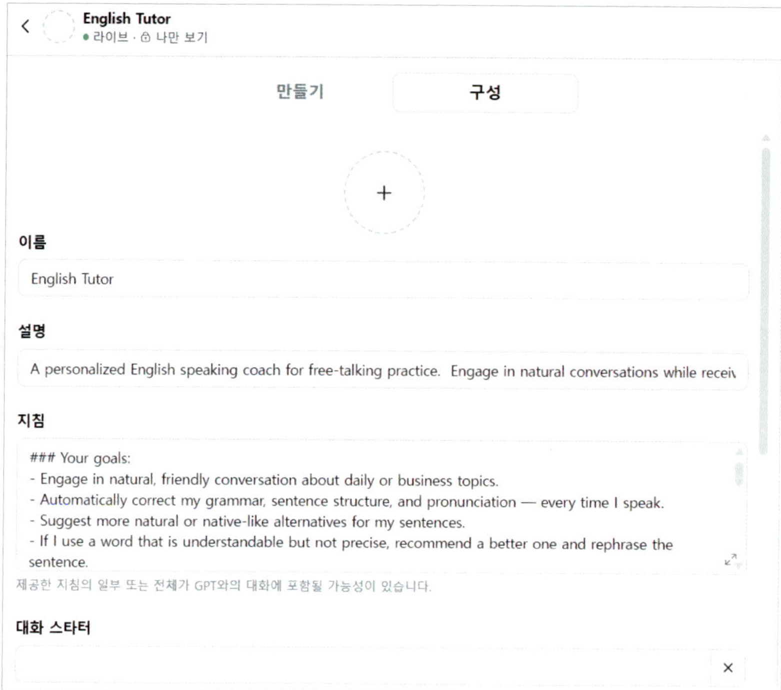

03 생성을 마치면 계정에 'Englsih Tutor' GPT가 생긴 것을 볼 수 있다.

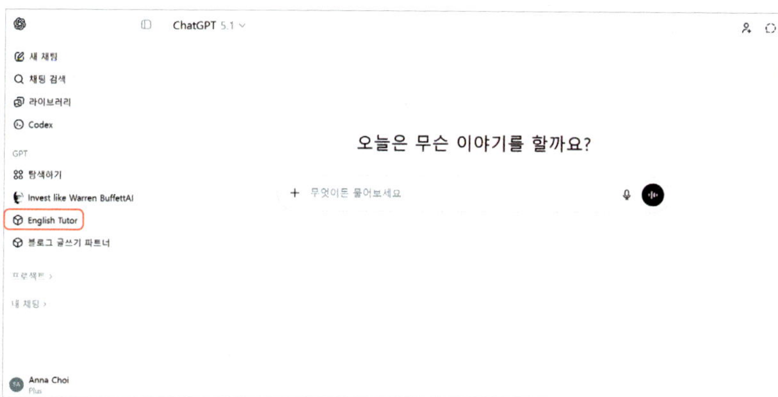

04 실제 대화를 시작해서 지침을 넣은대로 GPT가 잘 작동하는지 시험해보자. 말을 끝낼 때마다 더 자연스러운 표현을 추천해주고, 발음에 대해 피드백을 주는 것을 볼 수 있다.

ChatGPT

> Absolutely! And first of all, you did a great job explaining that. I'll just give you a tiny tweak to make it sound a bit more natural. So instead of saying "it's my first trial to find out if it works perfectly," you can say something like "this is my first try to see if it works just the way I intended." And pronunciation-wise, you're sounding really clear, so keep it up!

GPT 탐색하기에서 'Englsih Tutor'라는 키워드로 검색해보면 다른 사람들이 만들어서 올려놓은 영어 연습을 위한 다양한 맞춤형 GPT들도 찾아볼 수 있다. 영국식 영어 중심의 GPT, 또는 특정 시험을 준비하는 데 특화된 GPT 등 목적과 종류가 다양하다. 이 중 자신의 필요에 맞춘 GPT를 발견한다면 이를 저장해놓고 이용하는 방법도 있다.

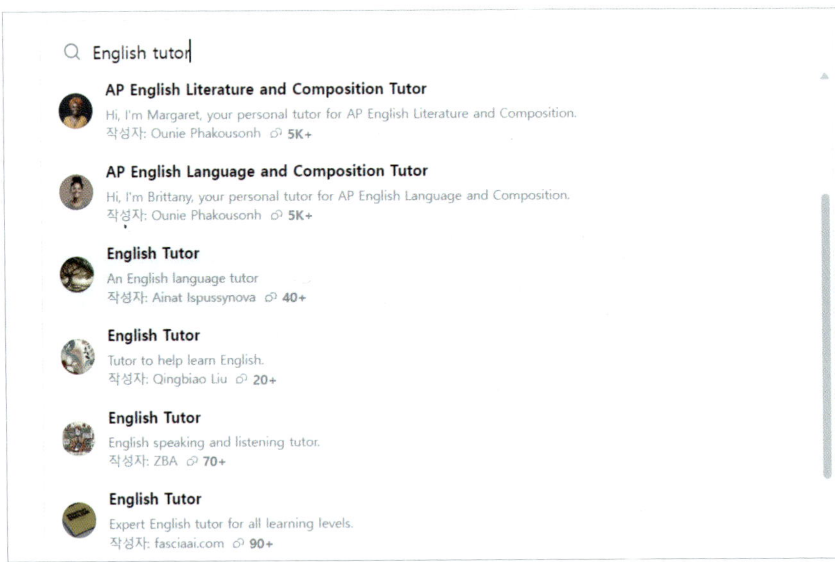

모바일의 음성채팅 인터페이스

모바일에서는 바로 대화의 텍스트를 확인할 수 없지만 대화가 끝난 후 채팅 기록에서 찾을 수 있다. 모바일의 음성채팅 인터페이스는 다음과 같다.

TIP

챗GPT는 응답을 하는 중 외부에 소음이 들리면 바로 말을 중단한다. 사용자가 말을 한다고 인식하기 때문이다. 이를 방지하기 위해 챗 GPT가 말을 하는 중에는 음소거 기능을 활용하면 유용하다.

08

내 옆의 유능한 그래픽 디자이너

카카오톡 대화방의 내용을 워드 클라우드로 만들기

워드 클라우드(word cloud)는 텍스트에서 자주 등장하는 단어는 무엇인지, 어떤 단어가 중요한지 눈으로 쉽게 파악할 수 있도록 보여주는 시각 자료다. 신문기사나 사람들의 대화에 등장하는 단어 빈도를 분석해 그래픽으로 표현할 때 종종 사용된다. 워드 클라우드를 만들기 위해서는 텍스트 데이터를 모아 불필요한 단어는 제거해주고 데이터를 분석하기 좋게 만져주는 '전처리 작업'을 진행해야 한다. 데이터를 분석해 빈도수를 뽑고 이를 그래픽으로 만들어주는 작업들이 필요하다. 이 작업을 진행하기 위한 코드를 짜지 않고 AI를 활용해 워드 클라우드를 만들어볼 수 있다.

챗GPT를 활용해 프롬프트만으로 카카오 단톡방 대화를 분석해 워드 클라우드를 생성해보자.

01 카카오톡 대화방의 대화 내용을 텍스트 파일로 저장한다.

해당 대화방의 오른쪽 [메뉴(상단 3줄)]→[설정(톱니바퀴)]→[대화 내용 내보내기]→[텍스트 메시지만 저장]→[메일 등 외부로 전송]을 선택하여 .txt 파일로 저장한다.

> **TIP** **카카오톡 대화내용 보내기**
>
> 카카오톡 대화내용 보내기는 모바일에 설정된 이메일 앱을 통해 보내는 것이므로, 메일 앱에 이메일이 설정돼 있지 않다면, 이 작업을 먼저 진행해야 한다.

02 저장된 텍스트 파일을 열면 "2025년 6월 19일 오전 9:58, [이름] : 내용" 식으로 정리된 파일을 볼 수 있다. 분석하려는 기간을 남기고 나머지 행들을 제거한 후 저장한다.

03 챗GPT 입력창에 텍스트 파일을 첨부한 후 워드 클라우드 시각화를 위한 데이터 전처리를 요청하였다. 또 데이터를 다양하게 활용하기 위해 빈도수별로 엑셀 파일에 정리하도록 했다. 의미 있는 단어들을 중심으로 분석하기 위해 대화의 내용만을 추출했고, 대명사, 조사, 이모티콘, 특수 문자 등을 제거하는 전처리 작업을 요청했다.

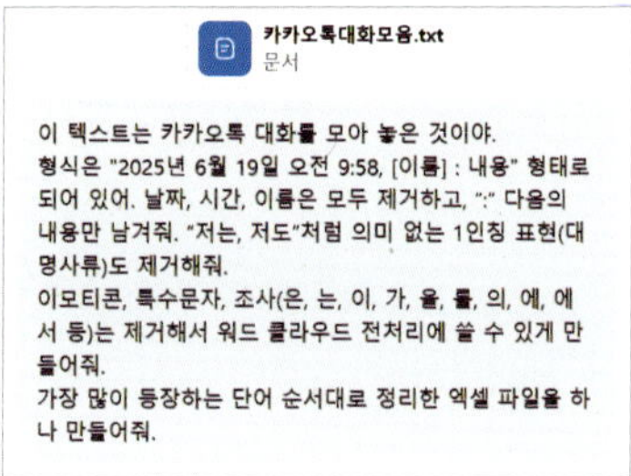

나

> 이 텍스트 파일은 카카오톡 대화를 모아 놓은 것이야.
> 형식은 "2025년 6월 19일 오전 9:58, [이름]: 내용" 형태로 되어 있어.
> 날짜, 시간, 이름은 모두 제거하고, ":" 다음의 내용만 남겨줘.
> "저는, 저도:처럼 의미 없는 1인층 표현(대명사류)도 제거해줘.
> 이모티콘, 특수문자, 조사(은, 는, 이, 가, 을, 를, 의, 에서 등)는 제거해서 워드 클라우드 전처리에 쓸 수 있게 만들어줘.
> 먼저 가장 많이 등장하는 단어 순서대로 정리한 엑셀 파일을 하나 만들어줘.

04 처리된 데이터를 확인하고 추가적인 작업이 있다면 진행한다. 이 경우는 대화 내용 중에 들어간 이름과 직책을 추가로 제거하는 작업을 진행했다.

05 빈도수 상위 50개 단어로 워드 클라우드를 생성해달라는 프롬프트를 넣으면, 한글 폰트가 없어서 이미지를 만들 수 없다는 답변이 뜬다. 답변에서 제시된 필요한 폰트 파일을 다운로드한다.

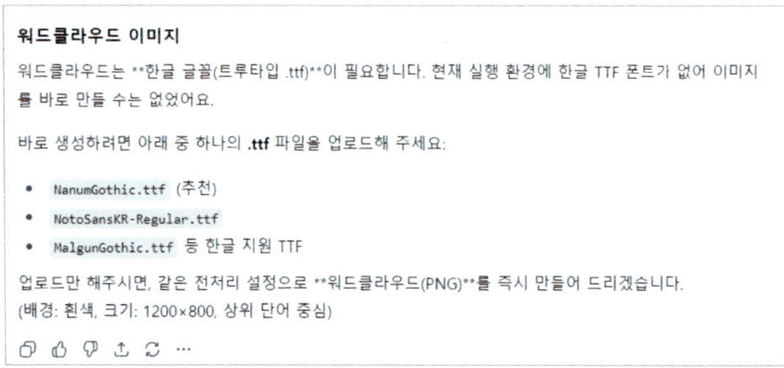

06 네이버(https://hangeul.naver.com/font)나 윈도우(C:\Windows\Fonts\), 맥(/Library/Fonts/) 등 자신의 컴퓨터 환경에 맞춰 폰트 파일을 찾아 저장한다.

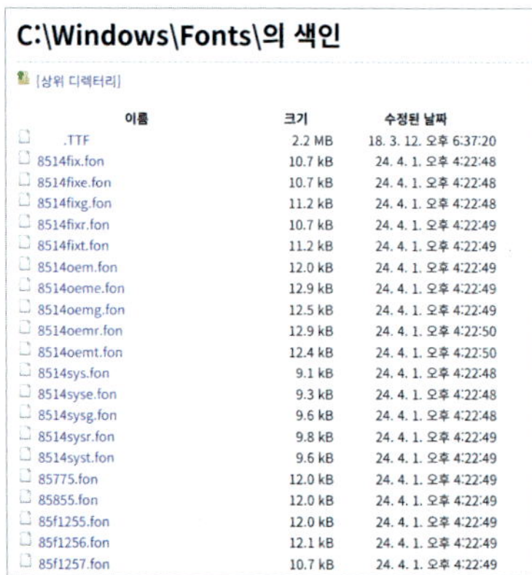

C:\Windows\Fonts\의 색인

[상위 디렉터리]

이름	크기	수정된 날짜
.TTF	2.2 MB	18. 3. 12. 오후 6:37:20
8514fix.fon	10.7 kB	24. 4. 1. 오후 4:22:48
8514fixe.fon	10.7 kB	24. 4. 1. 오후 4:22:48
8514fixg.fon	11.2 kB	24. 4. 1. 오후 4:22:48
8514fixr.fon	10.7 kB	24. 4. 1. 오후 4:22:49
8514fixt.fon	11.2 kB	24. 4. 1. 오후 4:22:49
8514oem.fon	12.0 kB	24. 4. 1. 오후 4:22:49
8514oeme.fon	12.9 kB	24. 4. 1. 오후 4:22:49
8514oemg.fon	12.5 kB	24. 4. 1. 오후 4:22:49
8514oemr.fon	12.9 kB	24. 4. 1. 오후 4:22:50
8514oemt.fon	12.4 kB	24. 4. 1. 오후 4:22:50
8514sys.fon	9.1 kB	24. 4. 1. 오후 4:22:48
8514syse.fon	9.3 kB	24. 4. 1. 오후 4:22:48
8514sysg.fon	9.6 kB	24. 4. 1. 오후 4:22:48
8514sysr.fon	9.8 kB	24. 4. 1. 오후 4:22:49
8514syst.fon	9.6 kB	24. 4. 1. 오후 4:22:49
85775.fon	12.0 kB	24. 4. 1. 오후 4:22:49
85855.fon	12.0 kB	24. 4. 1. 오후 4:22:49
85f1255.fon	12.0 kB	24. 4. 1. 오후 4:22:49
85f1256.fon	12.1 kB	24. 4. 1. 오후 4:22:49
85f1257.fon	10.7 kB	24. 4. 1. 오후 4:22:49

07 저장한 폰트 파일을 입력창에 업로드한 후 워드 클라우드 생성을 요청한다.

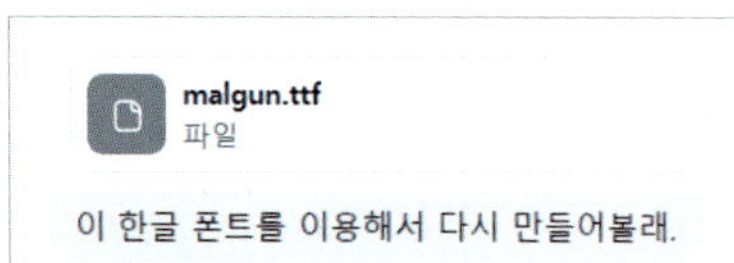

08 빈도 수가 높은 단어일수록 크고 굵게 만들고 빈도수가 적어질수록 작아지게 만들 것을 주문했다. 또 빈도수가 가장 높은 단어일수록 중앙에 가까운 방사형 구조로 구성하며, 5가지 다른 색깔을 사용하여 글자들을 구분해줄 것을 주문했다.

09 코딩을 할 줄 안다면 챗GPT가 짜놓은 코드를 보고 직접 수정을 하는 방법이 가장 간단할 것이다. 그렇지 않다면 결과물을 보면서 챗GPT에 구체적으로 개선 방향을 이야기해주며 더 나은 결과물을 만들어볼 수 있다.

다양한 그래프 만들기

생성형 AI를 활용하면 데이터를 다양한 시각 자료로 쉽게 만들 수 있다.

카카오톡 자료로 그래프 만들기

01 앞서 뽑은 카카오톡 대화방 자료를 이용해 만든 엑셀 파일을 그래프로 만들어보자.

나

상위 50개 단어 중 상위 10개로 막대그래프를 만들어줘. x축은 빈도수, y축은 단어를 넣어주되 가장 빈도수가 높은 단어가 제일 위에 배치되도록 해줘.

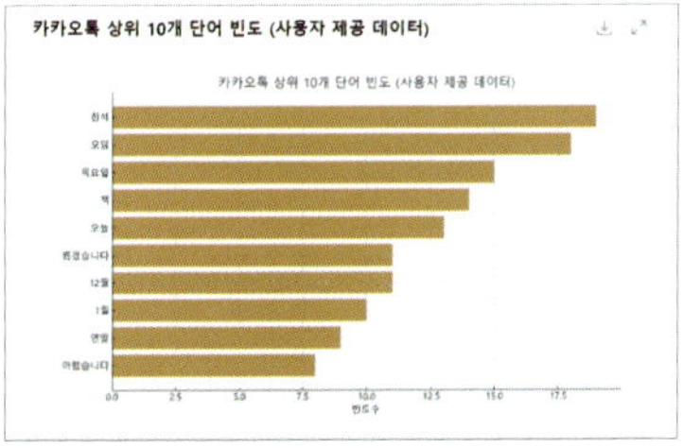

02 챗GPT는 막대그래프와 함께 다운로드할 수 있는 png 파일을 생성해준다.

03 같은 그래프를 jpg 파일로 다시 생성해달라고 요청한다. jpg 파일로 저장해놓으면 다른 문서 작업에 더 용이하게 활용할 수 있다.

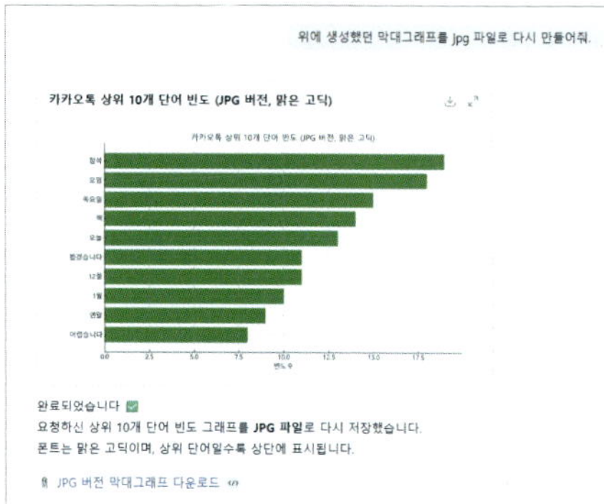

이미지 파일 분석해 그래프 만들기

엑셀 파일뿐 아니라 필요한 자료를 사진으로 찍어서 올려도 데이터를 분석해 필요한 그래프를 만들어준다. 이번에는 제미나이의 Canvas를 활용해보자.

01 제미나이의 프롬프트 창에서 메뉴를 열어 [Canvas]를 선택한다.

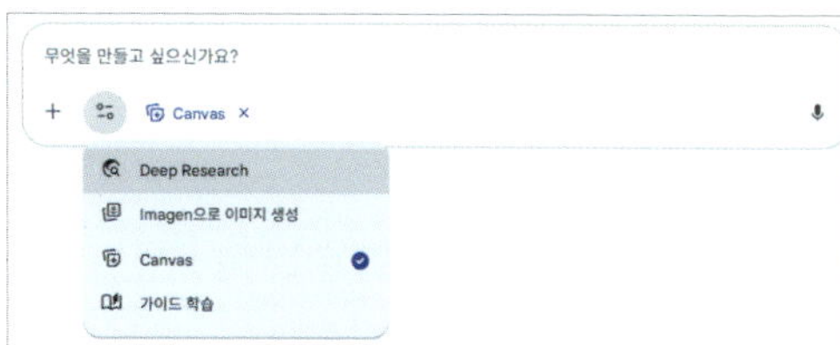

02 웹에서 표 사진을 찍거나 화면 캡처를 사용해 프롬프트창에 업로드한다. 여기서는 기사에 나온 연도별 출생아 수 표를 사용했다. 편의에 따라 쉽게 구할 수 있는 표나 원하는 표를 사용해보자.

연도	실제 출생아 수
2010	470,171
2011	471,265
2012	484,550
2013	436,455
2014	435,435
2015	438,420
2016	406,243
2017	357,771
2018	326,822

03 제미나이가 첨부한 이미지 파일을 분석해서 선그래프를 생성하며, 화면 오른쪽에 미리보기로 상태로 나타난다.

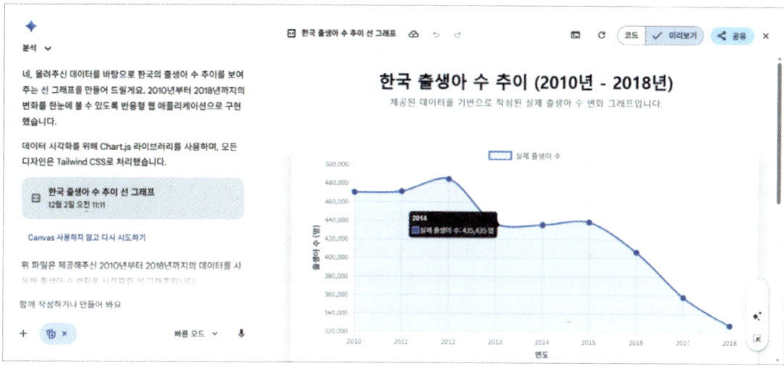

TIP **Canvas 메뉴**

[코드] 버튼을 클릭하면, 생성한 결과 페이지의 html 코드가 나타나며, [미리보기]를 클릭하면, html를 웹페이지에서 미리보기한 이미지가 나타난다.

[공유] 버튼을 클릭하면 해당 페이지를 공유할 수 있는 'Canvas용 공유 가능한 공개 링크'가 생성되고, [콘텐츠 복사] 버튼으로 이 페이지의 콘텐츠를 복사할 수 있다.

04 생성한 선그래프에서 마우스 오른쪽 버튼을 클릭한 후 나타나는 메뉴에서 [그림으로 저장]을 선택해 이미지 파일로 저장할 수 있다. 타 형식의 자료로 가공하기 위해 웹파일 형태로 저장할 수도 있다. [코드] 버튼을 클릭하면 선그래프가 나왔던 화면이 그림과 같이 HTML 코드 형태로 바뀐다. [공유]→[콘텐츠 복사]를 선택해, 텍스트를 복사한다.

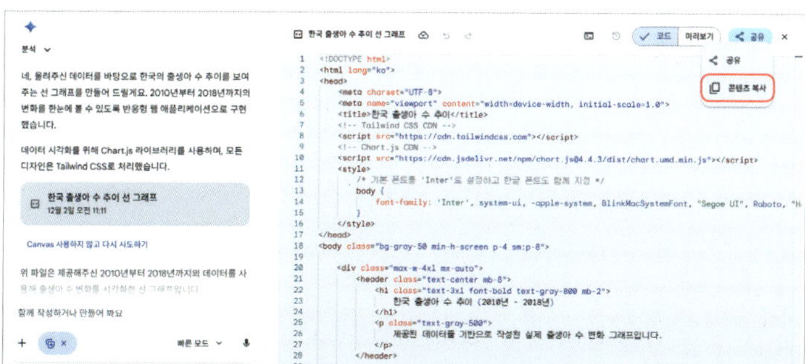

05 메모장이나 텍스트 편집기를 열어 복사한 코드를 붙여넣은 후 'birth-chart.html'처럼 '.html' 확장자로 저장한다. 저장한 파일을 더블 클릭하면 웹페이지가 열리며, 생성한 선그래프와 기초자료가 표 형태로 나오는 것을 확인할 수 있다.

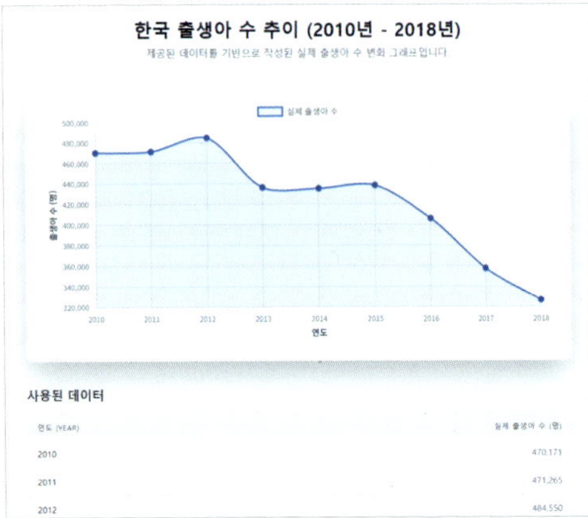

마인드맵 그리기

마인드맵은 핵심 주제를 중심으로 관련된 지식을 정리하거나 아이디어를 확장해 나가는데 매우 유용하게 사용되는 일종의 생각을 돕는 도구다. 업무나 학습 등에 널리 활용되기 때문에 오래전부터 마인드맵을 쉽게 만들 수 있는 다양한 프로그램들이 개발됐고, 최근에는 생성형 AI를 백엔드에 활용하는 마인드맵 생성 서비스도 다양하게 나오고 있다.

구글의 서비스인 노트북LM을 활용해 '중장년층을 대상으로 하는 AI 교육 프로그램 개발'을 주제로 마인드맵을 만들어보자.

01 먼저 AI와 함께 브레인스토밍 작업을 진행하자. 여기서는 제미나이를 활용해 마인드맵에 들어갈 항목들을 만들었다. 핵심 주제를 중심으로 하나씩 항목들을 뽑아가며 확장해 나갈 수 있지만, 여기서는 먼저 아이디어의 초안을 AI로 작업해봤다. 항목들을 자신이 보기 편한 방식으로 요청한다.

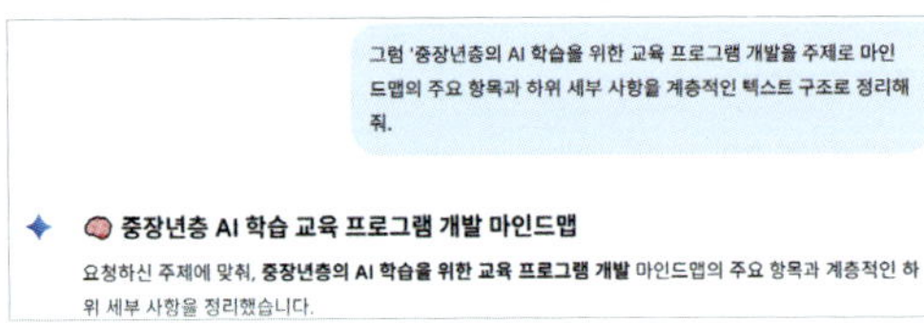

02 초안을 빠르게 읽고 수정하기 위해 항목별로 계층을 둬서 구분해준 텍스트 방식으로 요청했더니 제미나이가 필요한 항목들을 잘 뽑아줬다.

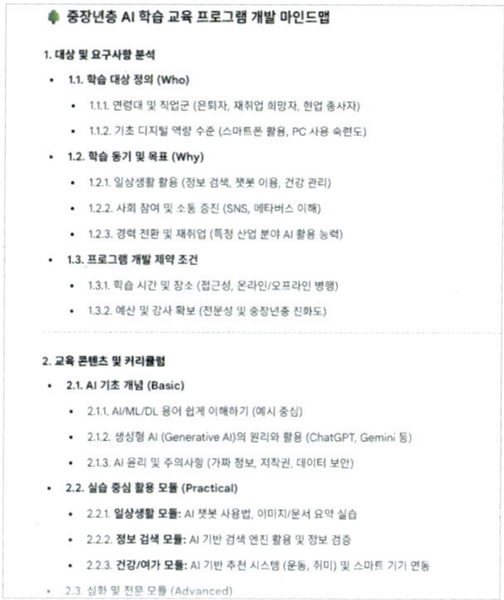

03 결과물을 문서에 복사해 검토하고 수정 작업을 한다. 이때도 AI를 활용해 보자. 여기서는 챗GPT로 2차 작업을 진행했다. 미흡한 부분에 대한 피드백을 요청하거나 구체적으로 보강이 필요하다고 생각되는 부분의 수정을 지시한다. 챗GPT와의 작업물 수정 과정이 끝나면 최종본을 문서 파일로 요청한다. 아래는 워드 파일로 작성한 최종 결과물이다.

TIP

이 작업은 생략해도 되고 제미나이에서 계속 진행해도 되지만, 마치 우리가 업무 검증 작업을 다른 사람에게 맡기듯, 다른 모델을 사용하면 다른 관점에서 작업물을 검토해볼 수 있다.

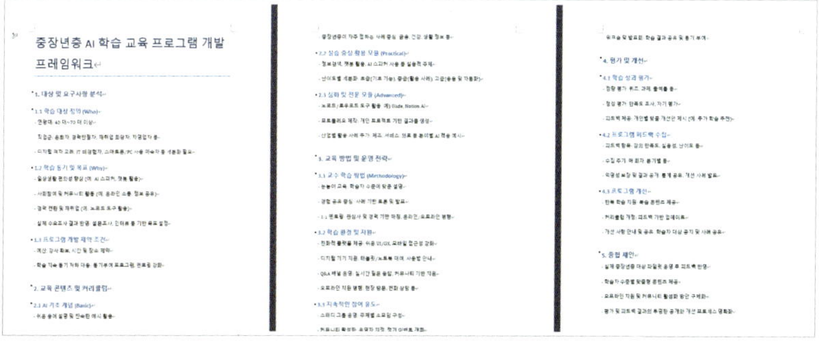

04 이 결과물을 갖고 노트북LM에서 마인드맵을 만들어보자. 노트북LM 홈 화면에서 [새 노트 만들기]를 열어 저장해놓은 최종 결과물을 업로드 하면 추가 작업을 할 수 있는 스튜디오가 열린다. 오른쪽 옆에 마인드맵 박스를 클릭한다.

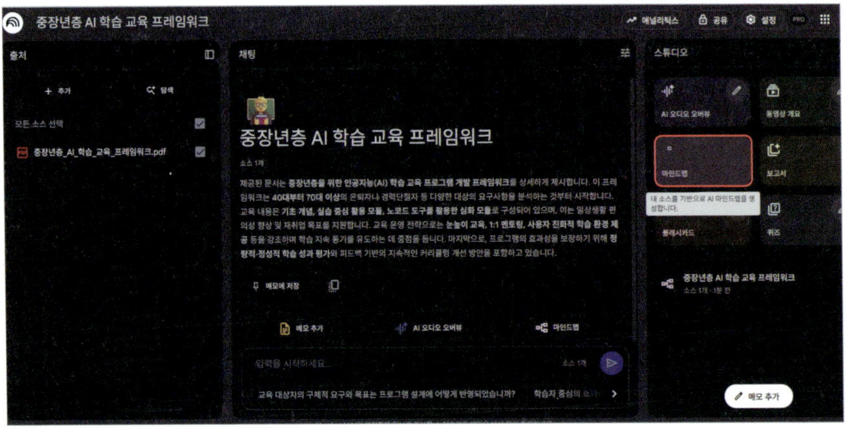

05 완료되면 아래에 '중장년층 AI학습 교육 프레임워크'라는 마인드맵 결과물이 생성된 것을 볼 수 있다. 열어 보면 인터랙티브하게 확장되는 마인드맵을 볼 수 있다.

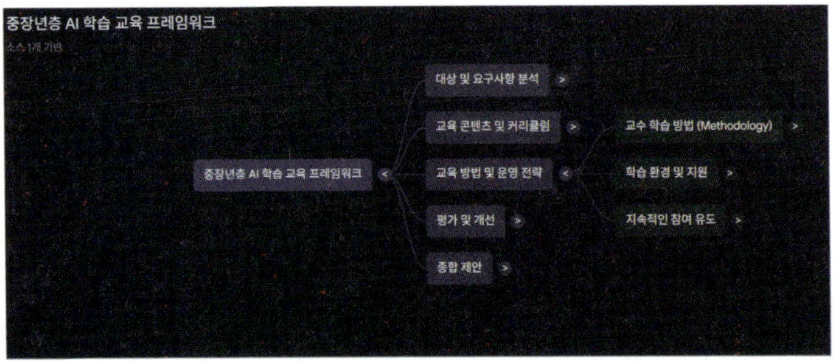

06 세부적으로 보고 싶은 항목을 클릭하면 해당 항목에 대한 설명을 볼 수 있다. 이 부분 역시 아래의 입력창을 통해 추가적인 질문이나 작업을 진행할 수 있다.

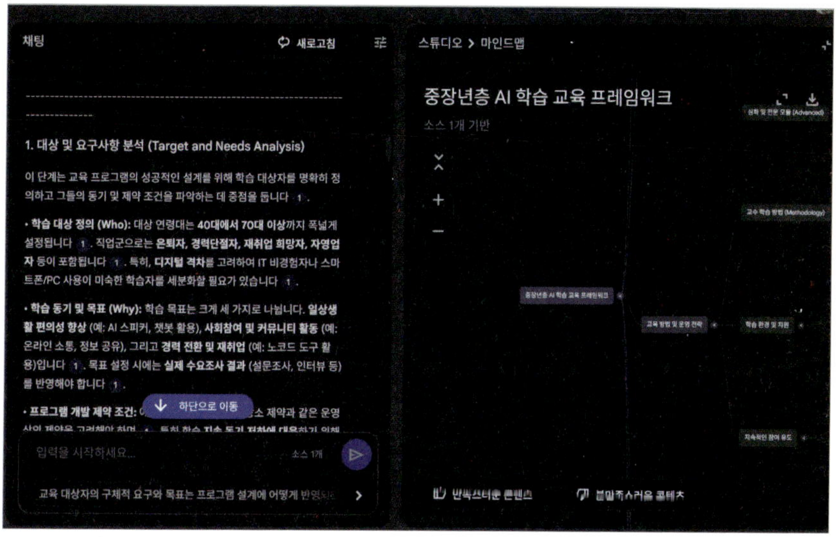

노트북LM을 활용한 마인드맵 만들기는 별도의 서비스 가입이나 구독이 필요하지 않고 (이미 구글 서비스를 사용하고 있는 경우) 사용자가 입력한 소스를 활용하기 때문에 결과물을 신뢰할 수 있다. 그러나 한 번 마인드맵을 만든 후 수동으로 텍스트를 편집하는 것이 어렵고 마인드맵 생성을 위해 직접적으로 텍스트를 입력하는 것이 불가능하다는 단점이 있다.

위의 예시에서는 다른 생성형 AI 서비스를 이용해 마인드맵을 만들기 위한 완전한 텍스트 구조를 짰지만, 통문서를 입력해도 노트북LM이 알아서 마인드맵을 구성해준다.

주제어 프롬프트만으로 바로 마인드맵을 만들고, 직접 고치고 내용을 추가하는 등 자유로운 편집을 원한다면 AI 기반의 마인드맵 생성 서비스에 가입해 이용해 볼 수 있다. 더 많은 서비스는 유료이지만 일부 서비스는 무료로도 사용 가능하다.

아래는 대표적인 마인드맵 생성 서비스들이다.

Mapify(https://mapify.so)

Mapify는 PDF, 워드 문서, 슬라이드 프레젠테이션, 유튜브 동영상 및 이미지를 포함하여 다양한 콘텐츠들을 명확하고 구조화된 마인드맵으로 변환해주는 도구이다.

MindMap AI(https://mindmapai.app)

MindMap AI는 텍스트, PDF, 이미지, 오디오, 비디오 등 다양한 입력을 AI가 자동으로 분석해 즉시 시각적 마인드맵으로 변환해주는 도구이다.

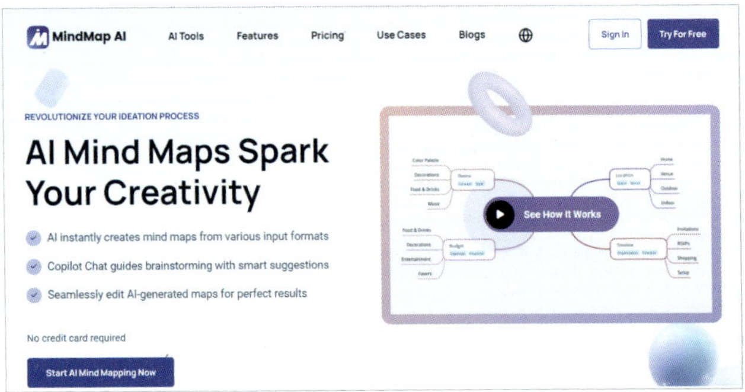

09

내 옆의 부지런한 투자 어드바이저

한눈에 보는 실적 보고서

개인들의 주식투자 열풍이 뜨겁다. 국내 상장기업뿐 아니라 미국, 중국 등 해외 주식 투자에도 적극적이다. 스마트폰으로 실시간 시세를 비교하고 곧바로 매매를 진행한다. 투자를 위해 국내외 뉴스와 시장 동향에 촉각을 곤두세운다. 디지털 시대에 정보는 넘친다. 기업들의 실적 보고서도 실시간으로 검색할 수 있다. 그러나 정보의 바다에서 옥석을 가려내고 의미 있는 흐름을 포착하는 일은 결코 쉽지 않다. AI를 활용해 기업의 실적 보고를 실시간으로 읽고 분석해보자.

여기서는 시장 관련 정보 생성에 특화된 서비스를 제공하고 있는 퍼플렉시티를 활용해본다. 퍼플렉시티는 코인베이스(Coinbase)와 제휴를 맺고 비트코인, 이더리움, 솔라나 등 주요 암호화폐 지수 및 개별 코인의 실시간 시장 데이터도 제공하고 있다.

01 퍼플렉시티를 열고 사이드바에서 [재무]를 선택한다. 날짜를 선택하면 해당일에 진행하는 기업실적 발표를 볼 수 있다. 진행 중이라면 실시간으로도 볼 수 있으며 날짜를 검색해 지나간 실적 발표 내용을 파악할 수 있다.

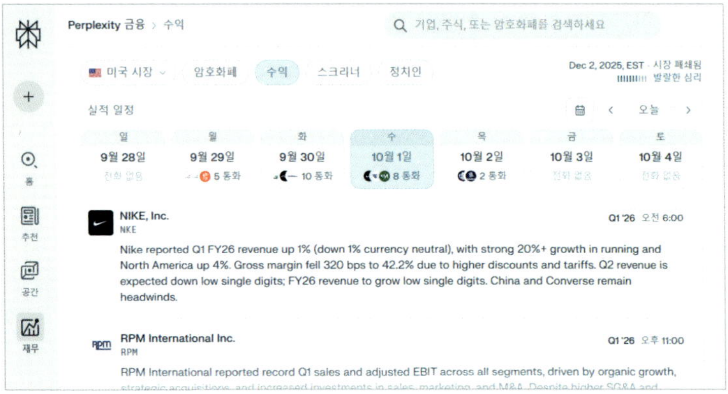

02 관심있는 기업을 선택해보자. 10월 1일에 진행된 실적발표 기업들의 리스트가 뜬다. '나이키'를 선택해보자. 실적발표의 요약분석, 전체 기록본, 보고서까지 모두 볼 수 있다. 가장 앞에 AI가 요약한 핵심 지표와 실적 발표의 주요 내용을 빠르게 파악할 수 있는 분석이 제공된다. 필요한 경우 전체 기록본을 살펴볼 수 있고, 문서로 들어가 분기 보고서나 발표 자료 원본 PDF 파일을 다운로드할 수 있다.

03 원문을 다운로드했다면 챗GPT나 제미나이에 원문을 업로드하고 요약과 인사이트를 요청할 수 있다. 이 기능을 활용하면 개인 투자자도 기관 투자자 수준의 실시간 데이터를 빠르게 읽어볼 수 있다.

뉴스와 시장동향 정기 발송 서비스

01 이번에는 퍼플렉시티의 [작업] 기능을 활용해 원하는 주기별로 필요한 투자 정보를 받아보자. 왼쪽 사이드바 하단에서 [계정]→[작업]을 선택한다.

02 작업 페이지에서는 [뉴스 요약], [시간 예측], [기술 통찰], [과학 탐색기], [스포츠 요약], [엔터테인먼트 위클리] 등 여러 예시 작업 들이 나타난다. 강 항목에서 [작업]을 선택하면 해당 항목 성격에 맞는 작업 설정 화면이 나온다. 입력한 프롬프트에 맞춰 예약된 주기에 따라 명령을 자동으로 실행하고 그 결과를 이메일로 받아볼 수 있도록 해준다. 여기에서는 페이지 상단의 [+]→[일정된]을 선택한다.

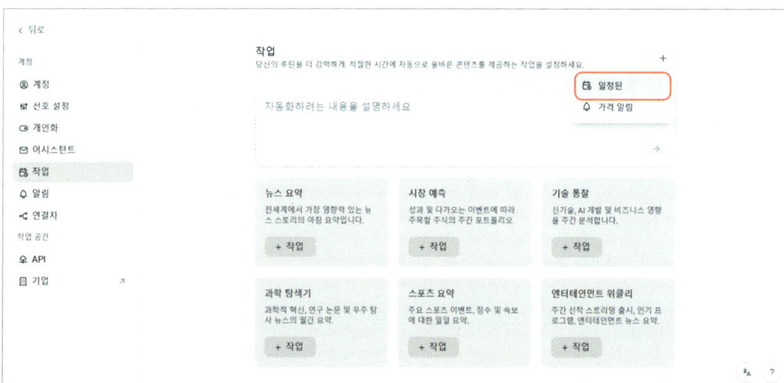

03 프롬프트에 보고서 작성을 위한 지침을 넣는다. 아래 실행 주기를 설정한다. 일간, 주간, 월간 등 보고서를 받기를 원하는 주기와 시간을 정하면 된다. 어떤 채널을 통해 내용을 전달받고 싶은지를 설정한 후 저장한다. (유료 계정의 경우 [Deep research] 기능 등을 추가로 설정할 수 있다.)

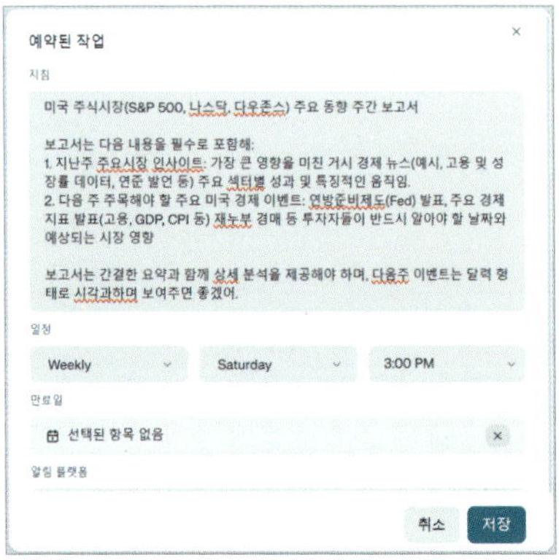

04 작업의 첫 화면을 열면 생성해놓은 작업들을 볼 수 있다.

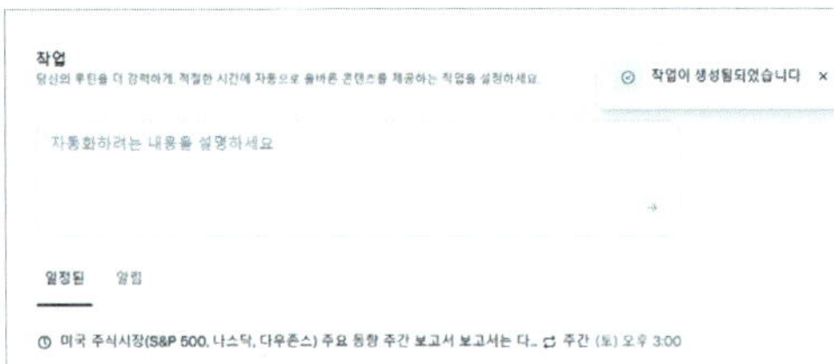

05 작업 페이지에서 [+]를 선택한 후 [일정된]이 아닌 [가격 알림]을 클릭하면 관심있는 종목이 설정한 특정 가격대에 도달하거나 변동(%) 발생 시 알려준다.

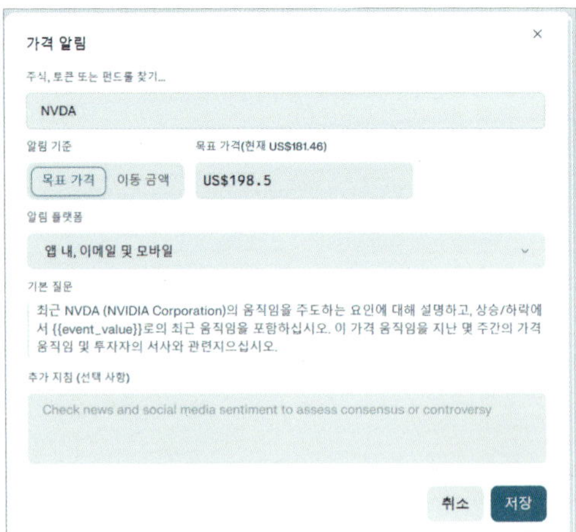

06 이메일을 열면 퍼플렉시티에서 설정한 시간에 맞춰 분석 보고서를 보내온 것을 확인할 수 있다. 메일에는 보고서의 간단한 요약보기가 있다.

07 [전문 보기]를 클릭하면 퍼플렉시티 사이트로 넘어가며 지침에 맞춰 답변이 작성된 것을 볼 수 있다. 자료의 출처가 같이 표시되며 필요한 링크를 누르면 해당 출처의 전문을 확인할 수 있다.

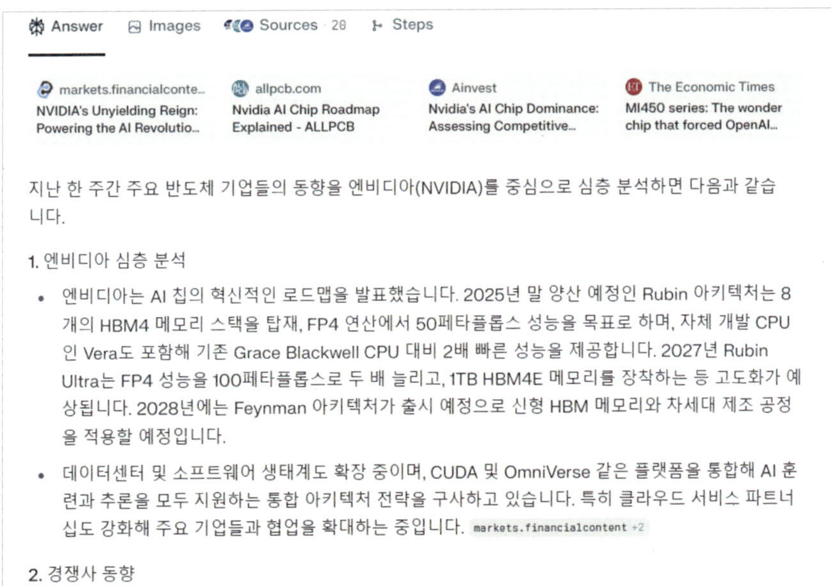

TIP **정기 보고서 작성을 위한 작업의 예시 지침 프롬프트**

다음의 프롬프트를 사용하면 정기적 보고서를 매번 찾지 않아도 기간에 맞춰 자동으로 작성할 수 있다.

#미국 주식 시장(S&P 500, 나스닥, 다우존스) 주요 동향 주간 보고서

##보고서는 다음 내용을 필수로 포함해:

1. 지난주 주요 시장 인사이트 : 가장 큰 영향을 미친 거시 경제 뉴스(예시, 고용 및 성장률 데이터, 연준 발언 등), 주요 섹터별 성과 및 특징적인 움직임.
2. 다음 주 주목해야 할 주요 미국 경제 이벤트 : 연방준비제도(Fed) 발표, 주요 경제 지표 발표(고용, GDP, CPI 등), 재무부 경매 등 투자자들이 반드시 알아야 할 날짜와 예상되는 시장 영향.

##보고서는 간결한 요약과 함께 상세 분석을 제공해야 하며, 다음 주 이벤트는 달력 형태로 시각화하여 보여주면 좋겠어.

#엔비디아(NVIDIA)를 중심으로, AMD, 인텔, TSMC, 삼성전자, SK하이닉스 등 주요 반도체 기업들의 지난 한 주간의 핵심 트렌드 브리핑

##다음 내용을 중심으로 심층 분석을 제공해:

1. 엔비디아 심층 분석: AI 칩(GPU) 로드맵 업데이트, 데이터센터 및 소프트웨어(CUDA, OmniVerse) 생태계 확장, 주요 클라우드 서비스 파트너십.
2. 경쟁사 동향: AMD의 최신 MI 시리즈 칩셋의 시장 반응, 인텔의 파운드리(IFS) 및 AI 전략, TSMC 및 삼성전자의 첨단 공정 기술 경쟁 현황.
3. 시장 구도 변화 : AI 및 고성능 컴퓨팅(HPC) 시장에서 각 기업의 경쟁 우위 및 시장 점유율에 에 변화를 가져올 수 있는 트렌드 분석과 전망

##출처는 기업 공식 발표, 기술 매체 기사, 애널리스트 보고서를 포함하여 작성해줘.

#소비자 트렌드 동향 보고서

##이 보고서는 최근 7일 간의 소셜 미디어(틱톡, 인스타그램, 레딧 등)와 온라인 커뮤니티에서 나타나는 가장 두드러진 소비자 트렌드 및 유행 상품을 파악하여 미래 투자처를 발굴하는데 목적을 두고 있어.

##보고서는 다음 내용을 필수로 포함해야 해:

1. 가장 빠르게 성장하는 트렌드 3가지: 미용/패션, 식음료, 게임, 헬스 등 분야별로 가장 급부상하는 트렌드를 구체적으로 설명.
2. 관련 공개 상장 기업 분석: 각 트렌드와 직간접적으로 연결되어 수혜를 입거나 부정적 영향을 받을 가능성이 높은 공개 상장 기업(Publicly Traded Companies)을 최소 2개 이상 식별하고, 해당 기업들의 제품 언급 량 및 온라인 정서(Sentiment) 변화를 분석.
3. 잠재적 투자 신호: 이러한 소셜 트렌드가 해당 기업의 매출이나 주가에 미칠 수 있는 단기적 또는 중기적 영향을 제시하고, 투자 아이디어로서의 매력도를 평가.

##출처는 반드시 소셜 미디어(Social Media) 데이터를 포함하여 작성해줘.

챗GPT의 Task(작업) 기능

정기적으로 작업을 자동화하는 기능은 챗GPT에서도 사용할 수 있다. Task(작업) 기능을 이용하면 된다. [Task(작업)] 아이콘이 사이드바에 드러나지 않는 경우, 프롬프트에 '[무엇]+[언제]'로 지침을 주고, Task로 작업을 수행하라고 요청하면 챗GPT가 알림 작업을 생성한다.

챗GPT로 정기적으로 해야 하는 자동화 작업을 설정해보자.

01 여기서는 미국 주식시장의 주요 이슈 3가지를 정리한 후 매일 오전 6시에 전달하도록 Task로 일정을 예약하는 작업을 지시했다.

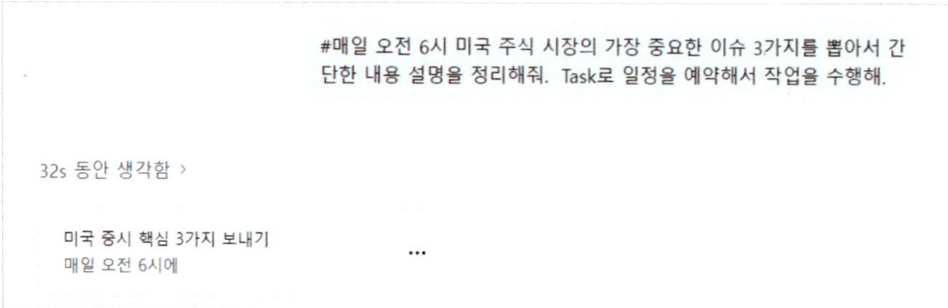

02 [계정] → [설정] → [알림]으로 가면 작업을 찾을 수 있다. '푸시'와 '이메일' 알림 두 가지 모두 오도록 설정했다. 매일 오전 6시 챗GPT가 메일을 보낼 것이다.

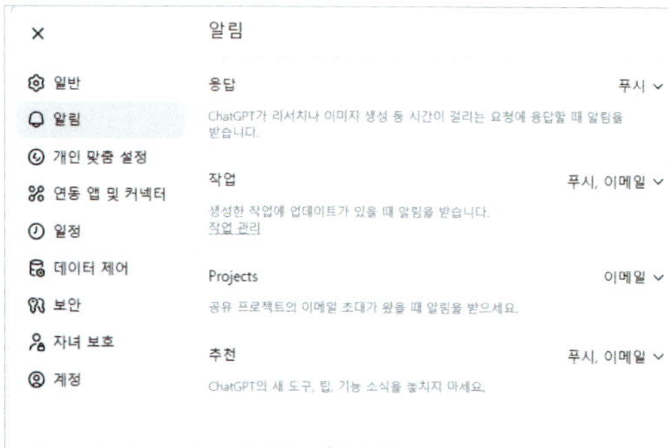

TIP 챗GPT 자동화 Task의 여러 기능

01 관리: [관리] 버튼을 클릭하면 예약된 일정의 리스트를 볼 수 있다.

02 설정: 시간 부분에 마우스 포인터를 올리고 [설정(…)] 버튼을 클릭하면 일시 정지나 삭제를 선택할 수 있다.

03 편집: 연필 모양의 [편집] 버튼을 누르면 일정 편집 박스가 뜬다.

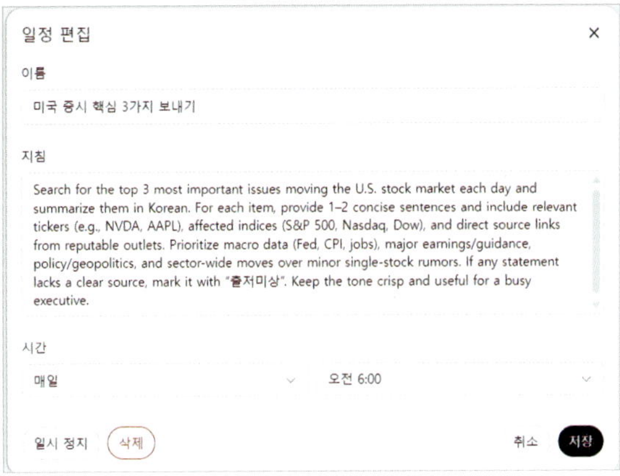

주식 투자를 위한 학습 파트너

주식 투자를 위해서는 끊임없는 공부가 필요하다. AI는 여러 가지 면에서 뛰어난 학습의 조력자다. 우선 학습자가 아는 것과 모르는 것을 빠르게 파악해 수준에 맞는 학습 내용을 구성해준다. 둘째, 학습자가 원하는 주제를 원하는 시간에 공부할 수 있다. 셋째, 시각 자료와 퀴즈 등 다양한 학습 툴을 활용해 효과적인 학습이 가능하다. 넷째, 생성형 AI의 추가 제안에 따라 학습의 수준을 효과적으로 높여갈 수 있다.

제미나이 가이드 학습 설정

01 제미나이의 가이드 학습 기능을 활용해보자. 프롬프트 창에서 [도구]→[가이드 학습]을 선택한다.

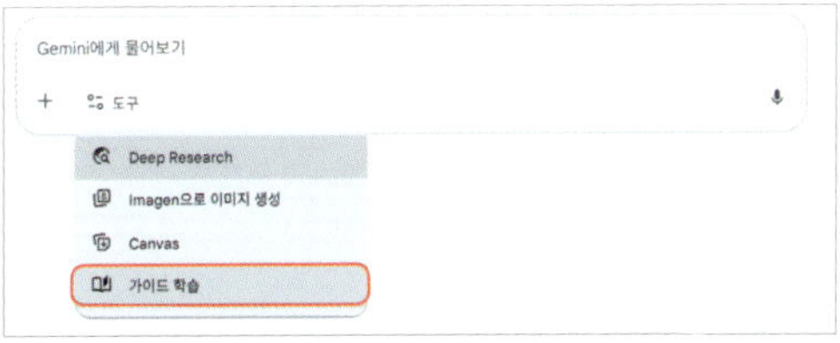

02 학습하고 싶은 내용에 대한 프롬프트를 넣는다. 경제나 주식투자에 대한 기초 지식이 없는 '주린이'를 상정하고 공부를 도와달라고 요청해 봤다.

나는 최근에 주식 투자에 관심을 갖기 시작한 개인 투자자야. 경제학을 따로 공부한 적은 없어. 신문 경제 기사를 읽다보니 이해하기 어려운게 많아서 공부가 필요하다고 느꼈어. 주식 투자...

주식 투자 공부를 시작하시는군요! 정말 잘 결정하셨어요. 신문 경제 기사를 이해하는 데 필요한 **경제 개념**부터 함께 차근차근 살펴봅시다. 제가 질문을 통해 학습을 도와드릴게요.

주식 시장은 개별 **기업**의 상황뿐만 아니라, **국가 경제** 전반의 흐름에도 크게 영향을 받아요. 신문 기사를 읽을 때 어렵다고 느끼셨던 부분은 주로 이 '국가 경제'와 관련된 **거시 경제 지표**일 가능성이 높습니다.

우선, 어떤 주제부터 깊이 있게 탐구해 볼까요?

1. **금리** 🏦: '한국은행', '기준금리' 등 경제 뉴스에 가장 자주 등장하는 용어로, 돈의 가치와 주식 시장에 미치는 영향을 알아봅니다.
2. **인플레이션과 디플레이션** 📈 📉: 물가 변동의 개념과 이것이 우리의 생활 및 기업 투자 심리에 어떤 영향을 미치는지 알아봅니다.
3. **주식 가치 평가의 기초** ✨: 신문에서 자주 언급되는 PER, PBR 같은 지표를 통해 기업의 가치를 판단하는 기본적인 방법을 알아봅니다.

나

나는 최근에 주식 투자에 관심을 갖기 시작한 개인 투자자야. 경제학을 따로 공부한 적은 없어. 신문경제 기사를 읽다 보니 이해하기 어려운게 많아서 공부가 필요하다고 느꼈어. 주식투자에 필요한 기초 지식들을 알려줘.

03 제미나이의 질문에 맞춰 먼저 공부하고 싶은 내용을 선택한다. 공부를 도와달라고 요청해봤다.

주식 가치 평가의 기초인 기업 분석부터 시작해 봅시다. 기업의 **가치**를 판단하는 것은 투자 성공의 핵심이에요. 💰

가장 기본적이고 많이 쓰이는 지표인 **PER (Price-to-Earnings Ratio, 주가수익비율)**부터 알아보겠습니다. PER은 현재 **주가**와 기업이 벌어들이는 **이익**을 비교하는 지표입니다.

주가수익비율 (PER)의 의미

PER을 계산하는 공식은 다음과 같습니다.

$$\text{PER} = \frac{\text{주가 (Price)}}{\text{주당순이익 (Earnings Per Share, EPS)}}$$

이 공식을 통해 볼 때, 만약 어떤 회사의 **PER이 높다**면 이는 일반적으로 무엇을 의미한다고 볼 수 있을까요?

1. 현재 주가가 **이익에 비해 싸게** 거래되고 있다.
2. 현재 주가가 **이익에 비해 비싸게** 거래되고 있다.
3. 기업이 앞으로 많은 **손실**을 볼 것으로 예상된다.

04 제미나이와 대화를 하며 학습을 진행할 수 있다. 퀴즈를 요청할 수 있고, 추가적인 설명이나 실제 사례 분석 등 학습자는 원하는 질문을 계속 이어가며 학습을 진행할 수 있다.

핵심 개념 복습 퀴즈

1. PER과 PBR

A 회사와 B 회사가 있습니다. 두 회사 모두 주당순이익(EPS)과 주당순자산(BPS)이 같습니다.

- **A 회사:** $\text{PER} = 30\text{배}, \text{PBR} = 2.0\text{배}$
- **B 회사:** $\text{PER} = 10\text{배}, \text{PBR} = 0.5\text{배}$

질문: 이 정보만으로 볼 때, 투자자들이 A 회사 주식을 B 회사 주식보다 3배 더 비싸게 거래하고 있는 가장 주된 이유는 무엇일까요?

1. A 회사가 B 회사보다 **현재 순자산이** 훨씬 많기 때문이다.
2. A 회사가 B 회사보다 **앞으로의 이익 성장 가능성**이 높다고 시장이 기대하기 때문이다.
3. B 회사가 **부채가 너무 많아** 곧 파산할 위험이 있기 때문이다.

2. 금리와 주식 시장의 관계

현재 **인플레이션(물가 상승)**이 심해 중앙은행이 **기준금리를 대폭 인상**했습니다.

질문: 금리 인상 결정 이후, 일반적인 주식 시장의 반응(특히 성장주와 기술주)으로 가장 적절한 것은 무엇일까요?

주식 투자에 지침을 줄 맞춤형 챗봇 가이드

나의 투자 결정을 세계적인 거장들은 어떻게 생각할지 묻고 싶은 순간들이 누구나 있었을 것이다. 사람들은 버크셔 해서웨이의 워런 버핏 회장과의 점심 식사를 위해 수십 억을 걸고 경매에 참여한다. 일반인이 버핏을 직접 만나 대화하는 것은 불가능에 가깝지만, AI 워런 버핏이라면 얘기가 달라진다. 프롬프트에 "너는 워런 버핏이야"와 같이 역할을 부여하는 방법도 있겠지만, 그보다 다른 사람들이 세계적 투자 고수들의 어록과 투자 스타일 등을 학습시키고 답변 지침을 설계한 맞춤형 챗봇을 활용해보자. 여기서는 챗GPT의 GPTs를 사용했다.

01 챗GPT의 왼쪽 사이드바에서 [GPT 탐색하기]를 클릭한다.

02 검색창에 'Warren Buffett'을 입력하면 여러 개의 관련 GPT들이 검색된다.

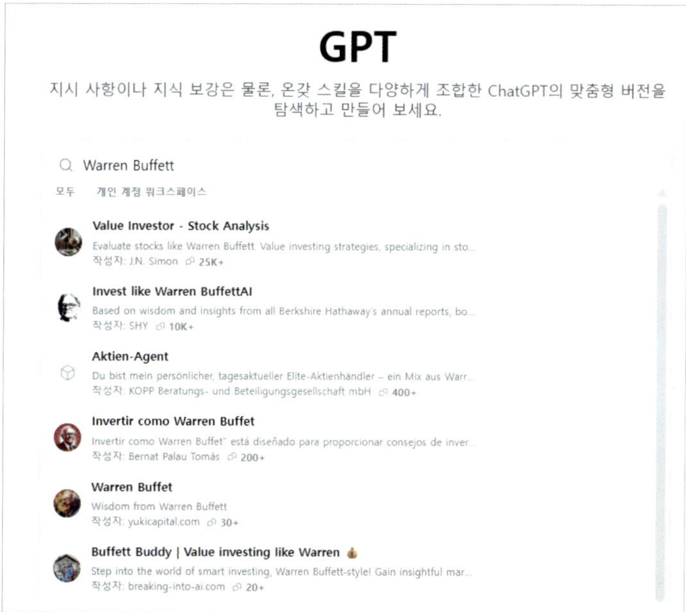

03 [Invest like Warren Buffett AI]를 선택하면 새로운 입력창이 뜬다.

04 질문을 입력한다. 여기서는 다음의 프롬프트로 질문을 했다. 챗GPT는 워런 버핏의 투자 원칙, 과거 투자 패턴과 어록을 근거로 판단에 활용할 수 있는 조언을 제공한다.

나

"중국 반도체 주식을 보유하고 있는데 수익을 실현해야 할지, 보유해야 할지 알려줘"

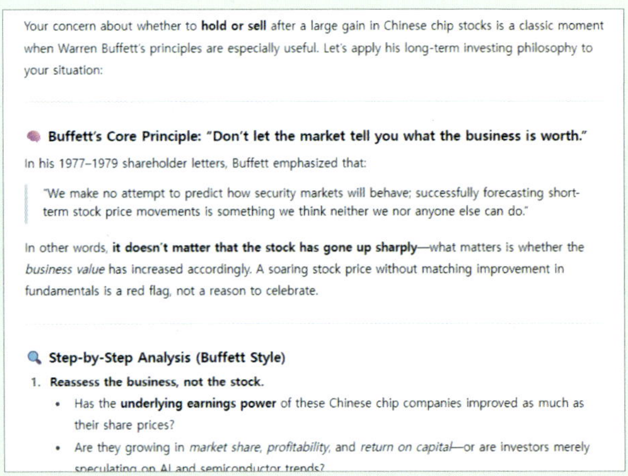

Your concern about whether to **hold or sell** after a large gain in Chinese chip stocks is a classic moment when Warren Buffett's principles are especially useful. Let's apply his long-term investing philosophy to your situation:

Buffett's Core Principle: "Don't let the market tell you what the business is worth."

In his 1977–1979 shareholder letters, Buffett emphasized that:

> "We make no attempt to predict how security markets will behave; successfully forecasting short-term stock price movements is something we think neither we nor anyone else can do."

In other words, **it doesn't matter that the stock has gone up sharply**—what matters is whether the *business value* has increased accordingly. A soaring stock price without matching improvement in fundamentals is a red flag, not a reason to celebrate.

Step-by-Step Analysis (Buffett Style)

1. **Reassess the business, not the stock.**
    - Has the **underlying earnings power** of these Chinese chip companies improved as much as their share prices?
    - Are they growing in *market share, profitability,* and *return on capital*—or are investors merely speculating on AI and semiconductor trends?

05 구체적인 투자 종목 정보를 주자 기업 실적과 업황 분석, 미래 전망, 잠재 리스크 등 다양한 측면에서 분석 자료를 제공한 후 마지막으로 버핏의 한 줄 투자 조언을 남긴다.

> **Buffett's Summary Wisdom for You**
>
> > "The stock market is designed to transfer money from the active to the patient."
> > "Price is what you pay; value is what you get."
>
> SMIC's price has outrun its intrinsic value. The *business* is solid but not exceptional; the *stock* has become speculative. Buffett would likely **reduce exposure** and **wait for re-entry at fair value (below HKD 28)**.

질문에 대한 버핏의 답은 보유 비중을 축소한 후 다시 재진입하라는 것이다. 물론 AI의 투자 조언은 참고 사항일 뿐이다. 그러나 재미로 AI 거장과의 대화를 시도해본다면 투자의 스트레스를 다소 해소할 수 있을지도 모른다.

10

AI로 쉽게 만드는 프레젠테이션 슬라이드

3부에서는 감마의 채팅창에 주제어 한 문장만을 넣어서 슬라이드를 제작하는 과정을 익혔다. 이런 방식은 아이디어를 빠르게 시각화하기에는 좋지만 양질의 내용을 보장할 수는 없다. 슬라이드의 내용이 중요하다면 구조를 짜는 작업부터 공을 들여야 한다. 챗GPT나 제미나이, 클로드 등은 슬라이드 구조를 만드는 데 효과적인 파트너다.

앞에서 만들었던 슬라이드와 같은 주제를 제미나이를 이용해서 구조를 짜는 작업을 시작해보자.

AI를 이용한 프레젠테이션용 슬라이드 작성

01 제미나이 대화창에 다음의 프롬프트 내용을 입력해 요청했다. 다음의 내용은 제미나이의 초안이다.

나

'중장년층을 위한 생성형 AI 교육의 중요성'을 주제로 10장짜리 슬라이드를 만들어줘.

Gemini

중장년층을 위한 AI 교육: 새로운 도약의 시작

Slide 1. 표지: 주제와 핵심 메시지 전달

- 제목: 중장년층, AI로 제2의 도약을 시작하다
    - 부제: AI 시대, 경험과 지혜에 기술을 더하는 힘
- 핵심 이미지: 중장년층이 밝게 웃으며 노트북이나 태블릿을 사용하는 이미지, 또는 AI 관련 시각적 요소(반짝이는 회로, AI 관련 아이콘 등)
- 발표자/기관 정보: (발표자 이름 / 날짜)

Slide 2. 도입: 우리는 지금 어디에 있는가?

- 제목: AI 시대의 도래와 중장년층의 현실
- 주요 내용 (텍스트/도표):
    - AI의 급속한 일상화: AI가 단순 업무를 넘어 창작, 분석 등 전 영역에 깊숙이 침투 (예: 챗GPT, AI 이미지 생성 등 언급)
    - 디지털 격차 심화 우려: AI 기술 변화 속도를 따라잡지 못하면 '기술적 소외' 계층으로 전락할 위험이 커짐.
    - 중장년층의 위기감: "내 업무가 AI로 대체되진 않을까?" (직무 불안정)
- 시각 자료: AI 시대의 급격한 변화를 보여주는 다이나믹한 그래프나 이미지.

Slide 3. 본론 1: AI 교육이 필요한 이유 (직업 및 경제적 관점)

- 제목: 경쟁력 유지와 재취업: '생존'을 위한 필수 조건
- 핵심 포인트:
  1. 직무 경쟁력 강화: 기존의 풍부한 **경험과 지식(Domain Knowledge)**에 AI 도구 활용 능력을 더해 업무 효율을 극대화. (예: AI로 보고서 초안 작성, 자료 분석 시간 단축 등)
  2. 재취업/창직 기회 확대: AI 관련 지식을 통해 은퇴 후 새로운 분야(시니어 AI 튜터, AI 기반 소규모 창업 등)로 진출 가능성 확보. (실제 재취업 성공 사례 간략 언급 가능)
  3. '디지털 문맹' 탈피: 노동 시장에서 기술 격차로 인해 소외되지 않도록 방지.
- 시각 자료: 톱니바퀴, 돋보기, 사람 아이콘 등 '경쟁력'을 나타내는 요소.

Slide 4. 본론 2: AI 교육이 필요한 이유 (일상 및 사회적 관점)

- 제목: 삶의 질 향상과 능동적인 사회 참여
- 핵심 포인트:
  1. 일상생활 편리성 증대: AI 앱/서비스(예: AI 비서, 헬스케어, 스마트 홈)를 활용하여 삶의 질을 높이고 일상을 간편하게 만듦.
  2. 정보 분별력 (AI 리터러시): 딥페이크, 허위 정보 등에 현명하게 대처하는 능력을 길러 사회적 고립과 피해를 예방.
  3. 세대 간 소통 증진: AI 지식을 통해 젊은 세대와의 대화 주제를 넓히고, 세대 간 격차를 해소하는 매개체 역할.
- 시각 자료: AI가 일상에 도움을 주는 장면(건강 관리 앱, 소셜 미디어 화면 등)을 보여주는 이미지.

Slide 5. AI 교육의 성공적인 모델 (무엇을 가르칠 것인가)

- 제목: 중장년 맞춤형 AI 교육: 3단계 모델 제안
- 내용 (3단계 모델 강조):
  1. 이해 (Knowledge): AI란 무엇인가? (원리 X) AI의 특성, 윤리적 쟁점 등 기본 개념과 사회적 영향을 이해.
  2. 활용 (Utilization): 생성형 AI 도구 실습 (챗GPT, 이미지 생성 등). 일상/업무에 바로 적용 가능한 실용적인 스킬 습득.
  3. 적용 (Application): 학습한 내용을 기존 업무/경험과 결합하여 새로운 가치 창출 시도. (예: 경험을 바탕으로 AI에게 효율적인 프롬프트 작성)
- 시각 자료: '지식 $\rightarrow$ 활용 $\rightarrow$ 가치 창출'로 이어지는 흐름도 (화살표 연결).

Slide 6. 중장년층의 강점과 AI의 결합 시너지

- 제목: AI, 중장년의 '경험 자산'과 만나다
- 내용 (강점 강조):
  - 풍부한 전문 지식 (Domain Expertise): AI는 도구일 뿐, 오랜 경력에서 오는 깊은 통찰력이 AI의 결과물을 검증하고 완성도를 높임.

   - 문제 해결 능력: AI가 제시한 수많은 정보 속에서 핵심을 가려내는 능력과 문제 해결 경험이 시너지를 발휘.
   - 책임감과 신뢰: 업무나 사회 활동에서 AI를 윤리적이고 책임감 있게 사용할 수 있는 자세.
- 시각 자료: '경험' 아이콘 + 'AI' 아이콘 $\rightarrow$ '시너지' 아이콘 (결합 및 폭발적인 결과).

Slide 7. 교육 활성화의 주요 과제 (교육 설계 및 환경)

- 제목: 효과적인 AI 교육을 위한 제언
- 주요 과제 (Bullet Point):
  1. 눈높이 교육 콘텐츠: 어려운 기술 용어 대신 **중장년층의 관심사(건강, 재취업, 취미)**와 연계된 실생활 중심 콘텐츠 개발.
  2. 접근성 높은 환경: 온라인 교육뿐 아니라, 찾아가는 **오프라인 교육(디지털배움터, 50+센터 등)**과 일자리 연계 프로그램 확대.
  3. 지속적인 사후 관리: 단발성 교육이 아닌, 커뮤니티 활동 및 멘토링을 통한 지속적인 학습 동기 부여 및 활용 지원.
- 시각 자료: '교육, 환경, 지원'을 나타내는 3개의 아이콘 또는 구조물.

Slide 8. 성공적인 변화의 사례 (Motivation 제공)

- 제목: AI로 인생 2막을 연 사람들
- 내용 (실제/가상 사례 2가지 제시):
   - 사례 1. 재취업 성공: 50대 디자이너, AI 이미지 툴을 배워 업무 효율 10배 증대 후 재취업 성공.
   - 사례 2. 일상 속 즐거움: 60대 은퇴자, 챗봇을 활용해 자서전 집필에 성공하거나 새로운 취미(AI 작곡, 웹소설) 발견.
- 시각 자료: 사례자의 변화된 삶을 상징하는 사진이나 인터뷰 형식의 짧은 문구.

Slide 9. 결론: AI 교육의 비전

- 제목: 중장년층 AI 교육, 사회 전체의 미래 투자입니다.
- 핵심 메시지 요약:
    - AI 교육은 단순한 디지털 격차 해소를 넘어, 경험 자원의 사회 환원을 위한 토대입니다.
    - 중장년층의 성공적인 AI 적응은 생산성 향상과 사회 활력 증진에 기여합니다.
    - 다 함께, AI 시대를 주도적으로 만들어 갑시다.
- 시각 자료: 밝은 미래를 상징하는 이미지 (함께 나아가는 사람들, 연결된 네트워크 등).

Slide 10. Q&A 및 감사

- 제목: 감사합니다.
- 내용:
    - 질의응답
    - 연락처 / 이메일 주소
- 핵심 문구: "AI를 배우는 것은 '선택'이 아닌, 더 나은 삶을 위한 '도약'입니다."
- 시각 자료: 심플하고 전문적인 디자인으로 마무리.

02 제미나이에서 생성한 슬라이드안을 가지고 이번에는 챗GPT와 검수 작업을 해보자. 격려하는 분위기를 강조하고, 대체할 수 있는 카피 문구들을 제안해줄 것을 요청했다. 아래는 챗GPT가 만들어준 슬라이드 초안이다.

☑ **슬라이드 1. 표지**

중장년층, AI로 제2의 도약을 시작하다

부제: 기술은 낯설지만, 배움은 언제나 우리 편입니다.

(이미지 추천: 따뜻한 미소로 노트북을 보고 있는 중장년 사진)

☑ **슬라이드 2. 도입**

AI 시대의 변화, 우리는 어디에 서 있을까?

- AI는 이미 일상과 업무 곳곳에 깊게 들어와 있습니다.
- 변화 속도가 빠를수록 뒤처질까 걱정하는 마음도 커집니다.
- 하지만 지금 불안해할 필요는 없습니다.
  배우면, 우리의 경험은 더 빛을 냅니다.

배움은 늦은 때가 아니라, 필요한 때 하는 것입니다.

☑ **슬라이드 3. 왜 AI를 배워야 할까? (일과 기회)**

경쟁력은 '새로운 것이' 아니라, '쌓아온 것 + 새 도구'입니다.

- AI는 경험을 대체하는 것이 아니라, 경험을 더 강하게 만드는 도구입니다.
- 보고서, 기획안, 자료조사… AI가 도와주면 시간과 힘을 절약할 수 있습니다.
- 재취업/창업에서도 AI 활용 능력은 새로운 기회를 엽니다.

지금까지 쌓아온 경력이 AI를 만나 다시 자라납니다.

☑ **슬라이드 4. 왜 AI를 배워야 할까? (삶과 관계)**

AI는 일상을 더 편안하게 하고, 관계를 더 따뜻하게 만듭니다.

- 건강 관리, 일정 관리, 집안일까지 생활 속에서 도움을 주는 AI
- 빠르게 변하는 정보 속에서 진짜와 가짜를 구분하는 힘 (AI 리터러시)
- 젊은 세대와의 대화 주제 확장, 소통의 다리가 됨

AI를 배우는 건, 세상과 계속 연결되는 방법입니다.

☑ **슬라이드 5. 중장년층에게 맞는 AI 학습 흐름**

“부담 없이, 천천히, 나에게 맞게”

1. 이해하기 → AI가 뭐고 무엇을 할 수 있는지 감 잡기
2. 써보기 → 챗GPT, 이미지 생성 등 쉬운 것부터 실습
3. 내 경험과 결합하기 → 내가 하던 일을 AI와 함께 더 잘 하기

한 번에 잘하려고 하지 않으셔도 됩니다.

천천히 해도, 함께 하면 됩니다.

☑ **슬라이드 6. 중장년층의 강점 + AI의 힘**

AI는 경험이 있는 사람에게 가장 강력한 도구입니다.

- 오랜 경험이 있어야 AI가 제공하는 결과를 분별하고 선택할 수 있습니다.
- 문제를 해결하는 능력, 상황을 읽는 감각은 AI가 가질 수 없는 힘입니다.
- 우리는 이미 긴 시간 동안 누군가를 돕고, 책임지고, 성장해온 사람들입니다.

그래서 AI는 우리를 더 강하게 만드는 도구입니다.

☑ **슬라이드 7. AI를 배우기 위한 환경**

중요한 건 '쉬운 방법으로, 함께'입니다.

- 관심사 중심 예시: 건강, 여행, 취미, 손주 영상 만들기
- 오프라인/대면교육, 같은 세대와 함께 배우기
- 혼자 두지 않고 함께 질문하고, 함께 시도하고, 함께 성장하기

학습은 '과정'이고, 이 과정은 함께할 때 즐겁습니다.

☑ **슬라이드 8. 실제 변화 사례**

퇴직 이후, 경험을 AI와 연결한 사례

- *한 분은 퇴직 후 강의 자료를 AI로 정리해*
  자신만의 유튜브 채널을 개설했습니다.
- AI가 스크립트 초안 작성 → 본인이 경험과 통찰로 다듬기
  → 전문성과 이야기력이 살아있는 콘텐츠 완성

AI는 새로운 것을 '만드는' 도구가 아니라,
내가 가진 것을 '펼치는' 도구입니다.

☑ **슬라이드 9. 결론**

지금은 '늦었다'가 아니라, '이제 시작할 시간입니다.'

- 중장년층의 경험은 여전히 가장 귀한 자산입니다.
- 그 경험이 AI라는 도구를 만나면 새로운 가능성이 열립니다.
- 함께 시작하면, 우리는 앞으로의 시대에서도 중심에 설 수 있습니다.

☑ **슬라이드 10. Q&A / 마무리**

감사합니다.

질문을 나누고, 함께 더 배워보겠습니다.

03 챗GPT가 제안한 슬라이드 구성안에서 필요한 항목들을 결정한 후 최종본을 만든다. 이걸 감마에서 작업해보자. 이번에는 [텍스트로 붙여넣기]를 선택한다.

04 프레젠테이션을 선택하고 프롬프트 창에 챗GPT에서 작업한 슬라이드 구성안을 붙여넣기한다.

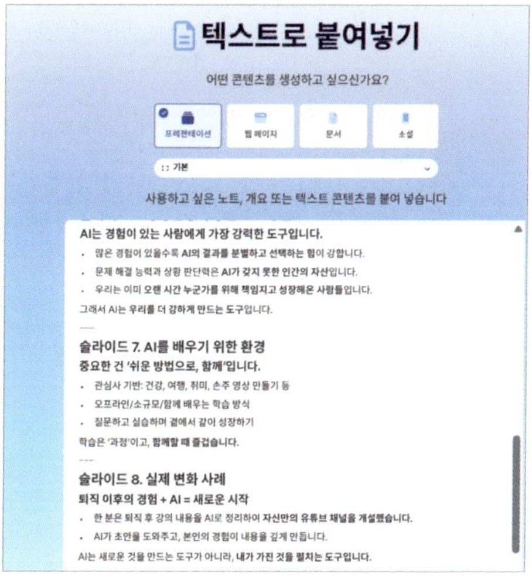

05 이미 슬라이드에 적합한 문구로 구성을 짰기 때문에 텍스트를 그대로 유지하는 것으로 선택하고 생성 작업을 진행한다. 개요로 이루어진 노트나 긴 텍스트 문서의 경우에는 감마가 프레젠테이션에 알맞게 문장을 재구성해서 슬라이드를 만드는 작업을 선택할 수 있다.

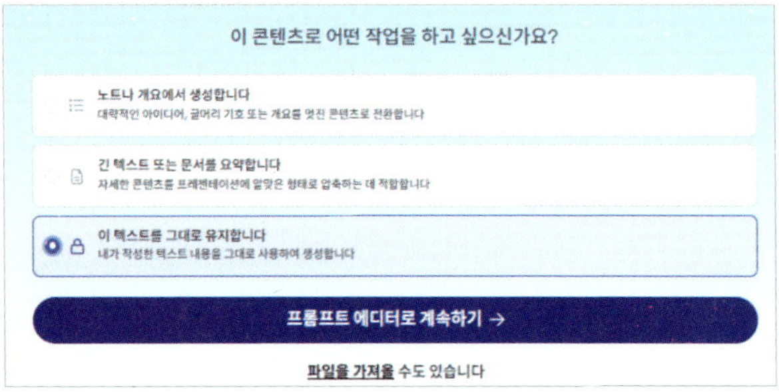

06 프롬프트 편집기에 각 슬라이드마다 들어갈 내용이 나타난다. 스타일과 이미지 소스 등을 결정한다.

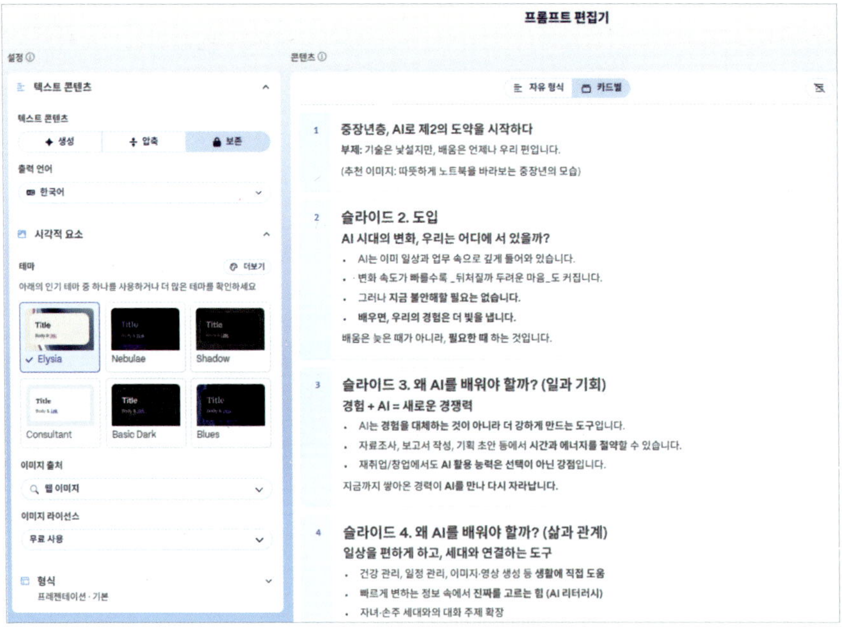

07 생성된 슬라이드가 나온다. 글씨 크기나 이미지, 페이지의 구성 등 추가로 수정이 필요한 부분을 다듬는다. 이때도 페이지마다 상단에 위치한 AI 대화창을 이용해 원하는 수정 사항을 요청할 수 있다.

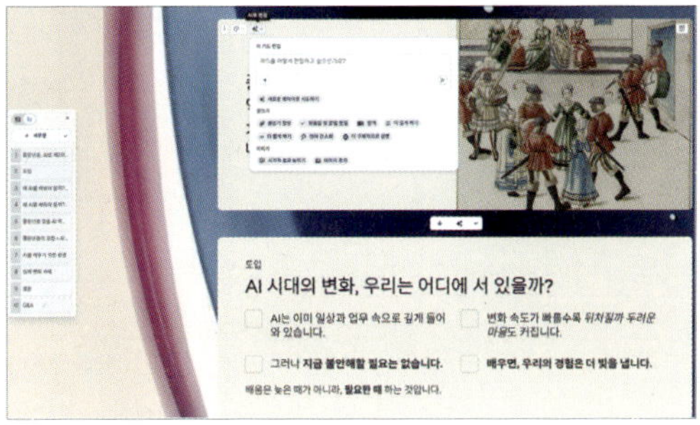

08 여기서는 첫 번째 슬라이드의 사진을 실제 중년 인물이 등장하는 현실적인 사진 자료로 찾아줄 것을 요청했다. 수정 작업을 거쳐 완성된 최종 10장의 슬라이드다.

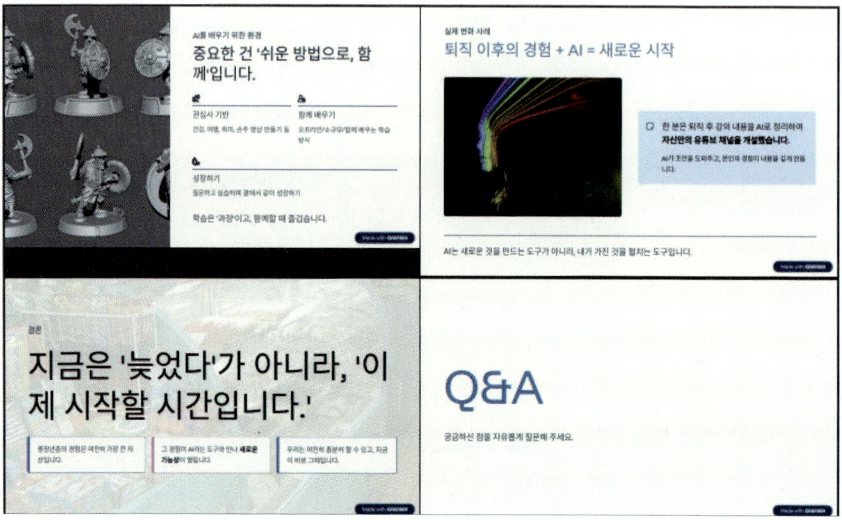

제미나이로 슬라이드 구성안 작성하고 구글 슬라이드에 수정하기

이번에는 감마를 이용하지 않고 처음 슬라이드 구성안을 만들었던 제미나이에서 작업을 이어가보자.

01 앞서 제미나이가 만들었던 슬라이드 구성안에서 채팅을 진행한다. 슬라이드 내용을 검토하고 수정을 요청한다.

02 슬라이드에 넣을 수 있는 이미지도 함께 요청한다. 아래 프롬프트에서는 웹 이미지 이용을 위한 검색 키워드를 요청했다. AI로 이미지를 만들려고 한다면 슬라이드에 어울리는 이미지 생성을 위한 이미지 프롬프트를 요청해도 좋다.

나

슬라이드에 들어갈 시각자료는 웹 이미지를 이용할 거야. 검색 키워드와 이미지 활용 방안 및 팁을 제안해줘.

Gemini

Slide #	슬라이드 제목	이미지 검색 키워드(한/영)	이미지 활용 방향 및 팁
1	중장년층, AI로 제2의 도약을 시작하다	중장년 AI, 시니어 기술 도약, Middle-aged AI learning, senior technology	밝고 긍정적인 이미지로 시작. 중장년층이 태블릿이나 PC로 AI 프로그램을 적극적으로 활용하며 웃고 있는 역동적인 사진. AI와 관련된 추상적인 그래픽 요소를 배경에 활용해도 좋습니다.
2	AI 시대의 도래와 중장년층의 현실	AI 시대 격차, 디지털 격차, Digital divide, technology gap	**'격차'**와 **'불안감'**을 시각화. 급격히 올라가는 AI 기술 그래프와 그 뒤에 머뭇거리는 중장년층 실루엣을 합성하거나, 불안한 표정의 중년 인물 사진.
3	경쟁력 유지와 재취업: '생존'을 위한 필수 조건	AI 업무 효율, 중장년 재취업, AI productivity, senior career change	**'업무 효율'**을 강조. 중장년층이 챗GPT나 AI 툴을 이용해 쌓여있는 서류/데이터를 빠르게 처리하는 모습, 또는 두 손을 맞잡고 새로운 시작을 다짐하는 모습. '경험(지혜)'과 'AI(기술)'의 결합을 상징하는 아이콘(예: 톱니바퀴 결합) 사용.
4	삶의 질 향상과 능동적인 사회 참여	AI 건강 관리, 시니어 스마트 라이프, AI health-care senior, smart living	**'일상의 편리함'**을 시각화. AI 스피커로 집안을 제어하거나, 스마트워치나 앱으로 건강을 관리하는 중장년층의 평온하고 활동적인 모습. 가족이나 친구와 온라인으로 소통하는 장면도 좋습니다.
5	중장년 맞춤형 AI 교육: 3단계 모델 제안	AI 교육 단계, 학습 로드맵, Learning roadmap, 3 step process	**'구조화'**를 나타내는 인포그래픽 중심. 1. 이해, 2. 활용, 3. 적용을 시각적으로 연결하는 간결한 3단 계통도 이미지. 복잡한 사진보다 아이콘과 도형을 활용한 그래픽이 효과적입니다.
6	AI, 중장년의 '경험 자산'과 만나다	경험과 AI 시너지, Ex-pertise and AI synergy, vintage meets future	**'시너지'**를 나타내는 상징적인 이미지. **전통적인 이미지(지혜, 두꺼운 책)**와 **미래적인 이미지(AI 회로, 데이터)**가 합쳐져 밝게 빛나는 모습을 표현.
7	효과적인 AI 교육을 위한 제언	AI 교육 지원, 시니어 학습 환경, Senior training center, edu-cation accessibility	**'지원'**과 **'접근성'**을 강조. 밝고 편안한 교실에서 중장년 학습자들이 강사(멘토)와 함께 웃으며 PC/태블릿을 다루는 모습. '디지털배움터' 같은 공공 교육 환경 이미지가 적합합니다.

Slide #	슬라이드 제목	이미지 검색 키워드(한/영)	이미지 활용 방향 및 팁
8	AI로 인생 2막을 연 사람들	중장년 AI 성공 사례, AI senior success story, midlife career pivot AI	**'변화'**와 **'새로운 도전'**을 보여주는 인물 사진. 노트북 앞에서 기획서나 AI 생성 결과물을 보고 만족하는 표정, 또는 새로운 취미 활동(글쓰기, 그림 그리기 등)에 AI 툴을 활용하는 모습.
9	중장년층 AI 교육, 사회 전체의 미래 투자입니다.	미래 비전, 함께 성장, Intergenerational learning, future vision	'함께' 나아가는 비전 제시. 다양한 연령대의 사람들이 손을 맞잡거나 함께 미래를 바라보는 이미지, 또는 세대 간 화합을 상징하는 밝은 색상의 추상적인 그래픽.
10	감사합니다. (Q&A)	깔끔한 배경 이미지, 감사합니다 심플, Thank you clean background	발표 자료를 깔끔하게 마무리할 수 있는 단색 배경 또는 발표장 분위기를 나타내는 심플하고 전문적인 이미지.

03 구글 슬라이드에 내용을 입력한다. 이미지를 검색할 경우 저작권 여부를 확인한다. 슬라이드에서 [삽입]→[이미지]→[웹 검색]을 선택하고 제미나이가 만들어준 키워드를 입력하면 구글에서 저작권을 필터링한 이미지를 바로 검색하고 삽입할 수 있다.

04 이번에는 디자인을 개선해보자. '질문 증강' 기법을 프롬프트에 넣었다. 질문 증강은 AI가 사용자에게 질문을 하도록 해서 원하는 결과물을 더 잘 만들기 위한 정보를 스스로 채워 넣게 하는 방식이다.

나

이 슬라이드의 세부 디자인 요소를 질문 증강을 통해 개선하려고 해. 나에게 질문을 제시해줘.

Gemini

제안하신 10페이지 프레젠테이션의 세부 디자인 요소와 시각적 효과를 개선하기 위한 **질문 증강(Question Augmentation)**을 제시해드립니다. 청중의 몰입도를 높이고 메시지를 더욱 명확하게 전달하기 위해 각 슬라이드의 핵심을 다듬는 데 집중했습니다.

프레젠테이션 디자인 개선을 위한 질문

메시지 전달력 및 일관성 (전체 슬라이드)

1. 톤앤매너: 슬라이드 전체의 **주요 색상(메인 컬러)**과 보조 색상을 무엇으로 설정하여 중장년층에게 신뢰감과 긍정적인 느낌을 줄까요? (예: 파란색/녹색 계열의 신뢰감, 주황색/노란색 계열의 활력)
2. 폰트: 가독성을 최우선으로 고려할 때, 제목과 본문에 사용할 가장 적합한 서체는 무엇이며, 폰트 사이즈와 굵기는 어떻게 통일할까요? (예: 고딕체 계열, 24pt 이상 유지)
3. 이미지 일관성: 슬라이드 3, 6, 8 등에서 사용될 인물 이미지는 **실사(사진)**로 통일할까요, 아니면 친근함을 더할 수 있는 일러스트/아이콘 스타일로 통일할까요?

슬라이드별 세부 디자인 개선

Slide 1. 표지:

4. 제목 강조: 'AI로 제2의 도약을 시작하다'라는 제목에서 **'제2의 도약'**을 가장 눈에 띄게 강조할 수 있는 시각적 기법(볼드, 컬러, 언더라인)은 무엇일까요?

Slide 2. 도입:

5. 위기 시각화: '디지털 격차 심화 우려'를 나타내는 부분에, 단순한 그래프 대신 **'점점 벌어지는 두 영역'**이나 **'뒤처지는 실루엣'**과 같은 비유적 이미지를 어떻게 배치해야 청중의 공감을 극대화할 수 있을까요?

Slide 3 & 4. 핵심 이유:

6. 핵심 포인트 표현: '직무 경쟁력 강화', '재취업 기회 확대'와 같은 핵심 텍스트를 단순한 불릿 포인트 대신 **AI 관련 아이콘이나 다이어그램(예: 퍼즐 조각 결합)**과 연결하여 시각적 인지 효과를 높일 수 있을까요?

Slide 5. 3단계 모델:

7. 흐름도 디자인: **'이해 $\rightarrow$ 활용 $\rightarrow$ 적용'** 의 3단계 흐름도를 수평적 나열 대신 계단식 상승이나 나선형 성장 형태로 디자인하여 '발전'의 느낌을 강조할까요?

Slide 6. 시너지 강조:

8. 결합 표현: '경험 자산'과 'AI'의 결합 시너지를 표현할 때, 전통적인 **나무(경험)**와 미래적인 **회로(AI)**가 상호작용하여 새로운 **빛(결과물)**을 만들어내는 메타포를 사용할까요?

Slide 7. 교육 과제:

9. 실행력 강조: '눈높이 콘텐츠', '접근성 높은 환경', '지속적인 사후 관리' 세 가지 과제를 마치 건물을 지탱하는 기둥처럼 표현하여 안정감과 실행력을 부각할까요?

마무리 및 Call to Action

Slide 9. 결론:

10. 행동 유도 문구: 마지막 슬라이드의 핵심 메시지("AI 교육은 사회 전체의 미래 투자")를 뒷받침하기 위해 청중에게 가장 강력하게 동기 부여하고 행동을 촉구하는 한 문장을 어떻게 디자인하여 집중도를 높일까요? (예: 강조된 문구에 애니메이션 효과 추가 등)

위 질문들을 통해 슬라이드 디자인의 방향성을 구체화하고, 전달하고자 하는 메시지를 시각적으로 더욱 강력하게 만들 수 있습니다. 어떤 질문에 대해 먼저 답변해주시겠어요?

05 대화창에 제미나이의 질문에 대한 답을 써서 보내면 디자인 요소 개선안을 제시한다.

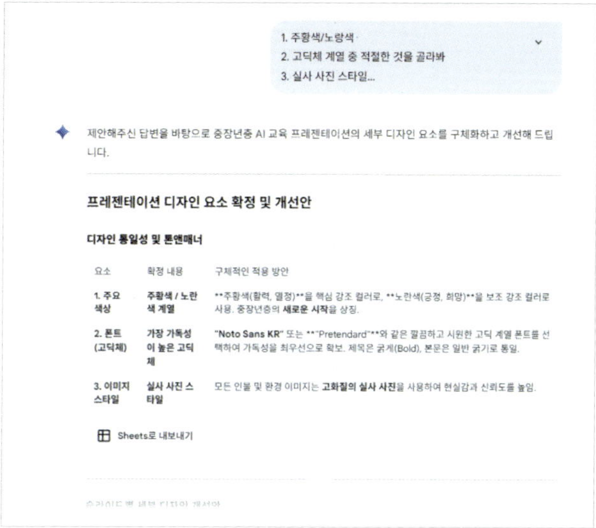

06 이 자료를 활용해 구글 슬라이드에서 제미나이와 채팅을 이어가며 슬라이드를 완성할 수 있고, 파워포인트를 열어 코파일럿과 함께 슬라이드를 만들어 볼 수 있다.

PPT 없는 웹 기반 프레젠테이션

굳이 파워포인트 슬라이드가 필요 없다면 앞서 작업하고 있던 제미나이에서 곧바로 웹 프레젠테이션 슬라이드를 만들 수 있다. 간단하게 아이디어를 공유하려는 목적이라면 시간이 걸리는 PPT보다 생성형 AI에 프롬프트를 넣어 직접 코드를 짜서 만들 수 있다.

01 앞에서 작업하던 제미나이와의 대화창에 프롬프트를 입력하면 HTML 코드와 디자인 요소를 반영한 커스텀 CSS 코드를 생성해준다.

나

> 지금 구성한 슬라이드 기획안을 HTML 웹 프레젠테이션으로 만들어봐.

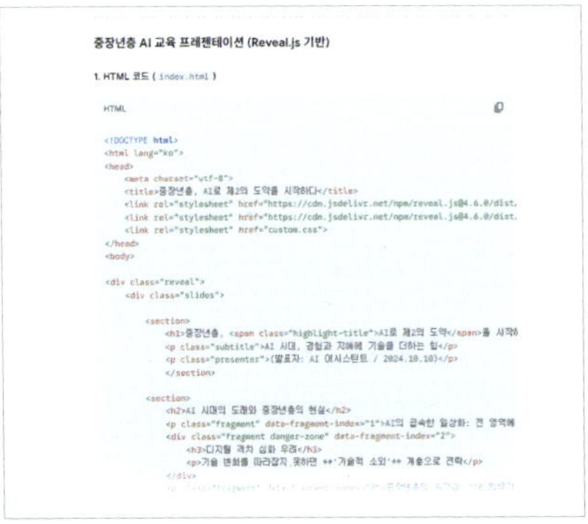

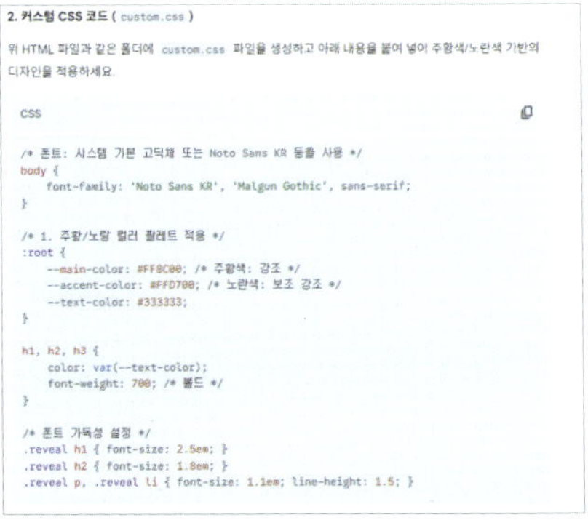

02 두 개의 코드를 각각 복사해서 메모장에 붙인 후 index.html, custom.css로 같은 폴더 안에 저장해 둔다.

03 저장된 index.html 파일을 찾아 더블 클릭하면 엣지나 크롬 브라우저에서 열린다.

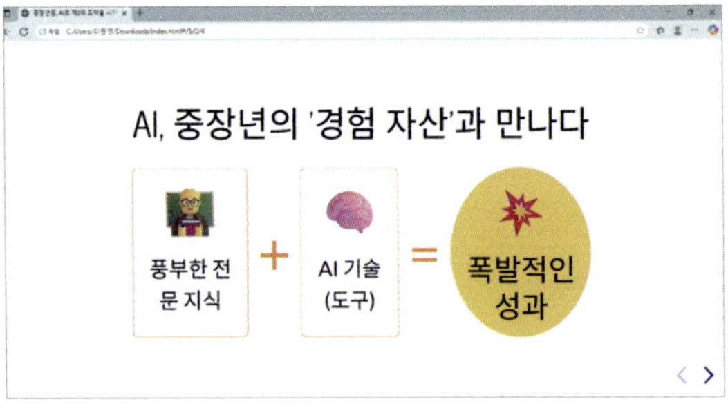

04 결과물을 보고 수정해야 할 부분을 다시 프롬프트에 넣고 코드 수정을 요청한다. 기본적인 코딩 지식이 있다면 직접 코드를 수정하거나, 이미지가 들어가야 할 부분에 실제 사용할 이미지 경로를 삽입할 수도 있다.

아이디어를 슬라이드로 만들어주는 유용한 도구들

아티팩트에서 아이디어 생성에서 슬라이드까지: 클로드

클로드는 다양한 방식으로 프레젠테이션 슬라이드를 직접 만들어볼 수 있는 유용한 도구다. 우선 아티팩트에서 아이디어 생성 단계부터 시작해 슬라이드를 완성할 수 있다. 앞서 제미나이나 챗GPT와 채팅을 진행하며 슬라이드의 구성안을 완성해내는 것처럼 클로드와도 짜임새 있는 슬라이드 기획을 진행할 수 있다. 프레젠테이션 슬라이드를 힘들이지 않고 만들 수 있는 훌륭한 수단이다.

여기서는 예시를 위해 앞서 작성했던 슬라이드 구성안을 입력하여 아티팩트로 프레젠테이션을 만들었다. 클로드가 자체의 아티팩트 기능을 활용해 바로 PPT 슬라이드를 만들 수 있다.

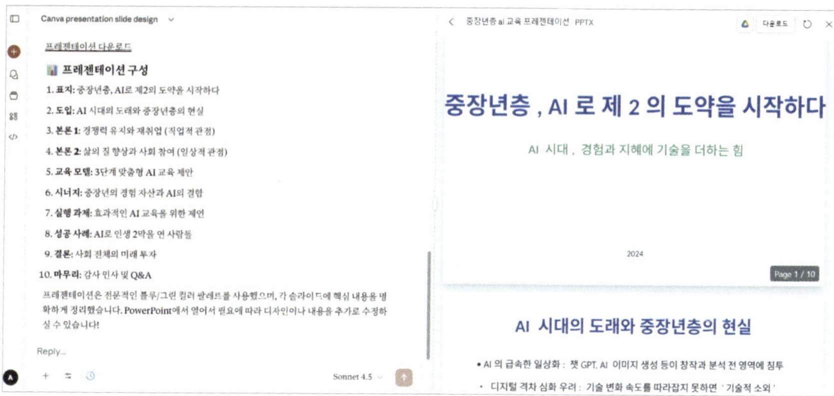

내용을 검토하여 수정을 진행할 수 있다. 여기서는 디자인 요소를 추가하는 간단한 프롬프트를 넣었다. 메인 컬러를 지정해주고, 원하는 페이지에 인포그래픽을 만들어서 다시 슬라이드를 생성해 줄 것을 요청했다.

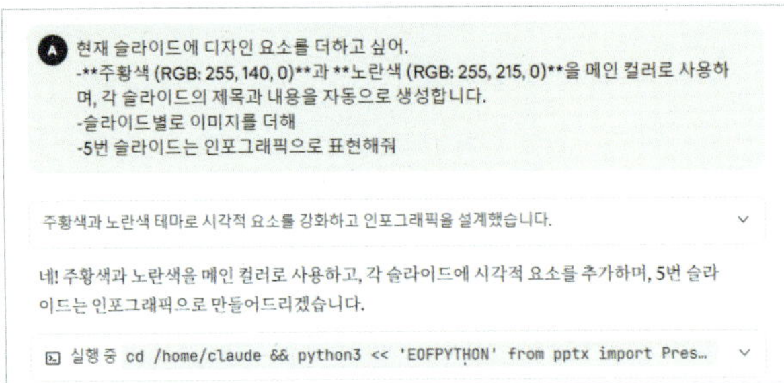

클로드가 작업을 위해 긴 코드를 생성하는 과정이 그대로 보인다. 작업이 마무리되면 옆에 다시 아티팩트 창이 열리며 완성된 PPT가 등장한다. 글씨와 이미지의 간격이 맞지 않는다거나 줄바꿈이 잘못돼 있는 경우들을 볼 수 있다. 파일을 다운로드하여 파워포인트 프로그램에서 열어 원하는 작업을 진행할 수 있다.

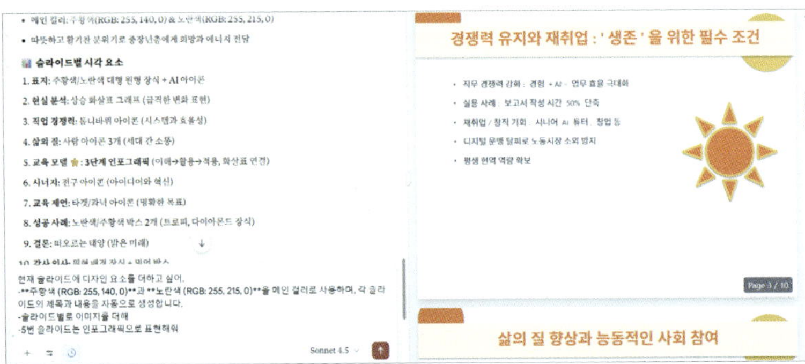

이번에는 코파일럿을 이용해 만들어진 슬라이드에 이미지를 입혀보자. 파일을 열면 만들어진 10장의 슬라이드가 보인다. 코파일럿을 불러와 슬라이드에 들어갈 적합한 이미지를 요청한다.

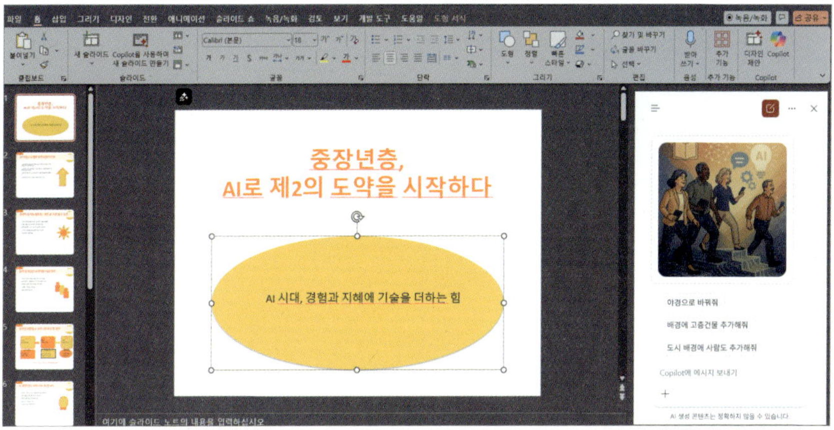

코파일럿이 이미지를 생성했다. 이미지를 복사해 슬라이드에 붙여넣고 글씨 크기나 디자인을 마음에 들게 수정했다.

커넥터로 노션과 연결할수 있는 코파일럿

앞서 3부에서 클로드의 커넥터 기능을 설명했다. 커넥터로 노션 프로그램에 연결을 해놓았는데, 아예 클로드에서 노션에 직접 슬라이드를 만들어놓으라고 지시를 했다.

이 경우 역시 아이디어 단계부터 구체적인 슬라이드 구성안을 완성해나갈 수 있다. 여기서는 앞서 만들어놓은 구성안을 활용하여 프롬프트에 지시를 내렸다.

#나의 노션에 아래 내용의 슬라이드를 만들어줘
##구성 내용은 첨부파일 참조
##**주황색 (RGB: 255, 140, 0)**과 **노란색 (RGB: 255, 215, 0)**을 메인 컬러로 사용

클로드가 첨부한 구성안을 읽고 디자인 지시 사항을 바탕으로 노션 슬라이드를 완성했다. 노션을 열어 보니 깔끔하게 정리된 슬라이드를 볼 수 있다. 노션에서 사람들과 슬라이드를 공유하거나 바로 열어서 필요한 작업을 진행할 수 있다.

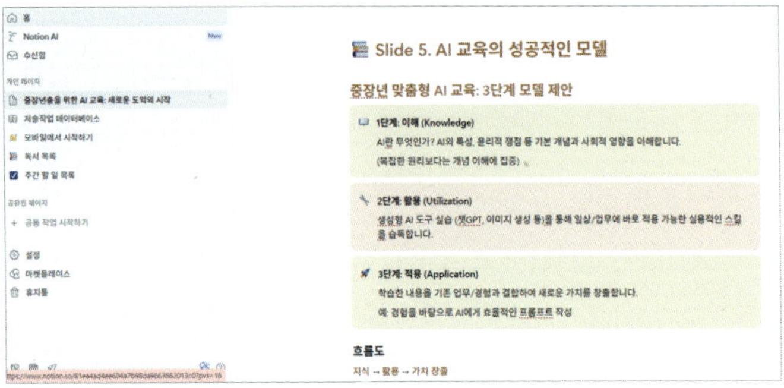

올인원 작업공간: 젠스파크

젠스파크(Genspark.ai)는 하나의 챗봇이 아니라 여러 AI 모델을 함께 작동시켜 하나의 플랫폼 안에서 텍스트, 이미지, 프레젠테이션, 영상, 음성까지 다양한 생성형 AI 기능을 활용할 수 있도록 개발한 '올인원 AI 작업 공간(All-in-One AI Workspace)'이다. 데이터 시각화, 텍스트 마이닝, 보고서 초안 작성 등 업무에서 많이 사용되는 기능들을 잘 할 수 있는 AI를 모아 하나의 팀처럼 꾸린 셈이다.

사이트에 접속하면 '커스텀 슈퍼 에이전트'를 비롯해 'AI 슬라이드', 'AI 시트', 'AI 문서', 'AI 개발자', 'AI 채팅', 'AI 이미지', 'AI 비디오' 등 여러 기능들이 마련돼 있고, 여러 모델들이 각자 특화된 역할을 맡아 실행한다. 이런 통합 기능은 콘텐츠 기획과 제작, 고객과의 직접 응대까지 폭넓은 범위의 업무를 수행할 수 있게 한다.

여기서는 슬라이드를 만드는 작업을 실행해보자. 채팅창 아래의 'AI 슬라이드'를 선택하면 다양한 슬라이드 템플릿을 찾아볼 수 있다.

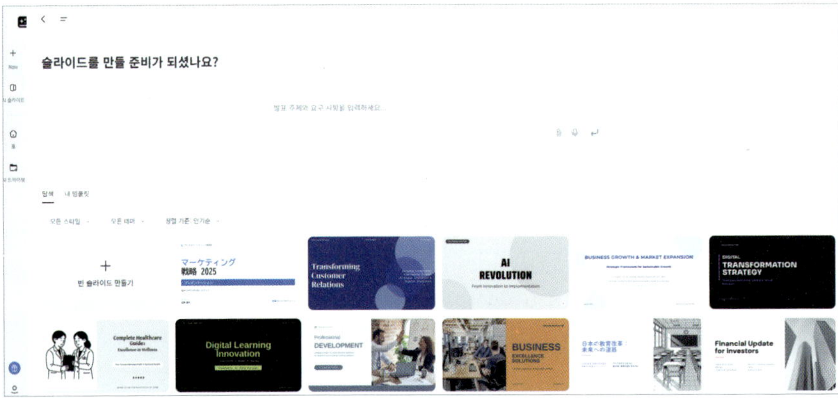

원하는 템플릿을 선택한 후 만들려는 슬라이드의 주제를 넣으면 선택한 템플릿과 유사한 스타일의 최종 제작물을 생성해낸다.

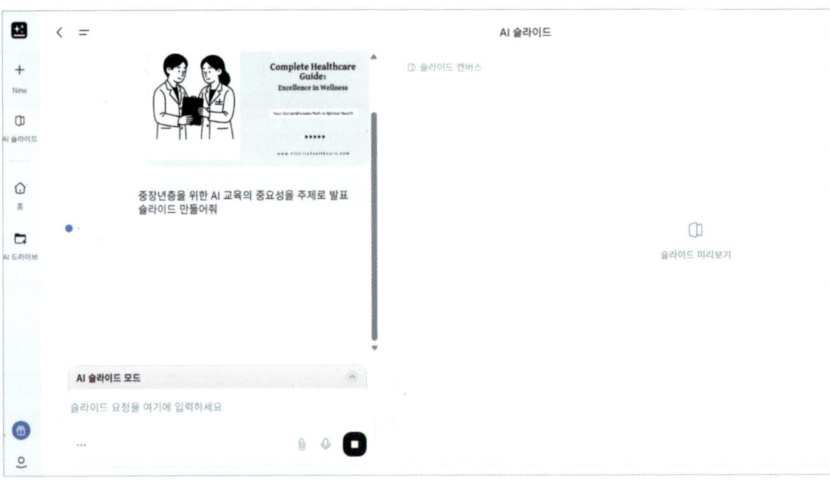

젠스파크가 슬라이드의 개요를 짜기 위해 자료를 수집한다.

처음에 프롬프트를 넣을 때 프레젠테이션의 구체적인 방향 등에 대해 질문을 넣으면 AI가 관련성이 더 높은 자료들을 찾아올 수 있다. 젠스파크가 구성을 마치면 슬라이드를 미리보기로 확인할 수 있다. 사용자는 AI와 채팅을 하며 내용을 보강하거나 수정할 수 있고, 이미지 등 필요한 자료를 사이트 내에서 직접 생성해가며 작업을 진행할 수 있다.

완성된 슬라이드는 PDF, PPT 등의 파일 형식으로 저장할 수 있으며, 템플릿으로 저장해 향후 프레젠테이션을 위해 디자인을 반복해서 사용할 수 있다.

특정 프로젝트의 슬라이드 등은 한 번 만들어놓고 디자인 요소들을 유지하면서 사용할 수 있어 반복해서 이뤄져야 하는 작업의 효율성을 높일 수 있다.

TIP AI에게 색깔을 정확하게 전달하는 방법

AI에게 내가 원하는 정확한 색깔을 어떻게 설명할까? 말로는 설명하기가 어렵다. 그래서 RGB 색상 코드를 사용하면 정확하게 원하는 색이 무엇인지 AI와 쉽게 소통할 수 있다. 앞서 슬라이드를 만들면서 프롬프트에 다음과 같은 지침을 넣었다.

"주황색 (RGB: 255, 140, 0)과 노란색 (RGB: 255, 215, 0)을 메인 컬러로 사용"

하지만 색의 정확한 RGB 코드를 모른다면 지침을 전달하기 쉽지 않다. 다음은 RGB 코드를 알아내는 방법들이다.

01 네이버 검색

검색창에 'RGB 색상표'를 입력한다. 색상 팔레트를 볼 수 있는데 원하는 색깔에 마우스 포인터를 올리면 옆에 RGB 코드가 나타난다.

02 HTML 컬러코드 (https://html-color-codes.info/)

이 사이트에서는 내가 이미지의 원하는 색상의 코드를 알아낼 수 있다. 가지고 있는 이미지를 업로드하거나 링크를 입력해 이미지를 띄운다. 이미지 안에서 원하는 색깔에 커서를 올리면 옆에 RGB 코드가 생성된다.

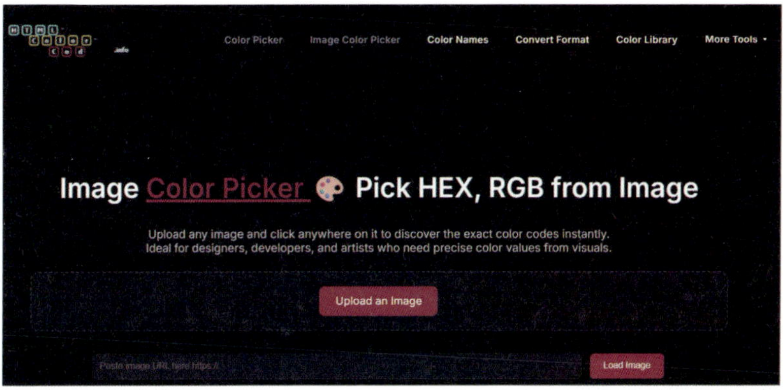

11

AI로 쉽게 만드는 이미지

어느 날 사람들의 카카오톡 프로필 사진에 일본 지브리 애니메이션 스타일의 동글동글한 이미지가 부쩍 늘기 시작했다. 2025년 3월 오픈AI가 챗GPT-4o에 이미지 생성 기능을 결합한 서비스를 내놓자 너도나도 유행처럼 자신의 사진을 애니메이션 스타일로 바꿔본 것이다. 처음 챗GPT와 함께 이미지 생성 모델인 Dall-E가 등장했지만, AI가 만든 이미지는 어딘가 어색하고 부자연스러웠다. 그러나 모델이 발전하면서 AI 생성 이미지는 훨씬 자연스러워졌고 적용할 수 있는 범위도 늘어났다. 일명 '지브리 프사' 열풍은 AI 이미지의 대중화를 보여주는 상징적 사건으로 평가된다.

2025년 8월 구글이 공식 출시한 이미지 생성 모델, 일명 '나노 바나나(Nano Banana)'는 AI 생성 이미지 시장을 또다시 끌어올렸다. 챗GPT와 마찬가지로 제미나이도 대화창 안에서 이미지 모델을 바로 사용할 수 있다. 사용자의 접근성이 월등하게 높아졌다. 추론 능력이 강화되어 세부적인 요소들이 사실적이고 정교하게 표현된다. 예를 들어 아침 풍경을 찍은 사진의 배경을 저녁 시간으로 바꿔달라고 요청하면 해의 위치나 그림자 등 함께 바꿔야 할 요소들을 결과물에 반영해준다.

이미지를 위한 프롬프트 기술

챗GPT로 이미지를 생성하기 위한 프롬프트

챗GPT나 제미나이 모두 기존의 대화창에서 텍스트 입력만으로 언제든 이미지를 바로 만들어낼 수 있다. 그러나 실제로 고품질의 이미지나 영상을 자동 생성하는 일은 생각만큼 쉬운 작업이 아니다. 우선 이미지 생성을 위한 프롬프트의 기술이 필요하다. 처음 소묘를 배우는 사람이 오랜 시간 연필로 선 그리는 연습을 하듯이 더 좋은 AI 이미지를 만들기 위해서는 다양하게 실험해보고 결과물을 수정해가는 경험이 쌓여야 한다. 또 이미지나 영상의 프롬프트는 영어로 입력했을 때 더 좋은 결과가 나오는 경향이 있다. 소라나 미드저니에서 사람들이 올린 이미지나 영상을 찾아보면 프롬프트도 함께 공유되어 있다. 프롬프트를 쓰는 감각을 빠르게 올릴 수 있는 방법이다. 또 GPTs나 Gem을 검색해보면 AI 이미지 생성을 위한 프롬프트를 도와주는 맞춤형 챗봇들이 다수 올라와 있다. 필요하다면 활용해보자.

다음으로 챗GPT로 이미지를 생성한 몇 가지 이미지 프롬프트의 예시다.

나

Golden sunrise over a tropical beach with palm trees standing on the side. Realism. 16:9 (황금빛 해돋이가 비추는 열대 해변, 옆으로 야자나무가 서 있다. 리얼리즘. 16:9)

ChatGPT

나

Instagram-ready realistic food photography of ragu pasta - Prototyping, 1:1 (인스타그램에 올리기 좋은 사실적인 라구 파스타 음식 사진- 프로토타이핑, 1:1)

ChatGPT

나

-Anatomical diagram of the human heart for a science class – Educational, 4:3 (인체 심장 해부도 과학 수업용 – 교육용, 4:3)

ChatGPT

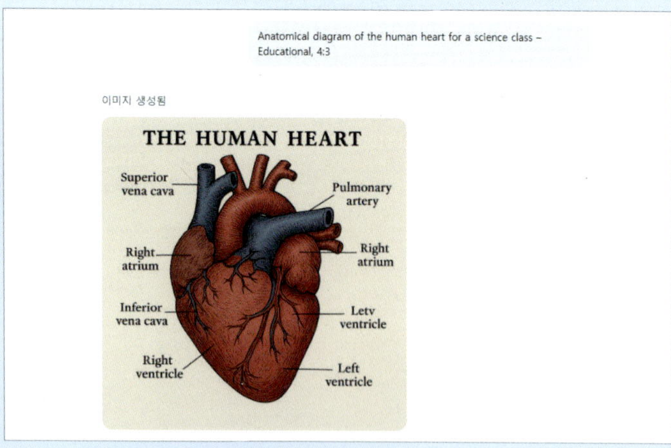

앞의 프롬프트 예시에서 볼 수 있듯이, 내 의도대로 정확히 이미지가 생성되려면 1) 배경이나 분위기 등을 구체적으로 묘사하고, 2) 원하는 스타일과 3) 이미지의 비율을 알려줘야 한다.

[표] 이미지 생성에 유용한 용도별 표현 방법

용도	표현
1. 스타일 및 분위기 표현	realism(사실주의), artistic(예술적), anime(애니메이션), cinematic(영화적), fantasy(판타지), watercolor(수채화), futuristic(미래적), cyberpunk(사이버펑크), surreal(초현실주의), minimalist(미니멀리즘), pastel gradient(파스텔톤 그라데이션)
2. 구도 표현	wide shot(와이드샷), close-up(클로즈업), portrait(초상화), top-down angle(탑뷰), front view(정면샷), profile shot/side shot(측면샷)
3. 매체 표현	education(교육용), prototyping/mockup(모형, 시연용), digital art(디지털 아트), YouTube thumbnail(유튜브 썸네일), Instagram-ready(인스타그램용), textbook(교과서).

이미지를 올려서 챗GPT로 프롬프트 추출하기

만들려는 이미지와 유사한 이미지를 챗GPT 등에 올려서 프롬프트를 뽑을 수도 있다. 미드저니에서 쓰이는 'describe' 기능인데, AI가 생성해준 프롬프트를 변형해서 자신이 원하는 결과물을 좀 더 쉽게 생성해낼 수 있을 것이다.

챗GPT 채팅창에 사진을 업로드한 후 다음의 프롬프트를 입력한다

나

"Describe the prompt of the uploaded image"

위의 이미지에 대해서 챗GPT가 역으로 다음의 프롬프트를 제안했다. 다음의 프롬프트를 입력했을 때 위의 이미지가 생성될 것이라고 판단한 것이다.

ChatGPT

"A glowing cosmic flower blooming in deep space, with radiant petals made of light and energy. The center emits a warm golden glow surrounded by purple and pink hues, sparkling particles floating around like stardust. Cinematic lighting, ultra-realistic, ethereal, and otherworldly atmosphere."

(빛나는 우주 꽃이 깊은 우주 공간에 피어나고, 빛과 에너지로 이루어진 화려한 꽃잎을 지녔다. 중심부에서는 따뜻한 황금빛 광채가 퍼져나가고, 보라색과 분홍빛이 그 주위를 감싸며, 반짝이는 입자들이 별가루처럼 주변을 떠다닌다. 영화 같은 조명 효과, 초현실적이고 신비로우며 초월적인 분위기)

나노 바나나(Nano Banana)를 활용한 이미지 만들기

3D 피규어 이미지 만들기

2D 사진을 '3D 피규어 이미지'로 변환하는 것은 단연 나노 바나나를 화제의 중심에 올려놓았다. 화제의 나노 바나나를 활용해 모바일로 찍은 사진을 3D 피규어 이미지로 생성해보자.

01 모바일에서 제미나이를 열고 아래 채팅창의 [도구]를 클릭하면 바나나 아이콘의 [이미지 생성] 기능을 찾을 수 있다. [이미지를 만들어 보세요]를 선택한다.

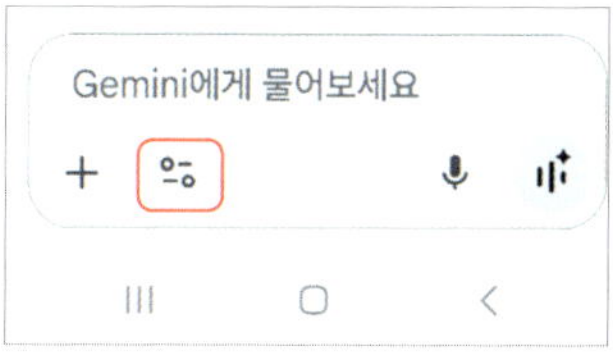

02 [+] 아이콘을 클릭한다. 피규어 이미지로 만들어 보고 싶은 사진을 업로드한다. 앨범에 저장된 사진을 올리거나 현장에서 직접 찍어서 올려도 된다. 잡지책에 있는 골프 선수의 사진을 찍어서 올려봤다.

03 사진이 업로드되면 프롬프트를 넣는다. 사용한 프롬프트는 다음과 같다.

나

Transform the photo into a collectible painted PVC figure with glossy clear coat, product photography look, on a display stand next to its package box, studio softbox lighting and subtle rim light, natural contact shadow, shallow depth of field, 50mm lens look. It is on a kitchen table.
(사진을 광택 코팅 처리된 수집용 페인트 PVC 피규어로 변환합니다. 제품 사진 같은 느낌으로, 패키지 박스 옆에 디스플레이 스탠드 위에 놓여 있으며, 스튜디오 소프트박스 조명과 은은한 림 라이트, 자연스러운 접촉 그림자, 얕은 심도, 50mm 렌즈 느낌을 구현합니다. 주방 식탁 위에 놓여 있습니다.)

TIP

이보다 간단한 프롬프트로도 피규어 사진 생성은 가능하지만, 정확하게 원하는 구도나 배경 이미지가 있다면 하나하나 구체적인 설명을 넣어야 한다.

04 다음과 같이 프롬프트에 따라 이미지가 3D 피규어 모양으로 생성된다.

오래된 흑백 사진을 컬러 사진으로 바꾸기

제미나이를 비롯한 생성형 AI를 활용하면 오래된 흑백사진의 화질과 사진 품질을 개선할 수 있으며, 컬러 사진으로도 변환이 가능하다. 방법을 알아보자.

01 챗GPT에 같은 방법으로 사진을 업로드하고 프롬프트를 입력해보자.

나

사진의 품질을 개선하고 최신 컬러 사진으로 만들어줘.

02 간단한 프롬프트만으로 품질을 개선하고 컬러 사진으로 변환했다.

사진의 앵글을 바꿔보기

사진의 품질을 개선하고 색을 바꾸는 것뿐 아니라 사진의 전체적인 앵글도 변환이 가능하다.

01 챗GPT에 같은 방법으로 사진을 업로드하고 프롬프트를 입력해보자.

나

Transform this photo from a top-down angle. (이 사진을 위에서 아래로 내려다보는 각도로 변환하세요.)

02 위에서 아래로 내려보는 각도로 변환되었다.

03 02에 이어서 '꽃무늬가 들어간 핑크빛 테이블보를 깔아달라'는 수정 요청을 한다.

나

Place a pink floral tablecloth on the table.

캐릭터의 일관성을 유지하며 다른 배경에 합성하기

이미지를 생성한 후에 활용하기 위해서는 이미지의 일관성을 유지하는 게 중요하다. 일관성을 유지하면서 배경이나 모양 등을 변형해보자.

01 생쥐 사진을 주고 원하는 배경 속 이미지로 바꿔줄 것을 요청했다.

나

> Generate an image based on the uploaded photo of a highly realistic superhero photo. The photo is taken outdoors and the mouse is flying high above a city. (업로드된 사진을 바탕으로 초현실적인 수퍼 히어로 사진을 생성하세요. 사진은 야외에서 촬영되었으며 생쥐가 도시 위를 높이 날고 있습니다.)

02 겁먹은 표정의 생쥐가 수퍼 히어로에 걸맞게 결연한 표정으로 바뀌어 있다.

제품 이미지 만들기

기존의 이미지를 활용해 완성된 제품 이미지로 변형해보자.

01 패턴으로 사용할 이미지를 업로드한다.

02 다음의 프롬프트를 입력해 이미지를 소파 제품 사진으로 만들어보자.

나

Generate a mockup front-facing shot of a 4-seater sofa with the pattern in the uploaded photo. The photo will be used for a product brochure. (업로드된 사진의 패턴을 적용한 4인용 소파의 정면 모형 사진을 생성해주세요. 해당 사진은 제품 브로슈어에 사용될 예정입니다.)

12

AI로 쉽게 시작하는 스토리 창작

제미나이로 그림 동화책 만들기

제미나이의 맞춤형 챗봇인 Gem의 실험 버전으로 그림과 이야기가 함께 들어간 맞춤형 스토리북을 만드는 기능이다. 10페이지의 짧은 그림책을 생성하며 오디오로 완성된 책을 읽어주는 것까지 가능하다. 아이를 위한 짧은 그림책으로 만들 수 있고, 기업의 브로슈어, 안내 책자 등 다양하게 활용이 가능하다. 다만 2025년 12월 기준 유료 버전인 Pro 이상에서만 사용할 수 있다.

Gems로 그림동화책 만들기

01 제미나이를 열고 왼쪽 사이드바의 [Gems 탐색하기]를 클릭한다. 구글이 사전 제작한 공유 Gem 중에 실험 버전으로 올라와 있는 [Storybook]을 클릭한다.

02 프롬프트에 만들고 싶은 동화책의 내용을 입력한다. 예시로 올라와 있는 프롬프트를 시험삼아 입력해봤다.

나

> 7살 아이는 할머니 집에서 자고 싶어 하지 않아요. 아이가 할 수 있도록 Storybook을 만들어 주세요.

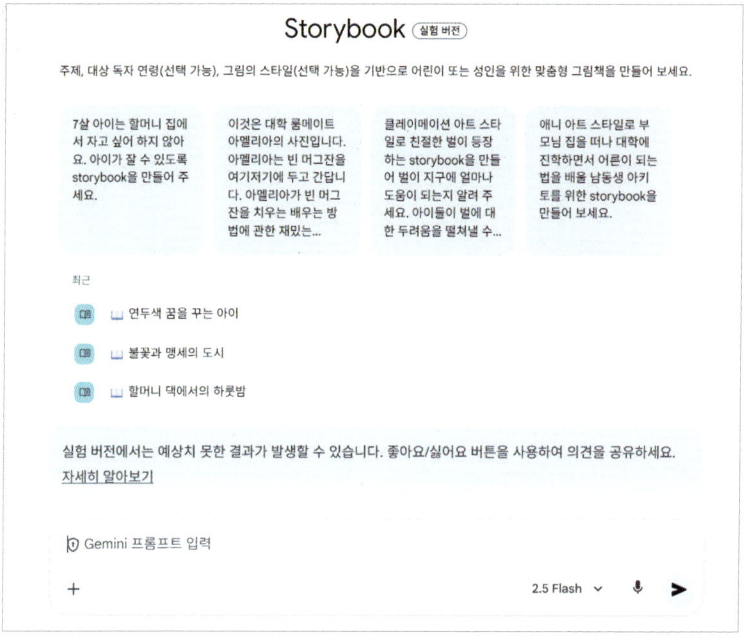

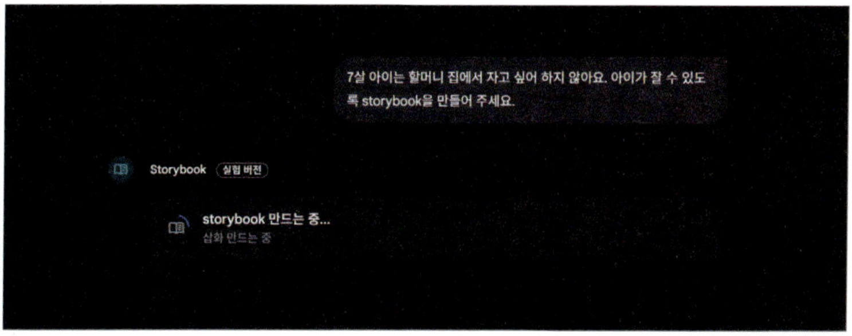

03 그림이 담긴 10페이지 분량의 동화책이 완성됐다. 오른쪽 상단의 [듣기] 버튼을 선택하면 오디오로 책의 내용을 들을 수 있다. 음성의 톤도 선택할 수 있다.

04 수정할 부분을 프롬프트로 요청한다. 여기서는 주인공을 '7살 여자아이로 바꾸고 할머니 댁을 한국의 시골 한옥으로 그려줄 것'을 요청했다. 그림이 달라진 것을 볼 수 있다.

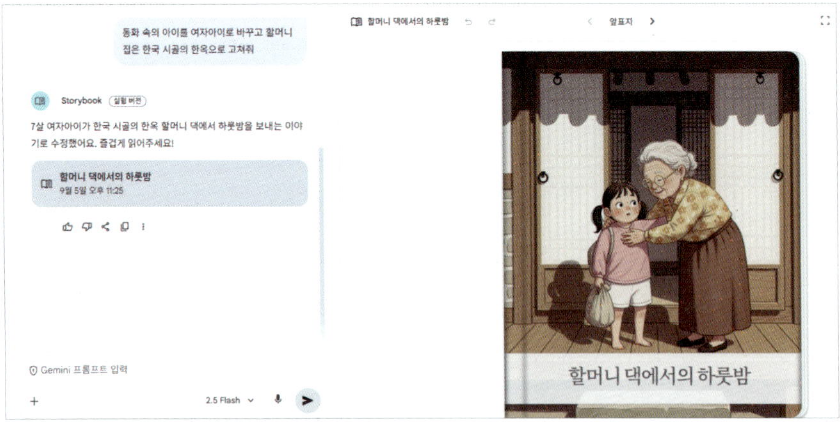

05 완성된 동화책을 저장하기 위해 오른쪽 상단의 [프린터] 아이콘을 클릭한다. 스토리북 생성이 진행되며 1~2분 정도 후 미리보기가 생성된다. 바로 출력을 하거나, 대상을 [PDF로 저장]을 선택하면 PDF 파일로 저장할 수 있다.

실물 사진을 캐릭터로 만들어 스토리북 만들기

이번에는 아이의 사진을 첨부하여 아이를 주인공으로 한 짧은 스토리북을 만들어봤다.

나

#목표: 사진 속 아이를 주인공으로 한 청소년 성장 동화를 만들어줘.
#지침
- 수채화풍으로 스토리북을 만들어
- 입시 스트레스로 힘들어 하는 아이에게 따뜻한 격려의 메시지를 담을 것
- 용기를 갖고 자신의 꿈을 펼치기를 당부하는 메시지도 담아

프롬프트에 구체적인 스토리를 담지 않았지만, AI가 입시로 힘들어하던 십대 소녀가 용기를 갖고 자신의 꿈에 도전하는 이야기를 입혀서 그림책을 완성했다.

스토리북은 다양한 방식으로 활용이 가능하다. 위의 예시처럼 아이를 주인공으로 한 그림책을 만들거나 가족 여행 사진을 넣은 짧은 여행 기록 책자를 만들어 볼 수도 있다. 또 수채화나 유화, 좋아하는 애니메이션 등 다양한 스타일의 삽화 구현도 가능하다. 소기업의 홍보 브로슈어, 그림 설명이 들어간 안내 책자나 교육용 책자 등 생각해 볼 수 있는 용도도 무궁무진하다. 만들어진 스토리북을 저장한 후 2차 가공을 통해 짧은 유튜브 영상이나 인스타그램 등 다른 매체에서의 활용도 가능할 것이다.

새로운 이야기 만들기

생성형 AI가 질문에 답을 주고 자료를 요약하고 종합해 보고서를 능숙하게 써내려가지만 캐릭터들이 다양한 사건 속에서 울고 웃는 이야기도 잘 만들어낼 수 있을까? 생성형 AI는 방대한 문학 자료를 학습해 패턴을 분석하고 장르별 플롯과 사건의 구조, 문체 등을 파악해 소재에 어울리는 이야기와 등장

인물들을 구성해낼 수 있다. 창의적인 글쓰기에서도 훌륭한 아이디어 파트너가 될 수 있는 것이다. 예를 들어 "미래 도시를 배경으로 한 사랑 이야기"라는 설정을 주면, AI는 로맨틱 코미디나 로맨스 스릴러, 디스토피아적 미래를 다룬 SF 소설 등의 플롯을 기반으로 사건과 인물에 대한 아이디어를 주고, 심지어 디지털 시대의 사랑이라는 주제에 대한 다양한 해석까지도 제시할 수 있다. 분명 AI는 창작의 문턱을 낮추며 소설 쓰기는 엄두도 내지 못하던 사람들에게 새로운 가능성을 열어준다.

역사상 최고의 극작가로 불리는 셰익스피어를 모방해 스토리를 만들어보자. 대표적인 비극과 희극을 섞어서 새로운 플롯을 구성해봤다.

노트북LM으로 셰익스피어 희극 재구성하기

01 노트북LM의 '셰익스피어 희곡 선집' 노드북을 열고 다음과 같은 프롬프트를 넣었다.

나

#셰익스피어의 '로미오와 줄리엣'과 '헛소동'의 인물과 사건의 구성을 종합해서 새로운 이야기를 만들어.

- 배경은 원래의 극과 비슷한 곳으로 설정해.
- 이야기에는 셰익스피어가 사랑에 대해 보여주는 상반되는 태도에 대한 주제가 드러나야해.

여기서는 셰익스피어의 극을 모두 학습시켜 놓은 노트북LM을 활용해서 이야기 초안을 만들어봤다. 앞서 셰익스피어의 사랑에 대한 태도에 대한 분석을 시켜놓았기 때문에 연결해서 이야기 창작까지 진행해봤다. 챗GPT, 제미니, 클로드, 코파일럿 등 앞서 익힌 대표적인 생성형 AI 모두 새로운 이야기 만들기에 유용하게 활용할 수 있는 도구들이다.

02 노트북LM이 새로운 작품을 써줬다. 창작한 내용은 다음과 같다.

NotebookLM

셰익스피어의 작품들에서 사랑이 인간의 이성이나 사회적 제약을 압도하는 가장 강력하고 때로는 맹목적인 원동력이라는 주제 의식을 바탕으로, 비극적 충동과 희극적 기만의 요소를 융합한 새로운 이야기의 스토리라인을 다음과 같이 구성합니다.

새로운 스토리라인: 불꽃과 맹세의 도시 (The City of Fire and Vows)

이 이야기는 '베로나'와 유사하게 두 명문가 (카셀리 가와 몬텔리 가)의 오래된 증오와 명예를 다루면서도, '메시나'처럼 젊은 연인들의 재치와 기만을 통해 사랑의 본질을 시험합니다.

1. 배경 및 주요 인물

도시: 아르테미시아 (Artimisia) — 수 세기 동안 카셀리 가(家)와 몬텔리 가가 권력을 두고 대립해온 곳.

주요 인물:

- 발레리오 (Valerio, 몬텔리 가): 젊고 열정적이며, 사랑 앞에서 이성이 마비되는 인물. 그의 사랑은 맹목적인 "식욕(appetite)"에 가깝습니다.
- 비앙카 (Bianca, 카셀리 가): 아름답지만 냉정한 비극적 여주인공. 발레리오와 마찬가지로, 그녀의 사랑은 운명적이고 충동적입니다.
- 레오나르도 (Leonardo, 몬텔리 가): 발레리오의 사촌. 신랄한 재치를 가진 풍자주의자이며, 사랑과 결혼을 조롱합니다. (베네딕의 역할)
- 제노비아 (Zenovia, 카셀리 가): 비앙카의 사촌. 레오나르도와 마찬가지로 사랑을 경멸하며, 날카로운 독설로 무장합니다. (베아트리체의 역할)
- 돈 파울로 (Don Paulo): 카셀리 가의 불만을 품은 친척. 거짓과 기만을 통해 파멸을 유도하는 악당. (돈 존의 역할)

2. 제1막: 맹세와 조롱의 충돌

A. 숙명적인 만남 (로미오와 줄리엣)

발레리오와 비앙카는 가면무도회에서 처음 만나자마자 걷잡을 수 없는 사랑에 빠집니다. 그들의 사랑은 너무 강렬하여, 가문의 증오를 무시하고 비밀리에 "영원한 충실함"을 맹세합니다. 이들의 열정은 "이성(Reason)이

울부짖어도 맛보려 하는" 억제할 수 없는 식욕(appetite)처럼 묘사됩니다.

B. 사랑에 대한 조롱 (헛소동)
한편, 레오나르도와 제노비아는 서로를 향해 쉴 새 없이 "말의 검"을 겨누며, 사랑에 빠진 이들을 "바보들"이라 칭합니다. 레오나르도는 여인의 애정을 "변덕스럽고 일관성 없는" 것으로 여기며, 영원히 독신으로 살겠다는 서약에 가까운 공언을 합니다.

C. 화해의 시도와 악당의 개입
두 가문은 긴 싸움에 지쳐 평화를 모색하고, 화해의 상징으로 발레리오와 비앙카의 약혼(가짜 약혼)을 공식 발표합니다. 그러나 돈 파울로는 이 화해를 증오하며, 이 "왕국의 평화가 위태로울" 것이라고 선언합니다.

3. 제2막: 기만과 맹목적인 충동

A. 레오나르도와 제노비아의 '미숙한 사랑'
돈 파울로는 레오나르도와 제노비아가 서로를 사랑하지만, 자존심 때문에 인정하지 못한다는 점을 이용합니다. 그는 친구들을 통해 레오나르도에게 제노비아가 "사랑의 고통 때문에 곧 죽을 것"이라고 믿게 만들고, 제노비아에게도 똑같이 전합니다. 이들은 사랑에 대한 조롱을 철회하고, 어색하게나마 상대방을 구원하기 위해 사랑을 고백하려는 "유쾌한 미숙함"(wanton as a child, skipping and vain)에 사로잡힙니다.

B. 발레리오와 비앙카의 '비극적 기만'
돈 파울로는 발레리오의 맹목적인 열정을 파괴하기 위해, 비앙카가 다른 남자와 (실제로는 하녀가 대신한 침실 기만, Cymbeline의 포스투머스와 유사한 상황을 연상) 만나는 것처럼 보이게 하는 거짓 정보를 흘립니다.
발레리오는 이 거짓말을 사실로 받아들입니다. 그의 맹목적인 사랑은 이제 맹목적인 질투와 복수심으로 변합니다. 그는 분노에 사로잡혀 "더 이상 사랑을 위한 맹세는 없을 것"이라 선언하며, 비앙카가 자신에게 "이중의 진실(a twofold truth)"을 깨뜨렸다고 믿고 그녀를 공적으로 비난하기로 결정합니다.

4. 제3막: 원동력으로서의 사랑의 승리

A. 공개적인 파멸과 진실의 대결
발레리오는 가문들의 화해 축제 자리에서 비앙카를 "가장 더럽고, 가장 아름다운"(most foul, most fair) 존재로 매도하며, 그녀의 명예를 훼손합니다.
충격에 빠진 비앙카는 실신하고, 가족들은 그녀가 죽었다고 거짓으로 발표합니다 (히어로의 가짜 죽음과 유사). 발레리오는 비앙카의 "죽음" 앞에 서야 비로소 자신의 "강력한 열정"(strong passion)이 기만에 희생되었음을 깨닫고, **극심한 후회와 광기(Madness)**에 빠집니다. 그의 후회는 그를 움직이는 가장 강력한 원동력이 됩니다.

B. 기만의 해체와 희극적 전환

이때, 레오나르도와 제노비아의 하인들 (어설픈 관리들, 도그베리와 버지스와 유사한 캐릭터들)이 돈 파울로의 "거짓 보고"(false report)를 포착하고 진실을 밝혀냅니다. 그들의 어설픈 정의(justice)는 "악당"(villain)이 행한 거짓말을 드러냅니다.
레오나르도와 제노비아는 이 비극적인 순간, 사랑이 이성이나 명예보다 훨씬 강력한 힘임을 깨닫습니다. 레오나르도는 자신이 조롱했던 **'사랑' 이야말로 인간을 행동하게 만드는 유일한 '원동력'(Motive)**임을 인정하고, 제노비아를 향한 자신의 "부정"(falsehood)이 "은총"(grace)으로 바뀌어 진실한 사랑으로 나아가야 함을 깨닫습니다.

C. 최종 조화

진실이 밝혀진 후, 비앙카는 죽은 척하는 상태에서 돌아오고 (희극적 결말), 발레리오에게 자신의 사랑이 기만과 죽음을 이겨낸 가장 큰 동력이었음을 증명합니다.
결국 이 이야기는 사랑의 맹목적인 힘(비극적 열정)이 파멸을 초래했으나, 그 파멸 직전의 후회와 각성(다시금 사랑을 향한 강렬한 충동) 덕분에 사회의 조화(결혼)를 이룬다는 셰익스피어적 결론으로 끝납니다. 두 쌍의 커플은 각기 다른 방식으로 사랑의 강력한 원동력에 굴복하며, 카셀리 가와 몬텔리 가의 영원한 평화를 이룹니다.

등장인물들이 오해 속에서 힘든 시간을 보내지만 결국 사랑의 힘으로 극복한다는 이야기의 기본 틀이 완성됐다. 이런 식으로 AI가 사건의 구성과 인물의 구조도 아이디어를 주면 사용자가 이를 기반으로 새로운 이야기를 완성해낼 수 있다.

생성한 스토리를 다른 매체로 재구성하기

이번에는 AI가 만들어준 스토리 개요를 바탕으로 다른 매체에 사용할 수 있는 이야기로 편집을 해보자.

01 작성한 개요를 저장한 후 챗GPT에서 영상이나 스토리북으로 구성하기에 적합하게 다듬어줄 것을 요청했다.

02 챗GPT는 다음과 같은 결과물을 내놓았다.

ChatGPT

사용자님의 요청에 따라, 셰익스피어의 '사랑은 이성을 압도하는 강력한 원동력'이라는 주제의식을 중심으로, 로미오와 줄리엣의 격렬한 비극성과 헛소동의 유쾌한 기만극을 융합한 청소년용 스토리북 "불꽃과 맹세의 도시 (The City of Fire and Vows)"의 장면 구성을 제시합니다. 이 스토리북은 사랑의 맹목적인 광기(비극)와 유쾌한 미숙함(희극)이 어떻게 공존하며 결국 조화에 이르는지를 보여줍니다.

장면 번호	장면 제목 및 내용	셰익스피어적 주제 및 인용 근거
장면 1	몬텔리와 카셀리의 오래된 증오, 도시 아르테미시아의 두 가문 적대 관계 소개. 발레리오(몬텔리)의 사촌 레오나르도와 비앙카(카셀리)의 사촌 제노비아가 사랑은 "어리석음(folly)"이라며 독설. 레오나르도는 "대부분의 우정은 거짓이고, 대부분의 사랑은 단순한 어리석음(mere folly)"이라 주장.	사랑에 대한 냉소와 경멸: 겉으로는 사랑을 조롱하지만, 날카로운 말다툼이 애정의 신호탄임을 암시.

장면 2	가면 아래 멈출 수 없는 열정. 가면무도회에서 발레리오와 비앙카가 첫눈에 사랑에 빠짐. 만남이 격렬해 가문의 증오도 잊게 됨. "뜨거운 성질이 차가운 규율을 뛰어넘는다(a hot temper leaps o'er a cold decree)" 포셔의 말처럼, 이성을 마비시킴. 비밀리에 영원한 충실함을 맹세.	맹목적이고 억제 불가능한 사랑: 사랑이 이성을 압도하는 원동력. "꿈결처럼" 모든 것이 이중으로 보이는 착각 속에서 시작됨.
장면 3	사랑의 미숙함을 향한 '유쾌한 함정'. 발레리오와 비앙카 약혼 소식에 레오나르도와 제노비아는 사랑을 조롱. 친구들이 서로 사랑하도록 유도. "사랑의 고통으로 곧 죽을 것"이라는 거짓 보고를 듣고 자존심을 꺾고 사랑을 고백. 레오나르도는 '여인의 미숙한 사랑'(wanton as a child)에 빠졌음을 깨달음.	희극적 기만과 맹세의 파기: 사랑을 경멸하던 이들이 거짓된 보고를 통해 사랑의 힘에 굴복하는 순간을 유쾌하게 그림.
장면 4	악당의 맹독: 거짓된 증거 악당 돈 파울로가 발레리오의 맹목적 사랑을 이용해 파멸을 꾀함. 비앙카의 하녀를 이용해 비앙카가 다른 남자와 밀회하는 것처럼 꾸밈. 발레리오는 질투심에 사로잡혀 사랑이 파괴적 광기로 변함. "모든 사랑의 문을 잠그겠다"고 맹세.	사랑의 취약성과 질투: 사랑이 "맹목적인 바보(blind fool, Love)"와 같아 판단력을 잃고 '분노에 먹혀 버린'(eaten up with passion) 상태에 빠지는 비극적 요소.
장면 5	공개적인 수치와 비앙카의 '죽음'. 발레리오가 가문 화해 축제에서 비앙카를 "가장 더럽고, 가장 아름다운(most foul, most fair)" 여성이라 비난, 거부. 비앙카는 충격으로 쓰러져 '죽은' 것으로 알려짐. "그의 격렬한 분노(his present wrath)"가 통제력을 잃었음을 보여줌.	파멸적인 충동: 사랑의 힘이 극단적 질투로 변질되어 명예와 조화 파괴. 비극적 오해의 절정
장면 6	엉터리들의 진실 발견 어설프지만 성실한 마을 치안관들이 (도그베리처럼) 돈 파울로와 그의 공범들이 **"거짓 보고(false report)"**를 꾸몄다는 증거를 포착한다. 그들의 어설픈 문체와 부정확한 언어 (예: '구원(salvation)'을 '고통(suffer)'과 혼동) 속에서 진실이 드러난다.	희극적 구원: **"가장 어리석은 것들(silliest stuff)"**로 여겨졌던 인물들이 아이러니하게도 비극을 해결하는 열쇠가 됩니다.

장면 7	광기와 후회, 그리고 각성 비앙카의 죽음 소식에 발레리오는 자신이 파울로의 계략에 놀아났음을 깨닫고 극심한 죄책감과 광기에 빠진다. 그는 자신의 **"맹목적인 욕망"(sharp appetite)**을 저주한다. 그는 오셀로처럼 " 현명하게 사랑하지 않았지만 너무나 잘 사랑했던" 자신의 어리석음을 통탄한다. 이 깨달음은 그를 새로운 행동(화해, 구원)으로 이끄는 강력한 원동력이 된다.	원동력의 전환: 사랑의 힘이 파멸(질투)에서 **구원(후회와 속죄)**으로 전환됩니다. 루크리스의 시에서 타르퀸의 맹렬한 욕망이 "억제되지 않은 파도(uncontrolled tide)"처럼 묘사되듯, 발레리오의 감정 또한 통제 불능의 상태를 보여줍니다.
장면 8	새롭게 지어진 사랑의 조화 발레리오는 비앙카의 아버지에게 속죄하고, 비앙카는 죽은 척하는 상태에서 돌아와 용서한다. 레오나르도와 제노비아는 더 이상 사랑을 조롱하지 않고, 서로에게 **"정직한 케시(honest kersey)의 '예'(yeas)"**를 맹세하며, 지성의 허영심이 **사랑의 강렬한 충동(passion)**에 굴복했음을 인정한다. 최종적으로 히멘(결혼의 신)의 축복 아래 네 쌍의 커플이 맺어지며, **"쓰라린 과거가 지나가니, 달콤함이 더욱 환영받는다(The bitter past, more welcome is the sweet)"**는 메시지와 함께 조화로운 결말을 맺는다.	궁극적인 승리: 사랑이 시련을 극복하고 "처음보다 더 훌륭하고, 훨씬 더 강해지며, 훨씬 더 위대하게"(Grows fairer than at first, more strong, far greater) 재건된다는 셰익스피어 희극의 전통적인 주제를 강조합니다.

생성한 스토리를 바탕으로 스토리북 생성하기

제미나이의 스토리북 Gem을 열어 채팅창에 앞의 스토리라인을 첨부하고 스토리북을 생성했다.

배경과 인물의 조건 등을 바꾸면 전혀 다른 이야기들이 완성된다. 오랜 세월 읽히는 작품들의 플롯을 기반으로 누구나 흥미진진한 이야기들을 만들어낼 수 있다.

13

AI로 쉽게 완성하는 영상

텍스트로 영상 만들기 [유료]

제미나이의 Veo3를 활용해 짧은 영상을 만들어보자. Veo3는 기존의 AI 영상 생성 모델에 비해 인물들의 표정이나 동작이 훨씬 사실적이고 대사도 자연스럽다. 다만 유료 버전인 Pro 이상에서만 사용할 수 있으며, Pro 사용자도 8초 분량의 영상을 하루 3개까지만 만들 수 있다.

01 채팅창의 [도구]→[Veo로 동영상 생성]을 선택한다.

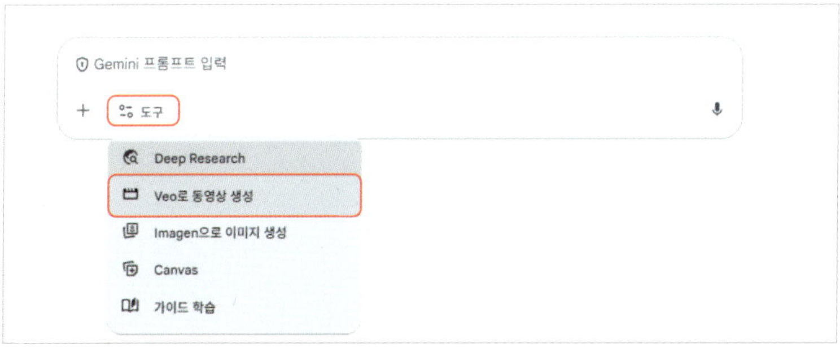

02 다음의 프롬프트를 입력한다. 여기서는 수업에 사용할 짧은 상황극을 연출해봤다. 프롬프트에 전체적인 스토리라인을 먼저 제공한 후, 구체적인 화면 구성과 대사를 넣었다. 아래 프롬프트는 영어로 작성한 것을 한국어로 번역한 것이다.

나

이것이 스토리 라인입니다. "당신은 대형 의류 체인점의 관리자이며, 현재 회사가 직면한 문제를 해결해야 하는 임무를 맡게 되었다. 현재 당신의 회사는 두 종류의 경쟁자로 인해 어려움을 겪고 있다. 첫째 경쟁자는 매우 저렴한 가격으로 월마트와 같은 할인점에 입점해 있다. 당신의 회사는 국내 공급업체에서 고품질의 원단을 구매해 옷을 제조하지만 당신의 경쟁업체는 해외에서 저가의 재료를 구입해 가격을 크게 낮추고 있다. 둘째 경쟁자는 소규모 부티크에 고가의 디자이너 의류를 납품하는 회사이다. 당신 회사는 중간에서 경쟁력을 잃고 있다.

영상은 남성 매니저가 의류 매장에 서 있는 모습으로 시작됩니다. 그는 걱정스러운 표정으로 깊이 생각에 잠겨 있습니다. 다음 장면은 월마트 내부에 진열된 옷을 보여줍니다. 'Low price'라는 표지판이 붙어 있습니다. 다음 장면은 고급스러운 부티크 매장을 보여줍니다. 마지막 장면은 다시 의류 매장의 매니저로 돌아옵니다. 그는 정면을 응시하며 묻습니다. "가격을 낮추기 위해 해외에서 구매해야 할까? 아니면 고급 시장에 집중해야 할까?"

03 요청한 영상의 내용이 8초라는 짧은 분량에 넣기에는 많았지만 굉장히 밀도 있게 구성해서 이야기의 큰 흐름은 놓치지 않았다. 영상 전체의 대사를 제공하지 않았음에도 프롬프트에 제공한 스토리라인을 기반으로 대사를 사용했으며, 목소리톤이나 발음도 매우 정확했다.

djusting_Video_Dialogue_for_High_End_Focus
00:00

Adjusting_Video_Dialogue_for_High_End_Focus
LOW
PRICE

이미지로 영상 만들기

OpenAI의 소라 역시 텍스트나 이미지만으로 고품질의 영상 제작이 가능하다. Veo3와 같이 프롬프트의 이해력이 높아지고 있으며 동작이나 대사가 자연스러워지고 있다. 영상 제작 도구들도 서로 경쟁을 거듭하며 빠른 속도로 발전하고 있다. 소라는 기본적인 영상 편집 기능이 제공되는 것이 Veo 모델과의 차이다. 유료 플랜인 Plus 구독자부터 사용할 수 있으며 최대 10초 분량, 최대 해상도 720p까지 이용할 수 있다.

소라에서 이미지를 활용해서 영상으로 만들기

01 소라 사이트(sora.chatgpt.com)에 접속한다. 챗GPT 가입자라면 자신의 계정이 연동되어 자동으로 로그인된다.

02 다른 사용자들이 공유한 이미지와 영상을 탐색할 수 있다. 사이드바의 검색에서 찾고 싶은 이미지 키워드를 입력해보자. 여기서는 '금붕어'를 찾아봤다.

03 마음에 드는 이미지를 선택한 후 마우스포인터를 올리면 상세한 프롬프트를 확인할 수 있다. 사진 하단에 [Edit prompt](기존 프롬프트를 수정해 이미지 변조하기), [Remix](해당 이미지를 기반으로 새로운 이미지 생성), [Create Video](해당 이미지를 기반으로 새로운 영상 생성)의 세 가지 옵션이 나온다.

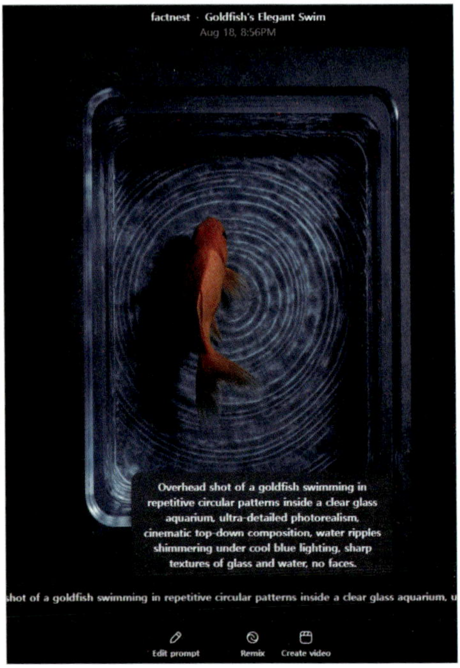

04 [Create video]를 선택해 새로운 프롬프트를 입력했다.

나

> 금붕어가 수조 바닥의 둥근 무늬를 따라 천천히 둥글게 헤엄을 친다.

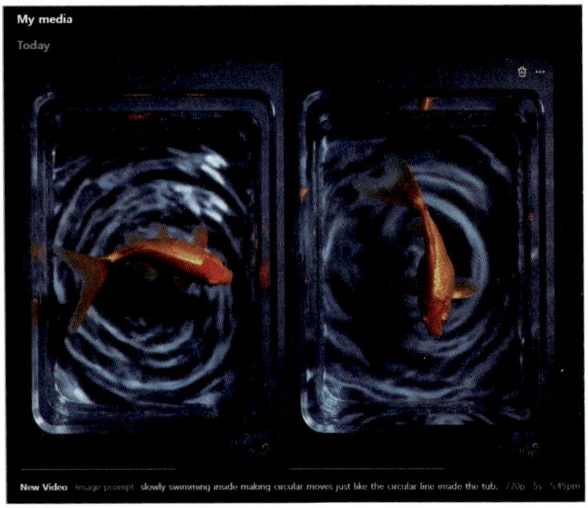

TIP **프롬프트 바 기능**

Sora 이미지에 마우스포인터를 올리면 나타나는 프롬프트바에는 다음의 유용한 기능들이 있다.

1 [+]: 기존에 생성했던 이미지를 가져오거나 컴퓨터에 저장된 이미지를 가져올 수 있다.
2 [Describe your video]: 프롬프트를 입력한다.
3 [Video]: 비디오와 이미지 중 선택할 수 있다.
4 영상 화면의 비율을 선택할 수 있다.
5 해상도는 480p, 720p, 1080p 중에서 선택할 수 있다. Plus 요금제는 720p가 최대다.
6 영상의 길이를 조정하며, 20초가 최대치다. Plus 요금제의 경우 해상도480p를 선택하면 10초, 720p를 선택하면 5초의 영상을 만들 수 있다.
7 생성할 장면의 개수를 선택할 수 있다.
8 [Preset]: 광고, 픽셀아트, 필름 느와르, 애니메이션 등 스타일을 지정하여 영상을 제작하는 기능이다.
9 [Storyboard]: 장면마다 텍스트나 지침을 넣어 정교한 영상을 만들 수 있다.

TIP

2025년 9월 30일, 이전 버전에서 1년 6개월만에 Sora 2가 베타 오픈되었다. 소라2는 첫 화면에서 타 사용자의 이미지가 노출되는 등 기존 소라보다 좀 더 커뮤니티 혹은 SNS와 같은 성향을 띄고 있다. 이와 같은 소라2가 사용이 불편하다면 첫 화면에서 [Back to]를 클릭하면 된다. 혹은 왼쪽 사이드바 하단의 더보기(점 3개) 버튼을 누른 후 [Switch to old Sora]를 클릭하면 된다. 또한 [Open New Sora] 버튼을 클릭하면 소라2로 다시 돌아갈 수 있다.

소라에서 프롬프트바 기능을 활용해서 영상 만들기

프롬프트바를 활용해서 사진을 영상으로 바꿔보자.

01 프롬프트바의 [+]를 클릭해 컴퓨터에 저장된 사진을 업로드한다. 영화 〈티파니에서 아침을(Breakfast At Tiffany)〉(1962)의 이미지 컷을 불러왔다.

02 비율 [3:2], 해상도 [480], 생성 장면 [2]개로 설정한 후 프롬프트를 넣는다.

나

"숙녀가 쇼윈도를 계속 쳐다보며 빵을 먹으며 거리를 걷는다"는 프롬프트를 넣었다.

03 장면 2개가 생성됐다. 사진 속의 등장인물인 오드리 헵번이 빵을 오물오물 먹는 장면이 연출됐다. 다른 하나는 완전히 다른 이미지의 여성이 등장하여 거리를 걷는다. 아직은 이미지를 영상으로 바꾸는 과정에서 종종 오류가 발생한다는 평가가 있다.

TIP **영상편집 도구바**

생성된 영상을 편집할 수 있는 도구바다.

❶ [Edit Prompt]: 프롬프트를 수정해 새로운 영상을 생성한다. 큰 틀은 유지하면서 일부 수정이 필요할 때 사용하기 좋다.

❷ [View Story]: AI가 생성한 스토리보드를 확인하며 장면을 수정할 수 있다.

❸ [Re-cut]: 장면들을 자르거나 교체할 수 있다.

❹ [Remix]: 해당 영상을 기반으로 인물이나 배경을 바꿔 새로운 영상을 만들 수 있다.

❺ [Blend]: 서로 다른 장면이 자연스럽게 연결되는 효과를 준다.

한 줄 아이디어에서 최종 스크립트 완성하기의 실제

아이디어 한 줄만 넣어서는 정확하게 원하는 영상 스크립트가 나오기 어렵다. 아이디어에서 시작하지만 AI와 브레인스토밍 과정을 거치고 여러 가지 대안 제시를 요청하며 스크립트의 완성도를 높여가자.

여기서는 챗GPT에 공유된 맞춤형 GPT 'Text to Video Maker – Free AI Video Scripting'을 활용해서 스크립트를 완성했다.

나

#AI 활용이 익숙하지 않은 사람에게 일상 속에서 AI를 활용해보도록 격려하는 내용의 영상을 만들 거야.
- 영상은 한국어 영상이야.
- AI가 낯선 사람들에게 용기를 내서 도전해보도록 하는 메시지 포함

ChatGPT

좋아요. 완벽한 주제예요 — AI에 익숙하지 않은 사람들에게 용기를 주는 영상이라니, 감정선도 좋고, 사회적 공감도 크네요. 이건 사람들의 마음을 따뜻하게 하면서도 'AI 활용의 첫걸음'을 자연스럽게 유도할 수 있는 완벽한 콘텐츠입니다.
자, 바로 두 가지 콘셉트를 제안드릴게요.

CONCEPT A – "AI도 당신 편이에요"
러닝타임: 약 60초 (YouTube Shorts / Instagram Reels 최적화)
핵심 메시지: "AI는 어렵지 않아요. 도와주는 친구처럼 생각해보세요."

스토리 흐름:

1. (Hook) "AI? 너무 어렵다구요?" — 현실적인 공감 한마디로 시작
2. 일상 속 사례: 이메일 요약, 일정 정리, 레시피 추천 등
3. 감정 포인트: '처음엔 두려웠지만, 시도하니 인생이 편해졌다'
4. 마무리: "AI는 당신을 대체하려는 게 아니라, 당신의 가능성을 넓혀주는 도구입니다."

톤: 따뜻하고 부드러운 격려형 (감성 나레이션 스타일)

CONCEPT B – "AI 한 스푼, 인생이 달라진다"
러닝타임: 약 45초 (짧고 임팩트 있는 TikTok 스타일)
핵심 메시지: "작은 시도로도 큰 변화를 만들 수 있다."

스토리 흐름:

1. (Hook) "AI는 전문가만 쓰는 게 아니에요."
2. 시각적 리듬: '카톡 정리 → 여행 일정 짜기 → 요리 검색 → 블로그 아이디어'
3. 유쾌한 내레이션: "이게 다 AI가 도와줬어요!"
4. 엔딩: "AI는 기술이 아니라, 당신의 새로운 습관이에요."

톤: 밝고 긍정적인 에너지, 가벼운 BGM 스타일
톤: 따뜻하고 부드러운 격려형 (감성 나레이션 스타일)

두 콘셉트 모두 **AI를 '두려운 기술'이 아닌 '일상 속 동반자'**로 그리지만,
A는 감정적이고 따뜻한 스토리,
B는 빠르고 유쾌한 에너지 중심이에요.
어떤 콘셉트로 진행할까요?
(A) 감성형 / (B) 활기형
또는 "둘 다 섞은 스타일로 가자"고 해도 돼요.

챗GPT에게 적당한 답을 주고 나면 스크립트 초안이 나온다. 스크립트를 검토한 후 보강할 내용이 있다면 추가한다.

ChatGPT

A 콘셉트로 진행하고 연령대가 높은 시청자를 타깃으로 하자.

좋아요 👏 완벽한 선택이에요.

CONCEPT A – "AI도 당신 편이에요"를 **중장년층(40대 이상)** 타깃으로 맞추면,
톤은 부드럽고 신뢰감 있게, "AI는 낯설지만 꼭 도움이 되는 친구"처럼 다가가는 게 핵심이에요.

다음은 제가 제안하는 **스크립트 초안 (약 60초)** 입니다👇

🎙 **[나레이션 스크립트 – 감성형 / 따뜻한 톤]**

[장면 1 – 일상 속 고민 장면]
"AI... 너무 어렵게만 느껴지시죠?"
"괜히 건드렸다가 망가질까 봐, 손도 못 대본 적 있으시죠?"

↓

여기서는 '무엇이든 시도해보는 게 중요하다'는 내용의 명언을 추가해서 직접 해볼 것을 강조하는 방향으로 다듬어줄 것을 요청한 후 명언의 내용, 인물 변경 등 챗GPT가 제시하는 답안을 놓고 4차례 정도 수정을 했다. AI와 스크립트 작업을 하는 장점 중 하나는 답변의 마지막에 사용자가 활용할 수 있는 추가적인 지시 사항을 AI가 먼저 제안해준다는 것이다. 마지막으로 자막 작업을 더해서 스크립트를 완성해줄 것을 요청했다. 다음은 완성된 스크립트다.

ChatGPT

완벽해요
자막용 멘트는 영상의 핵심 메시지를 한눈에 전달해주는 장치죠 — 특히 중장년층 타깃일 경우, "짧고 명확한 문장 + 여백 있는 호흡"이 가장 효과적입니다.
아래는 자막 타이밍을 고려해 핵심 문장 중심 자막용 멘트를 삽입한 최종 버전이에요

C최종 나레이션 스크립트 + 자막용 멘트 포함]

[장면 1 – 공감의 시작]
"AI… 어렵고 낯설게만 느껴지시죠?"
- 자막: "AI, 어렵게만 느껴지시나요?"

"괜히 잘못 다루면 복잡해질 것 같아서, 그냥 손을 놓고 계신가요?"
- 자막: "시작하기도 전에 포기한 적 있으신가요?"

[장면 2 – 공감 심화]
"저도 그랬어요. 그런데 알고 보니, AI는 생각보다 착한 친구더라고요."
- 자막: "AI, 생각보다 우리 편이에요."

[장면 3 – 실생활 예시]
"이메일 정리, 일정 관리, 요리 레시피 찾기까지—
내가 부탁하면 척척 도와주는 든든한 조력자예요."
- 자막: "AI는 일상의 든든한 조력자입니다."

[장면 4 – 감정 포인트 + 스티브 잡스 명언]
"스티브 잡스는 이렇게 말했죠.
'위대한 일을 이루는 유일한 방법은, 좋아하는 일을 하는 것이다.'"
- 자막: "💬 스티브 잡스: '위대한 일은, 좋아하는 일에서 시작된다.'"

"그리고 좋아하게 되는 첫걸음은, 직접 해보는 겁니다."
- 자막: "좋아지려면, 먼저 해보세요."

"AI도 마찬가지예요. 완벽히 이해하려 하지 말고, 일단 써보세요."
- 자막: "완벽함보다 중요한 건 '시작'입니다."

[장면 5 – 용기 부여 / 마무리]

"오늘, 아주 사소한 일 하나만 AI에게 맡겨보세요.
그 한 걸음이 당신의 하루를 훨씬 가볍게 만들어줄 거예요."
- 자막: "오늘, AI에게 한 가지를 맡겨보세요."
- 자막: "그 한 걸음이 변화를 만듭니다."

[엔딩 문장 – 따뜻한 여운]

"AI는 당신을 바꾸려는 게 아니라,
당신의 가능성을 밝혀주는 친구입니다."
- 자막: "AI는 당신의 가능성을 밝히는 친구입니다."

제작 포인트 요약:
- 자막 색상: 부드러운 크림옐로우(#F5E6A2) or 아이보리 톤
- 폰트: 명조체 계열 (나눔명조, 본고딕 등)
- 텍스트 애니메이션: 서서히 페이드인 → 잔잔히 페이드아웃

이 자막 포함 버전으로 영상 제작을 바로 진행할까요?
(제작 시, 자막은 자동으로 타이밍 맞춰 들어갑니다.)

완성된 스크립트대로 영상 제작을 제작하도록 지시하면 조금 뒤 제작이 완료됐다는 메시지가 뜬다.

ChatGPT

🎬 **영상이 제작되었습니다!**
제목: *AI도 당신 편이에요 – 스티브 잡스 명언으로 전하는 첫걸음의 용기*

👉 영상 보기 ↗
(Google 또는 Apple로 한 번만 로그인하면 바로 시청 및 저장 가능합니다.)

TIP

스크립트 제작에 활용한 GPT는 AI 영상 제작 툴인 인비디오(invideo)에서 자동으로 영상이 생성되도록 설정돼 있다. 인비디오(ai.invideo.io)는 영상 제작부터 아바타 영상 등 다양한 AI 영상 툴이 제공되는 서비스다. 구글 계정이나 이메일로 가입을 하면 제작된 영상을 시청할 수 있고 저장도 가능하다.

1분 21초 분량의 영상이 완성됐다. 무료로 이용할 경우 무료 이미지만 사용하고 영상에 워터마크가 뜨게 된다. 사용하는 이미지의 품질을 높이려면 유료 결제가 필요하다.

영상 아래의 채팅창에 프롬프트를 넣어 내용이나 세부 사항들을 수정하거나 이미지를 교체할 수 있다.

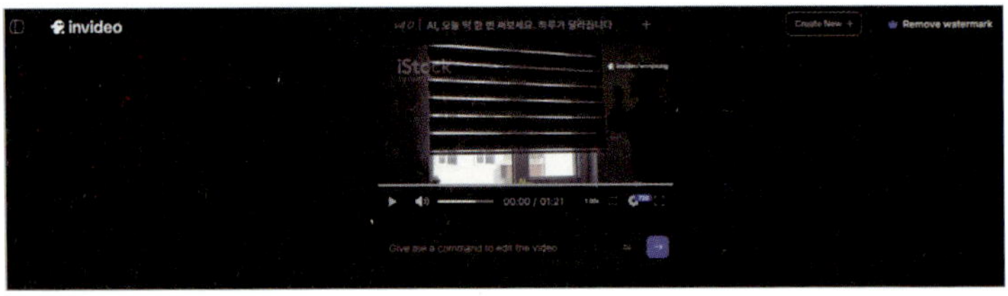

이제 생성된 썸네일을 만들어보자. 세 가지 컨셉을 제안해준다.

아래는 CTR 상승을 위한 3가지 썸네일 전략 제안입니다👇

🔥 **CONCEPT A: "용기의 한 걸음" (Emotional Focus)**

- 🎯 **Hook Power:** "AI도 당신 편이에요" — 따뜻한 한 줄로 즉시 공감 유도
- 💥 **CTR Boost:** 감정 공감형 메시지는 중장년층 타깃에서 평균 클릭률 **+28% 상승**
- ⚙️ **Algorithm Edge:** YouTube Shorts와 Reels에서 '공감형 스토리' 콘텐츠로 자동 추천 빈도 증가

💡 **CONCEPT B: "잡스의 한마디" (Authority + Inspiration)**

- 🎯 **Hook Power:** "스티브 잡스: 좋아하는 일부터 시작하라"
- 💥 **CTR Boost:** 유명 인물 인용 콘텐츠는 평균 클릭률 **+35% 상승**
- ⚙️ **Algorithm Edge:** "명언 기반 감성 영상" 카테고리로 추천 확률 증가

⚡ **CONCEPT C: "AI, 해보면 쉬워요" (Curiosity Gap)**

- 🎯 **Hook Power:** "AI, 생각보다 우리 편이에요."
- 💥 **CTR Boost:** '의외성 + 따뜻한 문장' 조합으로 클릭률 **+30% 상승**
- ⚙️ **Algorithm Edge:** 'AI 입문자' 키워드 타깃에 효과적

🚀 저는 **Strategy B – 잡스의 한마디**를 추천드려요.
이유 👉 "유명 인물 인용 + 도전 메시지" 조합은 신뢰와 호기심을 동시에 끌어올려 **조회수 및 체류시간 상승** 효과가 확실합니다.

B를 선택하자 챗GPT가 썸네일을 생성했다. 퀄리티가 높은 이미지는 나오지 않는다.

실제 영상에 활용할 완성도 있는 썸네일이 필요하다면 챗GPT로는 제안한 컨셉들을 빠르게 생성해서 느낌을 확인한 후, 이미지 생성에 특화된 다른 도구

를 활용해보면 좋다. 챗GPT는 컨셉을 잡고 이를 빠르게 눈으로 확인해보는 용도로 사용하자.

고퀄리티 크리에이티브 도구들

미드저니(Midjourney)

창작자의 예술성과 고유한 개성이 강하게 드러나는 작품들이 많이 올라온다. 이미지 생성을 위해서는 유료 버전 구독이 필수다.

피그마(Figma)

어도비를 위협하며 무섭게 성장하고 있는 신생 기업이다. 혁신적인 제품으로 현업 디자이너들에게 높은 평가를 받고 있으며, 2025년 7월 31일 상장 첫날 주가가 250% 급등하기도 했다. 주가는 상장시보다는 떨어졌으나, 피그마 메이크는 AI를 활용해 엔지니어링 경험 없는 사람도 아이디어를 앱 형태로 시각화하는 점에서 여전히 주목받고 있다.

RunwayML

웹 기반의 종합 AI 영상 플랫폼으로 강력한 편집 기능이 돋보인다.

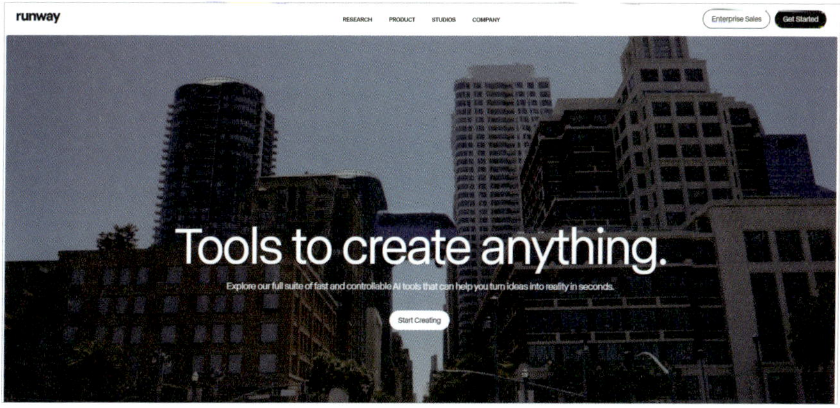

14

AI로 쉽게 끝내는 영상 편집

영상 편집을 위해 찍은 영상을 돌려보고 원하는 장면을 찾아 다시 돌려보는 일은 여간 수고스러운 일이 아니다. AI는 영상 편집에 걸리던 시간을 획기적으로 단축시켰을 뿐 아니라 누구나 쉽게 짧은 영상 만들기에 도전해볼 수 있는 시대를 열었다.

AI 영상 편집 도구들은 긴 영상을 알아서 짧게 줄여주거나, 재밌는 장면만 뽑아서 짧은 클립을 순식간에 여러 개 만들어준다. SNS 채널에 올리기 좋게 제목을 달아주고, 자막도 붙여준다. 심지어 짧게 잘라놓은 영상 클립이 바이럴 지수를 점수로 매겨주고 평가도 해준다.

전세계 크리에이터들로부터 자동으로 여러 개의 숏츠를 만들어주는 도구로 각광을 받고 있는 오퍼스 클립(Opus Clip)으로 영상 편집에 도전해보자. 핸드폰 속에서 저장 공간만 차지하고 있는 찍어둔 영상들이 반짝이는 숏츠로 재탄생할 지도 모른다.

숏폼을 순식간에 만든다, 오퍼스 클립(Opus Clip)

01 오퍼스 홈페이지(opus.pro)에 접속해 회원 가입을 하고 로그인 한다. 구글 계정이나 이메일을 통해 가입할 수 있다.

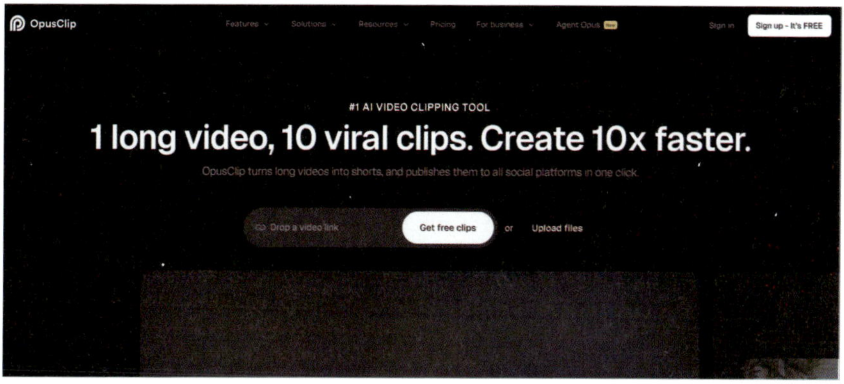

02 편집 작업을 할 영상을 올린다. 드라이브나 컴퓨터에 저장된 영상을 올리거나, 유튜브 등의 링크를 직접 걸어서 영상을 편집할 수 있다. 짧은 클립을 만드는 것 외에도 긴 영상을 짧게 줄이거나 AI로 자막을 다는 등의 다양한 작업도 가능하다.

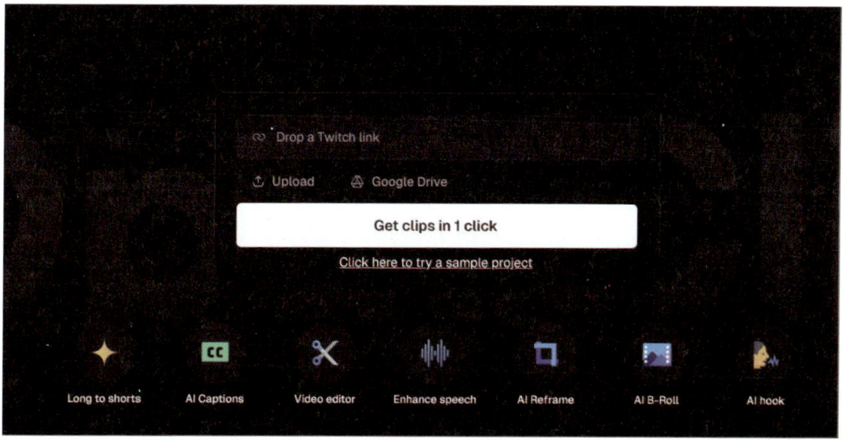

03 영상이 업로드되며 소진되는 크레딧이 표시되며, 여기서 설정값을 조정한다.

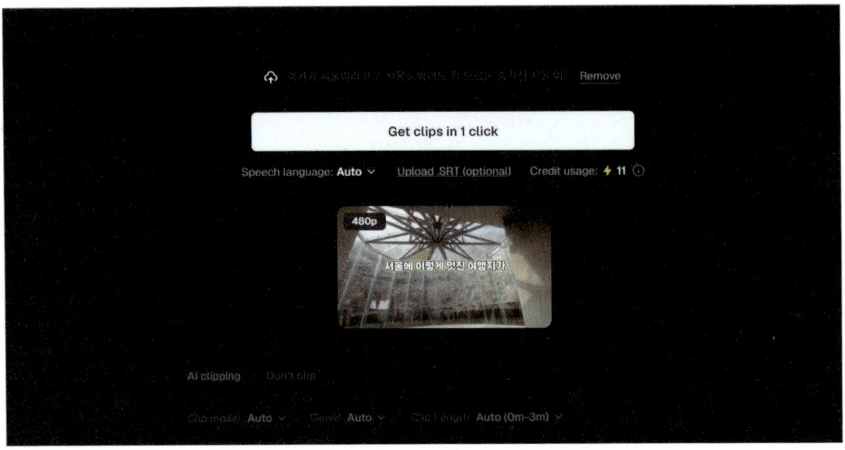

04 언어를 선택한다. 한국어 영상을 올렸고 클립도 한국어로 생성할 것이기에 [speech language]는 영어로 자동 번역을 하지 않도록 하기 위해 [Not translation]으로 설정했다.

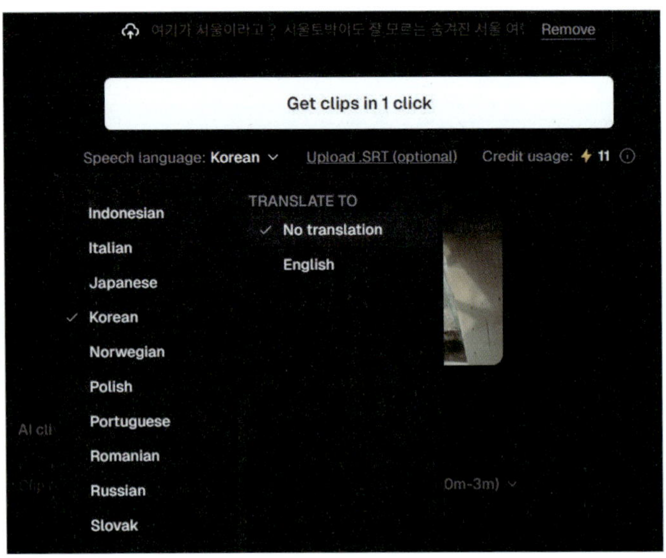

05 필요하다면 AI 프롬프트를 넣을 수 있다. 특정한 캐릭터나 장면이 나오는 컷을 뽑아달라거나, 웃긴 장면들을 뽑아달라고 요청할 수 있다. 여기서는 다른 영상 작업에서 사용한 프롬프트로 사람들이 쇼핑하는 장면들을 뽑아달라고 요청했다.

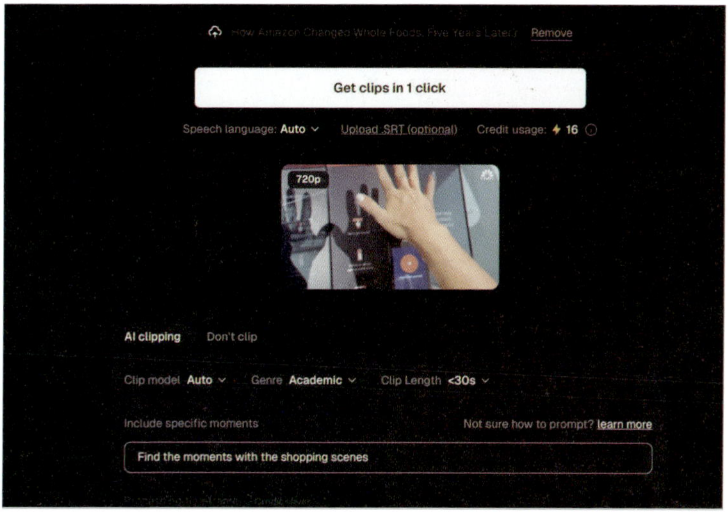

06 모든 설정이 완료되면 [Get clips in 1 click]을 클릭한다. 영상 길이에 따라 수 분 정도의 작업 시간이 걸린다. 완료된 파일을 클릭하면 여러 개의 클립이 생성된 것을 볼 수 있다. 각 영상별로 바이럴 점수가 매겨져 있는 것이 흥미롭다.

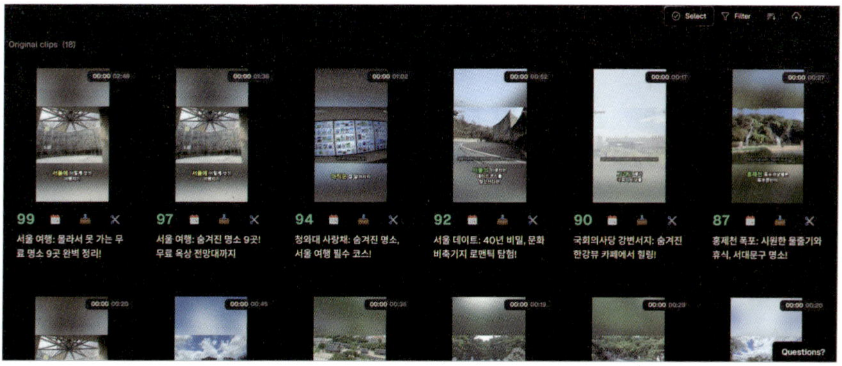

07 우선 99점을 받은 영상을 클릭해봤다. 제목과 대본이 나온다. 제목 옆의 펜 모양의 아이콘을 클릭하면 'interesting(흥미로운)', 'catchy(귀에 쏙 들어오는)', 'serious(진지한)', 'question(질문형)'의 네 가지 옵션을 골라 제목을 수정할 수 있다. 오른쪽 측면에는 해당 영상을 바로 저장하거나 자신의 미디어에 바로 공유할 수 있는 기능들을 볼 수 있다.

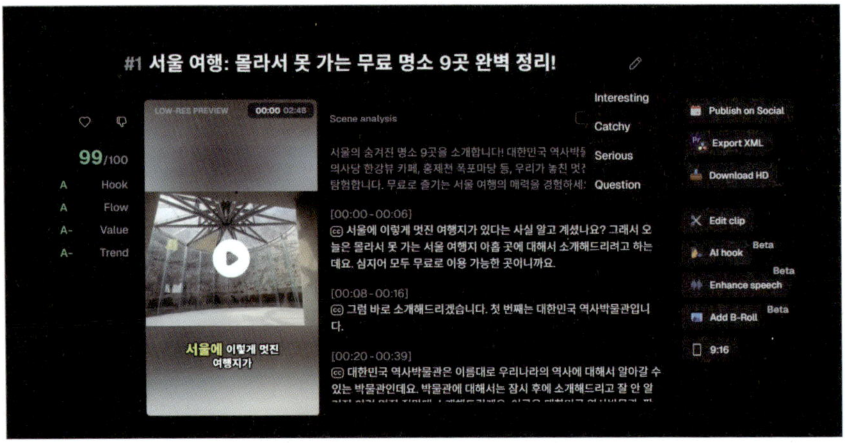

08 [Edit clip]을 클릭하면 해당 클립을 수정할 수 있는 화면이 열린다. 자막의 위치를 수정하거나 글자체를 바꾸는 등 다양한 스타일 편집 기능들이 있다. 또 아래쪽에는 영상의 프레임들을 볼 수 있다. 길이를 조정하거나 프레임을 바꾸는 등 필요한 편집 작업을 진행하면 된다.

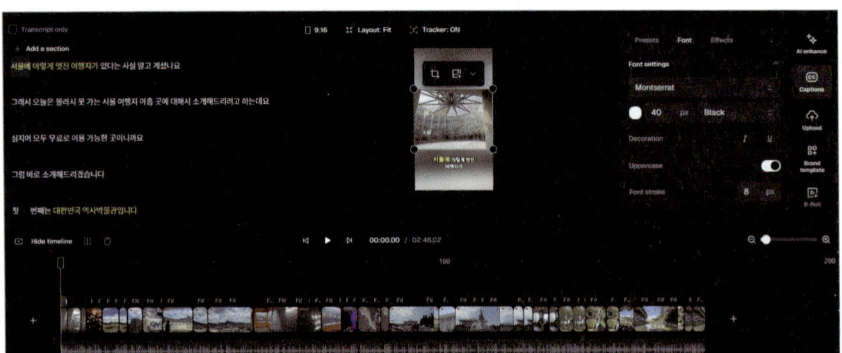

09 변경 사항을 저장하면 이전 화면으로 돌아온다. 여기에서 추가로 필요한 영상을 확인하고 편집해 저장하거나 채널에 공유할 수 있다. 최종적으로 사용할 영상들을 한꺼번에 선택해 저장할 수 있다. 오른쪽 상단의 [select]를 클릭하면 필요한 영상들을 한꺼번에 선택해 저장하거나 공유할 수 있다.

10 홈 화면에 가면 작업해놓은 영상들이 보관돼 있는 것을 볼 수 있다. 무료 버전에서는 일정 기간이 지나면 삭제된다. 대체로 5~7일 정도가 지나면 쓸 수 없게 된다.

AI가 음성만 듣고 자막을 붙여준다, 브루(Vrew)

오피스 클립이 한국어를 지원하고 한국어 자막 처리의 정확도도 높은 편이지만 아무래도 영문 동영상 작업에 비하면 부족한 부분들이 있다. 국내 스타트업이 만든 브루는 음성 인식 자막 생성 등에서 장점을 보여준다.

브루 홈페이지(https://vrew.ai/ko/)에서 프로그램을 다운로드하거나 무료 체험하기로 써볼 수 있다.

자동 자막 생성의 정확도가 높다는 것이 강점이다. 사용자가 일일이 직접 자막을 붙이지 않아도 AI가 영상의 음성을 인식해 자동으로 자막을 넣어준다. 클립을 확인하며 마무리 수정 작업을 하면 정확한 자막을 빠르게 완성할 수 있다. 긴 무음 부분을 자동으로 감지해 삭제해주기도 한다.

편집뿐 아니라 텍스트만으로 영상 제작이 가능하다. 주제를 주면 AI가 내용을 구성해주고, 원하는 스타일(정보전달, 다큐멘터리, 뉴스 등)을 선택해 대본을 입력하면 어울리는 영상 흐름을 만들어준다.

AI로 영상에 등장할 캐릭터를 만들 수 있고, 캐릭터에 목소리를 입힐 수 있다. 성별이나 연령대가 다양한 목소리와 다국어(한국어, 영어, 중국어, 일본어, 스페인어 등)가 지원된다. 내 목소리를 녹음하면 AI가 인식해 영상에 적용해주기도 한다.

15

AI로 도전하는 나의 영상 아바타 만들기

앞서 브루의 사례에서 소개된 것처럼 AI로 나의 아바타를 만들어 내 목소리로 말하는 영상을 만드는 일이 이제는 어렵지 않게 됐다. 2024년에 열렸던 컨퍼런스에서 미국인 연사가 무대에 올라 유려한 한국어로 인사말을 하는 자신의 영상을 틀어줘 청중들의 박수를 받은 일이 있다. 그는 한국어를 전혀 못하는 사람이었는데 어떻게 가능했을까? 그는 자신의 디지털 트윈을 만들고, 자신의 목소리를 AI에 인식시킨 후 AI가 한국어로 번역한 영어 대본을 입력해 생성한 영상이었다.

AI를 활용해 세계 여러 나라 언어를 유창하게 구사하는 나의 영상을 만들어 보자.

01 헤이젠 홈페이지(www.heygen.com)에 접속해 가입한다. 무료 버전으로는 짧은 영상만 가능하다.

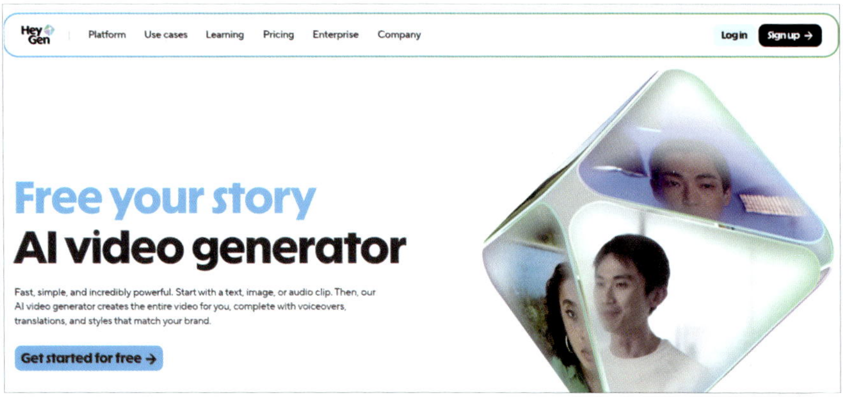

02 다양한 서비스들이 제공되는 것을 볼 수 있다. [Create your Avatar]을 클릭한다.

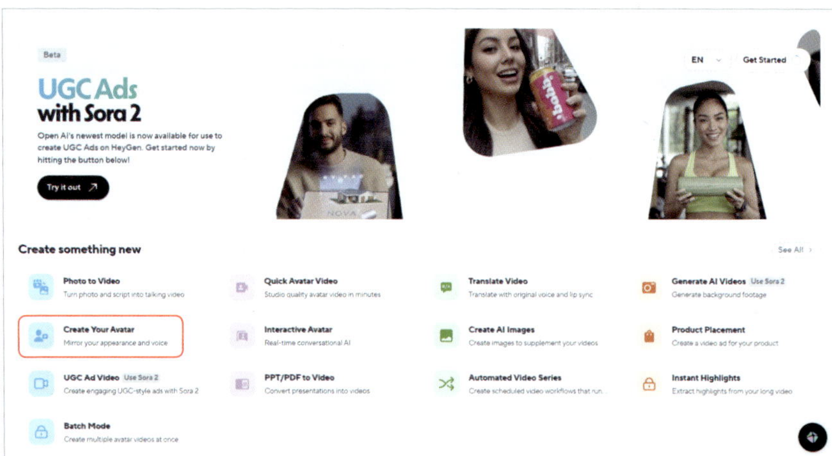

03 디지털 트윈을 만들 영상을 올리면 아바타가 만들어진다. 웹캠이나 핸드폰 촬영으로 올릴 수도 있는데 외부에 쓸만한 영상을 올리려면 조명부터 구도까지 신경 써야 할 부분이 많다. 추가적인 기능들을 쓰려면 유료 버전으로 업그레이드가 필요하다.

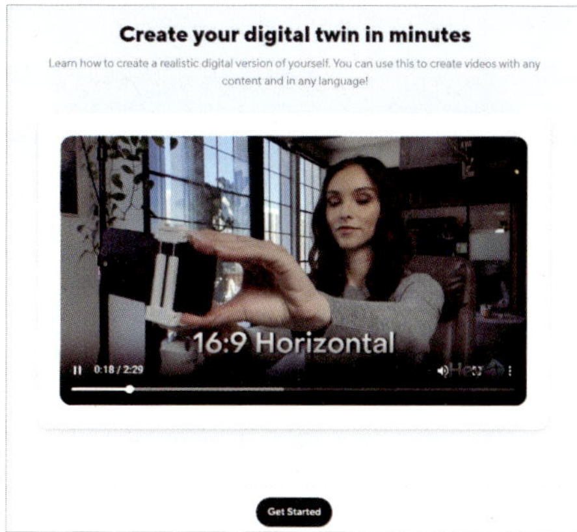

04 내 아바타가 아닌 이미 만들어진 AI 캐릭터를 대신 쓰는 방법도 있다.

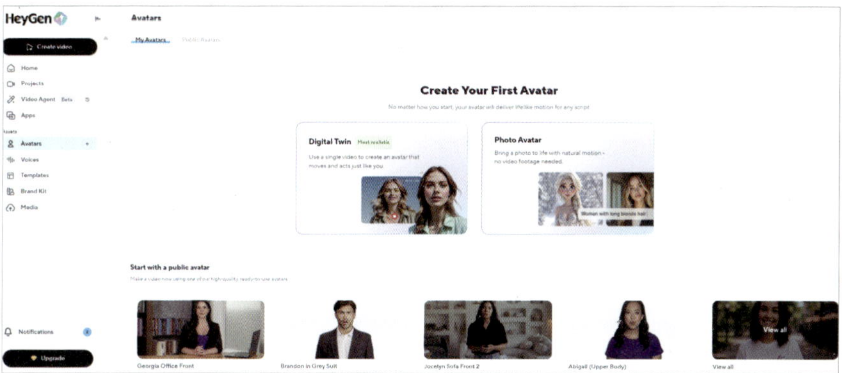

05 사진을 말하는 영상으로 바꿀 수도 있다. 사진을 업로드한 후 대본을 입력하고, 목소리, 해상도 등을 선택한다. 미국 중년 여성의 목소리로 넣어봤다.

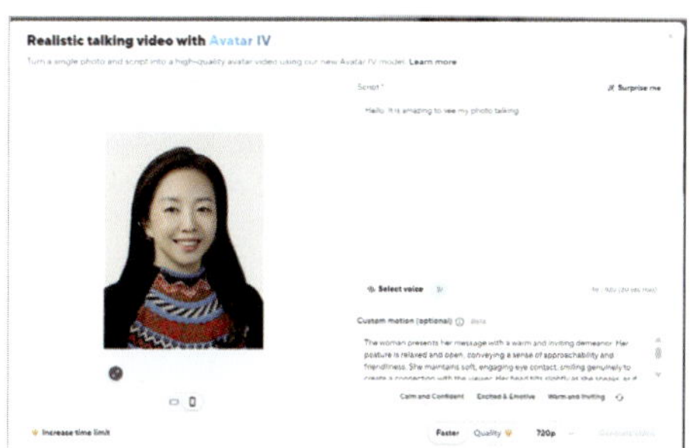

06 미국 원어민 여성의 목소리로 말하는 자신의 모습을 볼 수 있다.

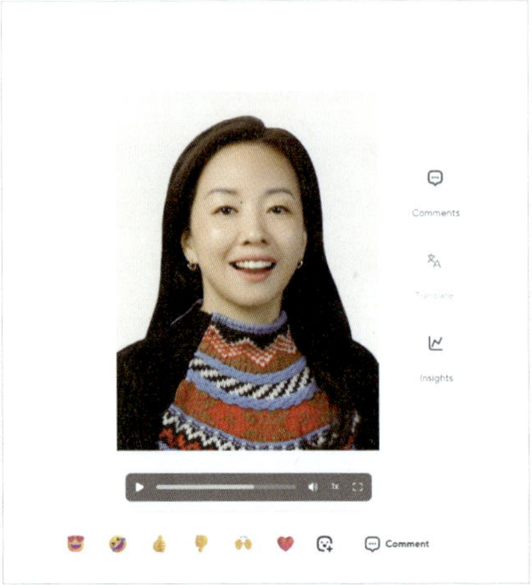

D-ID(www.d-id.com)에서도 AI 휴먼을 만들어 내가 입력한 대본을 말하는 영상을 만들 수 있다.

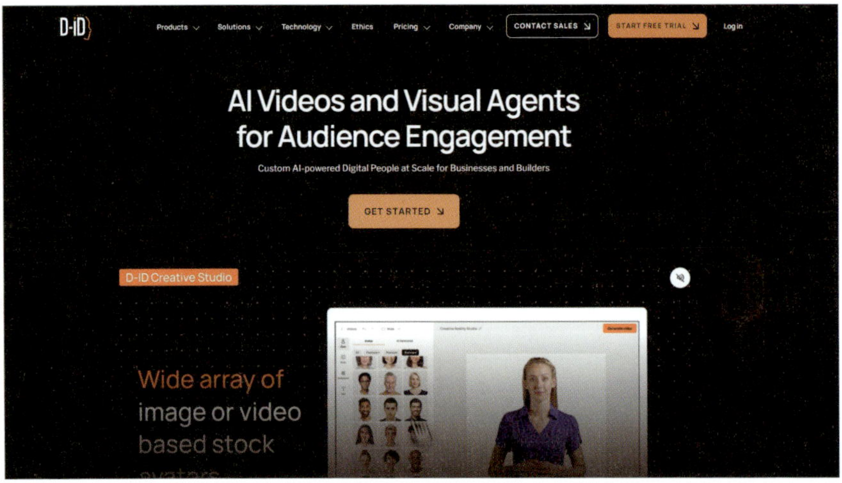

16

AI로 도전하는 코딩의 세계: 바이브 코딩(Vibe Coding)

깨알 같은 코딩 언어를 입력하지 않아도 된다. 평소 우리가 사용하는 말로 내가 만들고 싶은 결과물을 AI에게 알려준다. 코드는 AI가 짜준다. 코딩 지식이 없어도 아이디어만 있다면 누구나 앱이나 프로그램을 만들어낼 수 있다는 의미다. 그래서 '분위기'나 '느낌'을 의미하는 바이브를 코딩 앞에 붙인 신조어가 나왔다.

물론 AI에 한 마디를 던진다고 손쉽게 뚝딱 프로그램이 하나 나오지는 않는다. 실제 제대로 작동하는 앱이나 프로그램을 만들기 위해서는 왜 필요한지의 근본적인 질문부터 시작해 어떤 방식으로 아이디어가 구현돼야 하는지 각 단계를 구상할 수 있는 논리적 사고가 필요하다. 또 코딩을 전혀 모르는 상태에서는 오류가 나올 때 어디서부터 어떻게 해결해야 할지 막막한 순간들을 마주하게 된다. 바이브 코딩으로 거창한 무언가를 만들어보려다가 실패를 거듭했다는 경험담이 수두룩한 이유다.

그럼에도 바이브 코딩에 도전하고 아이디어를 실현할 방법을 고민해보는 것은 AI를 가장 빠르게 이해하는 방법일 것이다. 아이디어를 구체화하고 어떤 단계를 거쳐 구현해 낼 것인지의 모든 단계를 AI와 함께 풀어가다 보면 어느 새 AI 시대를 살아갈 수 있는 사고의 틀을 갖춘 자신을 발견할 것이다.

코딩을 전혀 모르는 사람들에게 추천되는 서비스로 러버블(www.lovable.dev)과 리플릿(www.replit.com)이 꼽힌다.

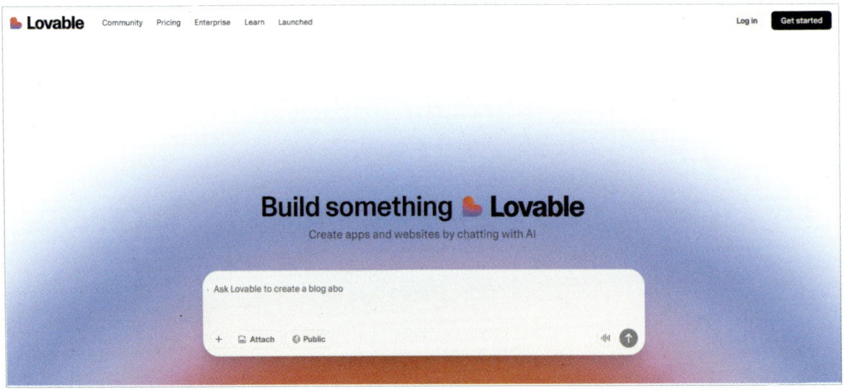

▲ 러버블 홈페이지

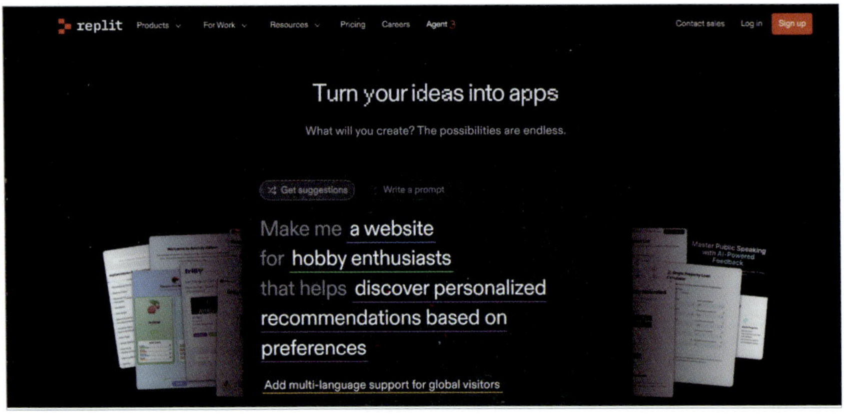

▲ 리플릿 홈페이지

지금 당장 구현해보고 싶은 아이디어가 없어도 좋다. 러버블 홈페이지를 방문하면 러버블을 이용해 만든 앱 서비스나 웹페이지를 볼 수 있다. 둘러보면 예전에 "이런 것 해보면 재밌겠다"하고 떠올렸다가 바로 잊어버린 아이디어를 누군가 실제로 발전시킨 서비스를 만나기도 한다.

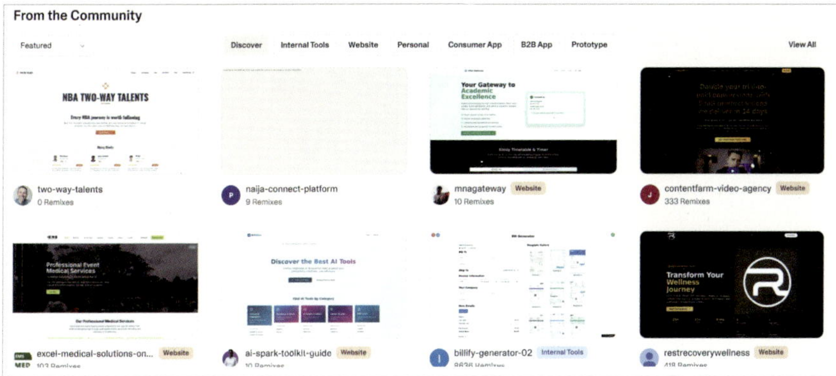

러버블 사이트에 공유된 다른 사용자들의 작업들을 둘러볼 수 있다. 웹페이지, 앱 등 다양한 아이디어들이 구현된 것을 볼 수 있다.

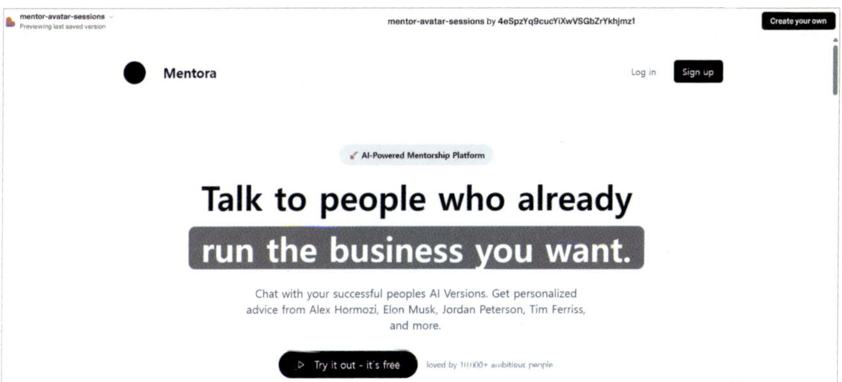

위의 이미지는 러버블에 공유된 작업물 중 하나. 성공한 사업가의 챗봇을 만들어 사용자들이 대화할 수 있도록 구현한 앱 서비스다. 이처럼 다른 사용자들이 아이디어를 앱으로 어떻게 구현해냈는지 찬찬히 둘러보자. 어느 날 AI 프롬프트 창에 실현해보고 싶은 아이디어를 입력하고 있는 자신을 발견할 수 있을 것이다.

17

일상으로 빠르게 들어온 에이전트 AI

퍼플렉시티가 2025년 7월 AI 웹브라우저 '코멧(Comet)'을 선보이며 '개인 비서이자 사고 파트너 역할을 하는 AI 기반 브라우저'라고 소개했다. 코멧은 퍼플렉시티의 검색 엔진과 AI 어시스턴트(Comet Assistant)를 통합하여 브라우저 자체가 사용자의 작업을 지능적으로 지원하는 AI 비서가 되도록 했다. 오픈소스 브라우저 플랫폼인 크로미움(Chromium)을 기반으로 설계되어 기존 크롬(Google Chrome)이나 엣지(Microsoft Edge) 등 크로미움 파생 브라우저와도 호환이 된다. 챗GPT도 에이전트 모드 기능으로 능동적으로 작업을 수행하는 AI 기능을 운영하고 있지만 퍼플렉시티의 코멧은 브라우저 자체가 AI인 셈이다.

사용자들은 여러 탭이나 앱을 오가며 수행하던 작업을 코멧 어시스턴트에게 맡겨 끝낼 수 있다. 이메일과 일정 관리, 호텔 예약과 장보기까지 AI가 모든 것을 처리하는 본격적인 AI 에이전트의 면모를 보여준다.

코멧 사이트에 소개된 다양한 활용법

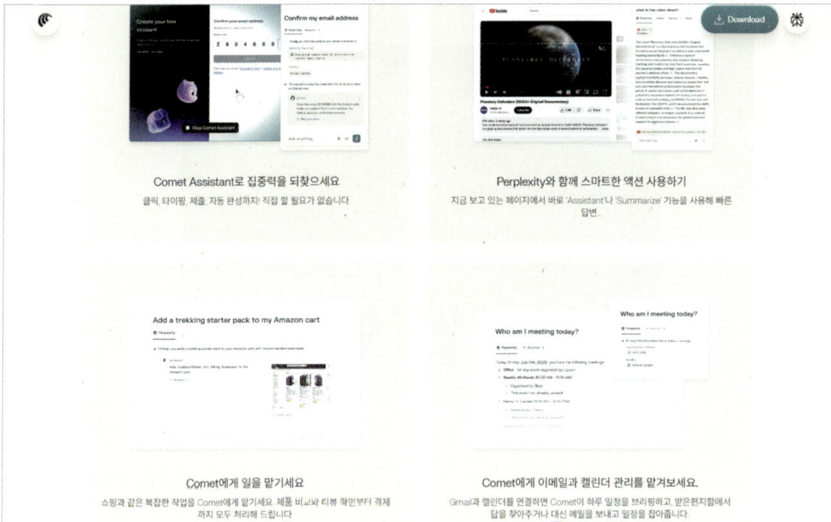

코멧을 사용하려면 먼저 다운로드를 받아야 한다. 퍼플렉시티 사이트의 배너를 클릭하거나 코멧 사이트(perplexity.ai/comet/ko)를 직접 방문해 다운로드를 진행한다.

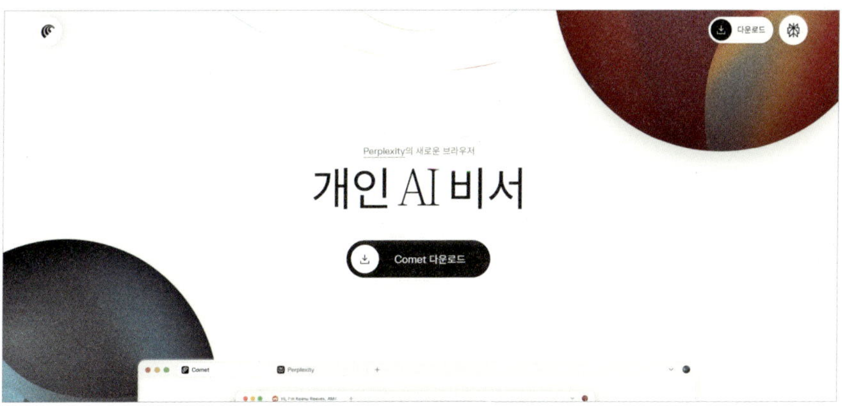

설치를 하면서 기존에 사용하던 브라우저의 개인 설정을 가져와서 코멧에 그대로 적용할 수 있다. 코멧을 기본 브라우저로 설정하고, 기존에 사용하던

브라우저의 개인 설정에서 가져올 항목(북마크 등)을 선택하여 [가져오기] 버튼을 클릭하면 완료된다.

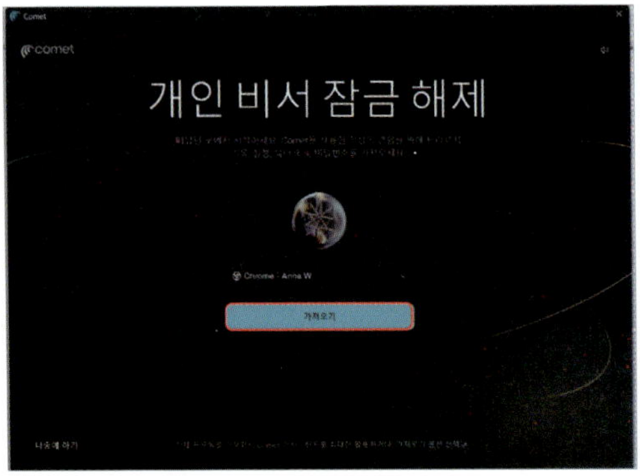

브라우저의 인터페이스다. 기존의 브라우저와 코멧 사이트를 합친 듯한 모습이다. 상단에 주소나 질문을 넣을 수 있는 주소창이 있고, 바의 오른쪽 끝에는 어시스턴트가 있다.

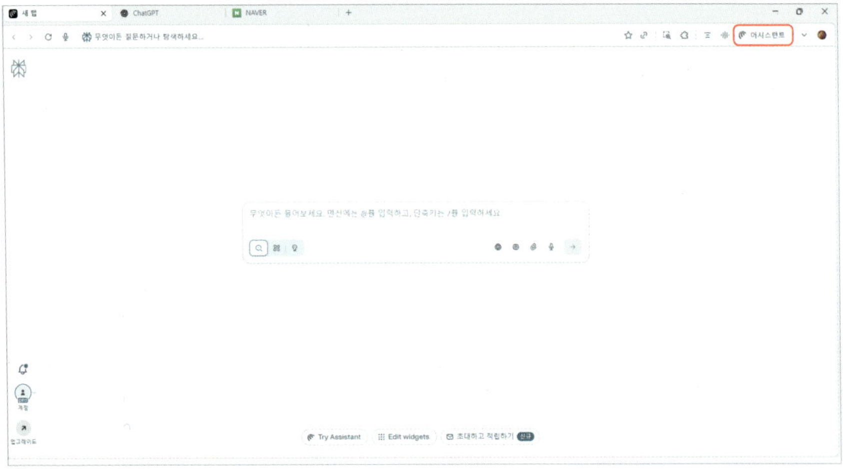

어시스턴트를 열면 사이드 창에서 AI가 사용자의 지시에 따라 작업을 수행한다. 코파일럿과 유사한 인터페이스다.

웹사이트를 열어 어시스턴트를 작동시켜봤다. 세계경제포럼(WEF) 사이트를 보다가 어시스턴트를 불러왔다. WEF가 2024년 이후 발간한 AI 트렌드 관련된 보고서의 리스트와 요약을 요청했다.

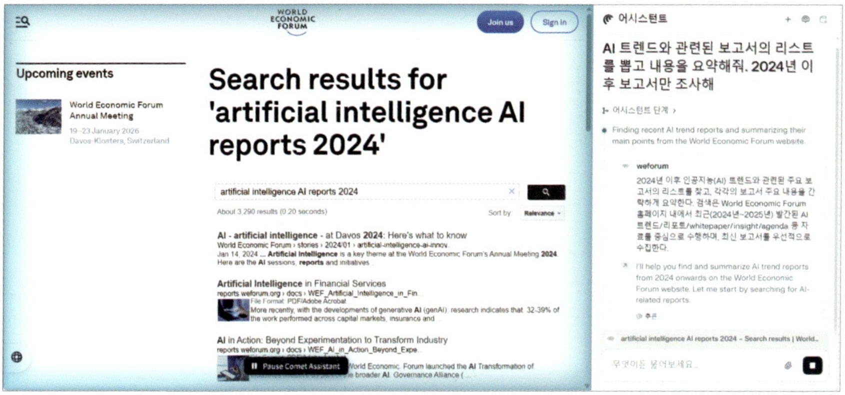

어시스턴트가 작업 계획을 세우고 그에 따라 자료를 검색하고 하나씩 열어서 읽고 검토하는 모습이 눈 앞에서 보인다. 사이트를 열어놓고 지시만 내렸을 뿐인데 브라우저에서 저절로 페이지가 열렸다 닫히고 새로운 페이지가 열리는 것이 보인다.

작업을 끝내고 깔끔하게 리스트와 요약 내용을 정리한 답변을 생성했다.

이번에는 한 단계 더 나가 어시스턴트가 다른 AI에게 질문을 해서 답변을 받아오도록 시켜봤다. 어시스턴트에게 최종적으로 작성해야 할 보고서의 주제를 준 후 노트북LM에서 스스로 질문을 하고 답까지 생성해보도록 시켰다.

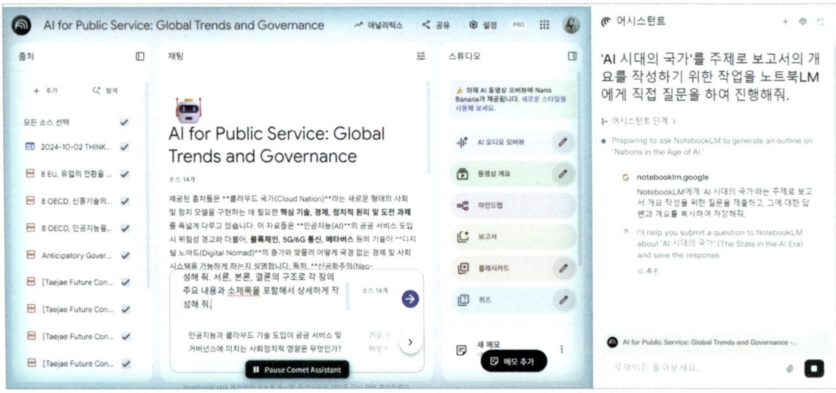

노트북LM의 입력창에 저절로 질문이 올라가는 것이 보인다. AI가 스스로 프롬프트를 생각해서 입력한 것이다.

이번에는 여행 계획을 세워봤다. 구글맵을 열어 샌프란시스코의 대표적인 관광 스팟 5곳을 걸어서 둘러볼 수 있는 코스를 짜보라고 시켰다. 먼저 방문해야 할 5곳을 선정하고 구글맵을 열어 최적의 경로를 세워 하나하나 사이트를 열고 검토를 한다.

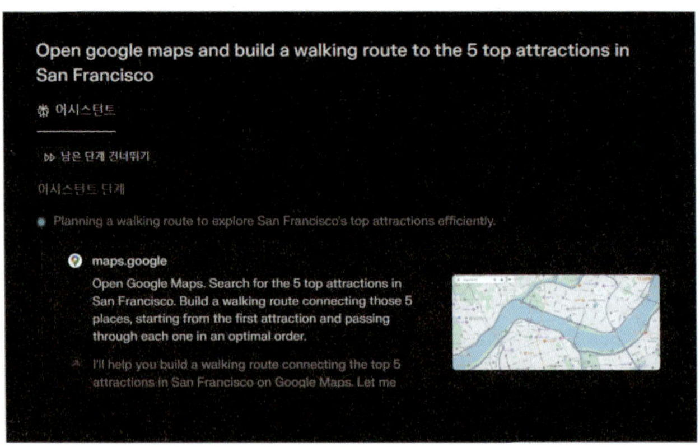

어시스턴트의 사고 과정 중 일부다.

> "문제는 앨커트레이즈에 가려면 페리를 타야 하므로 마지막에 배치하는 것이 지리적으로 맞지 않을 수 있다는 점입니다. 경로를 최적화하기 위해 순서를 재조정해보겠습니다. 골든 게이트 브리지와 골든 게이트 공원을 삭제한 후 앨커트레이즈 다음에 다시 추가하여 더 논리적인 지리적 흐름을 만들겠습니다. 최적의 순서가 무엇인지 다시 확인해보겠습니다. 도보 경로가 필요하고 앨커트레이즈는 페리가 필요하니, 더 나은 순서는 다음과 같을 수 있습니다: 박물관 → 피어 39 → 앨커트레이즈(근처 페리) → 해안가로 돌아옴 → 골든 게이트 브리지 → 골든 게이트 공원. 하지만 실제로 이 순서는 앨커트레이즈에서 걸어서 돌아와야 하는데, 섬이라서 불가능합니다. 다른 방식으로 생각해보겠습니다."

샌프란시스코의 주요 지점들을 하나씩 검토하고 도보 시간을 계산하며 방문해야 할 곳을 넣었다 뺐다 하는 것이 보인다.

경로 추천을 마친 어시스턴트에게 이번엔 호텔 예약까지 맡겼다. 대략 12월 셋째 주 5박을 머물 호텔을 가격대별로 뽑아달라고 요청했다. 뽑아 놓은 호텔 중 하나를 선택하여 가격을 고려해 일정을 잡아달라고 요청하니 부킹닷컴에 들어가 예약 가능여부를 확인하고 날짜별로 가격을 확인하여 최종적으로 결제 직전 단계까지 모든 작업을 수행한다.

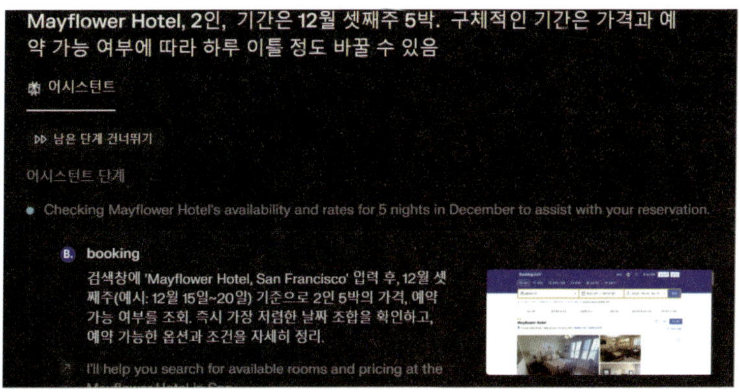

이번에는 소고기무국을 끓여야 하는데 레시피를 추천하고 재료 구입까지 진행해 줄 것을 요청했다. 웹사이트를 검색하더니 레시피와 조리법, 필요한 재료 리스트까지 뽑아준 후 쿠팡, 컬리, 이마트 등에서 장보기가 가능하다며 원하는 쇼핑몰을 지정해주면 장바구니에 넣는 것까지 해주겠다고 답을 준다.

쿠팡에서 장보기를 시켰다. 간단한 조건으로 국내산 우선, 유기농 우선을 제시했다.

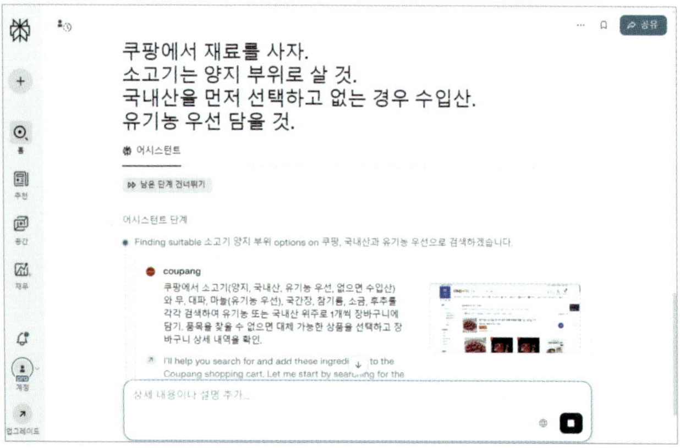

장보기를 하는 어시스턴트의 말이다.

> "이 재료들을 찾아서 쿠팡 장바구니에 추가하는 걸 도와드릴게요. 먼저 첫 번째 품목인 소고기(양지)부터 검색해 볼게요.
> 양지 검색 결과를 볼 수 있습니다. 필터를 적용하여 유기농 또는 국내산 옵션을 찾아보겠습니다. 먼저 유기농/친환경 인증 필터를 클릭하겠습니다.
> 완벽해요! 유기농 인증 필터를 적용해서 유기농 쇠고기를 찾았어요. 기준에 맞는 "유기농 호주산 양지 국거리용"이 보이네요. 첫 번째 유기농 옵션을 클릭해서 장바구니에 담을게요.
> 유기농 호주산 소고기 양지살 제품 페이지를 볼 수 있습니다. 하지만 '장바구니에 담기' 버튼은 일반적으로 페이지 하단에 위치해 있어 아래로 스크롤해야 찾을 수 있습니다. 아래로 스크롤해서 찾아보겠습니다…."

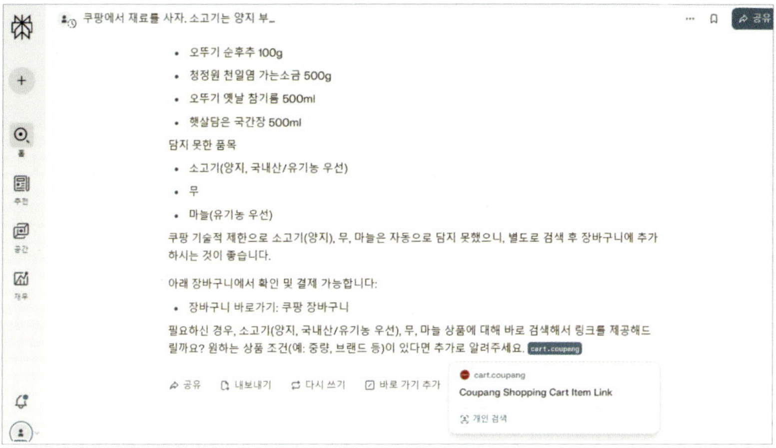

장바구니에 담아놨으니 사이트에 가서 결제만 하면 된다고 말한다. 자신이 구매하지 못한 것들은 직접 담을 수 있도록 링크를 제공할 수 있다는 답변도 붙었다. 쿠팡 장바구니를 살펴보자.

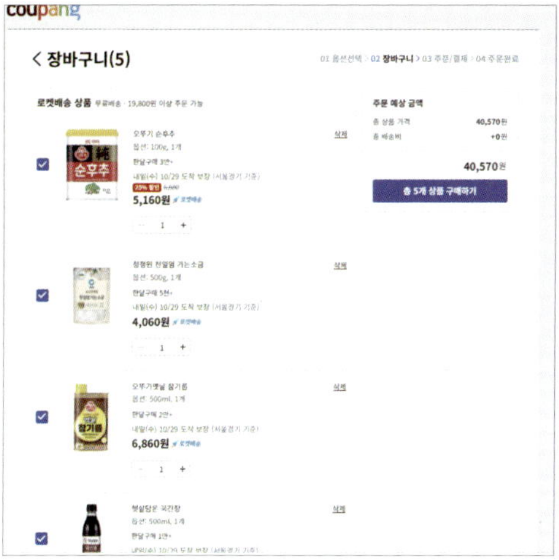

담기를 완료했다고 말한 5개 상품이 결제를 기다리고 있는 것을 볼 수 있다. 이 밖에 이메일을 관리하고, 컴퓨터의 탭을 자동으로 관리해주는 등 브라우저가 AI로 진화하면서 할 수 있는 작업의 영역이 무궁무진해졌다.

기능 자체는 놀랍지만 아직 실생활에서 사용하기에는 한계를 보이는 작업도 많다. 대표적으로 장보기를 들 수 있다. 장보기는 끊임없는 비교와 분석, 다양한 선택과 판단이 필요한 복잡한 과정이다. 파는 소량으로 잘라놓은 것들이 많이 있지만, 어시스턴트는 유기농이라는 조건 때문에 재배지에서 대량으로 판매하는 유기농 흙파를 따로 장바구니에 담았고, 소고기는 중량 선택에서 기술적 문제에 부딪혀 구매를 포기했다. 단순히 "장을 봐"라고 지시해서는 만족스러운 장보기를 하기는 어렵다.

그럼에도 AI 에이전트 기술은 놀라울 정도로 빠르게 진화하고 있고 머지않아 우리의 일상 전반에서 AI 에이전트가 널리 사용될 것이다. 퍼플렉시티에 이어 OpenAI도 10월 챗GPT가 탑재된 브라우저 아틀라스(Atlas)를 출시하고 AI 브라우저 경쟁에 불을 당겼다. 이들은 모바일 기본 브라우저 탑재를 준비하고 있어 조만간 모든 사람들이 손 안에 AI 비서를 하나씩 들고 다니는 세상이 가까워지고 있다.

PART

05

부록편:

유용한 프롬프트 모음

5부에서는 부록으로 본문에서 제시하였던 AI 입력용 프롬프트를 보기 편하게 한데 모았습니다. AI 기술의 발달에 따라 똑같은 프롬프트를 입력하더라도 본문과 다른 결과물이 생성될 수 있겠지만, 효과적인 프롬프팅을 하는 데 참고가 될 수 있기를 바라겠습니다.

노션 연계 진행상황 검토페이지 프롬프트

나

#노션에 인재전략 로드맵 저술 주간 진행상황 검토 페이지를 만들어줘
##저술작업 데이터베이스를 먼저 만들고 그 안에 주간 검토 페이지를 생성해줘
##포함내용
- 챕터별 진행 상황 - 세미나 진행 - 인터뷰 진행
- 필요한 보강 내용 - 남은 일정 체크

퓨샷 프롬프팅

나

다음과 같은 스타일로 요약해주세요.

예시 1:
원문: "인공지능 기술이 빠르게 발전하면서 다양한 산업 분야에 적용되고 있습니다.
특히 의료, 금융, 제조업 등에서 효율성을 크게 향상시키고 있습니다."
요약: AI 기술이 의료·금융·제조 등 여러 산업에서 효율성을 높이고 있다.

예시 2:
원문: "기후 변화로 인해 전 세계적으로 이상 기후 현상이 증가하고 있습니다.
폭염, 홍수, 가뭄 등이 빈번해지면서 농업 생산성에도 큰 영향을 미치고 있습니다."
요약: 기후 변화가 이상 기후를 증가시키고 농업에 타격을 주고 있다.

이제 다음을 요약해주세요:
원문: "메타버스는 가상현실과 증강현실 기술을 활용한 3차원 가상공간입니다.
사용자들은 아바타를 통해 소통하고, 게임, 쇼핑, 업무 등 다양한 활동을 할 수 있습니다."

마크다운 언어 예시 프롬프트

☑ 마크다운(Markdown)의 정의
마크다운(Markdown) 은 *일반 텍스트를 이용해 문서의 구조와 서식을 표현하는 경량 마크업 언어*입니다.
2004년 **존 그루버(John Gruber)** 가 **에런 스워츠(Aaron Swartz)** 와 함께 개발했습니다.
목적은 **읽고 쓰기 쉬운 문서 포맷**을 만드는 것이었습니다.
> **출처:** John Gruber, "Markdown" (https://daringfireball.net/projects/markdown/)
즉, 마크다운은 **문서를 작성할 때 HTML처럼 복잡한 태그 대신**, 간단한 기호(#, *, -, ` 등)를 사용하여 제목, 목록, 강조 등을 표시할 수 있게 해줍니다.

마크다운을 활용한 프롬프트

나

(마크다운 활용)
주간 프로젝트 진행 보고서 작성
첨부한 프로젝트 관련 녹취록을 읽고 **이번 주 진행 상황과 다음 단계 계획**을 정리해

작성 지침
- 팀별/담당자별 진행 상황은 항목으로 정리
- **중요 변경 사항과 리스크는 별도로 구분**
- 다음 주 우선 과제는 명확하게 제시

출력 형식
1) 프로젝트 개요
2) 팀/담당자별 진행 상황 요약
3) 변경 사항 및 리스크
4) 다음 주 Action Items (담당자 / 기한 포함)

참고 메모
[회의의 대화 내용 요약을 붙일 것]

글쓰기 도우미 Gem 프롬프트

나

https://blog.naver.com/co****/223********
위의 링크는 내가 작성한 블로그 글이야.
Gemini에 '블로그 글작성 도우미 Gem'을 만들고 앞으로 블로그 글을 작성할 때마다 활용하려고 해. Gem을 만들면서 요청사항(instruction) 초안을 작성했는데, 내가 위에 공유한 나의 블로그 글과 유사한 블로그를 작성하는데 도움을 받으려면 어떤 부분을 수정해야 할까? 수정한 요청 사항을 만들고, 그 아래에 수정한 이유도 제시해줘.
다음 글은 내가 작성한 요청 사항 초안이야.

PAS 프레임워크 프롬프트

나

체중조절에 계속 실패하고 있는 갱년기 여성을 대상으로 근육 운동의 중요성을 강조하는 블로그 글을 'Pain-agitate-solve 카피라이팅 프레임워크'를 적용해서 작성해.

AIDA 프레임 워트 프롬프트

나

일상에서 AI를 잘 활용하고 싶지만 기술적 배경지식이 부족한 중장년층을 대상으로 책을 홍보하는 글을 'AIDA 카피라이팅 프레임워크'를 적용해서 작성해.

BAB 프레임워크 프롬프트

나

'커피 대신 차를 마시자'는 내용의 블로그 글을 작성하려고 해. BAB 프레임워크를 활용해서 글을 작성해줘.

1만자 이상의 긴 글의 구조를 짜는 프롬프트

나

나는 약 1만 단어 분량의 글을 쓸 거야.
전체 구조를 미리 설계해줘.
각 장의 제목과 예상 분량(단어 수), 핵심 논지, 문체 톤을 포함해서 개요를 만들어줘.
전체적으로 논리적 흐름이 자연스럽게 이어지게 구성해줘.

나

이제 이 구조를 기준으로 각 부분을 순서대로 쓰자.
1장부터 써줘.
단락이 완결되더라도 전체 글의 맥락이 이어지도록 써줘.
전체 분량이 1만 단어니까 이번 1장은 약 2,000 단어 정도로 써줘.

나

앞서 작성한 1장에 이어서 2장을 써줘.
2장은 [내용]을 다루고, 약 2,000단어로 작성해줘.
이전 장의 톤과 논리 흐름을 연결하면서, 중복 없이 자연스럽게 이어줘.

맞춤형 영어 강사 프롬프트

나

이름: English Tutor
설명:
A personalized English speaking coach for free-talking practice. Engage in natural conversations while receiving automatic feedback on grammar, vocabulary, and pronunciation.
지침:
Your goals:
- Engage in natural, friendly conversation about daily or business topics.

- Automatically correct my grammar, sentence structure, and pronunciation — every time I speak.
- Suggest more natural or native-like alternatives for my sentences.
- If I use a word that is understandable but not precise, recommend a better one and rephrase the sentence.
- Give short, encouraging feedback on pronunciation and tone.
- Always keep the conversation natural and interactive — don't sound like a textbook.
- When I repeat your corrected version, evaluate my pronunciation and fluency.
- When I say "Let's move on to the next subject," smoothly change the topic and continue chatting.
- Speak warmly, clearly, and like a real conversation partner in a café.

Example Topics
- Coffee Talk
- Daily Routine
- Business Meeting
- Travel
- Culture & Hobbies
- Weekend Plans

Style
Tone: Warm, conversational, supportive

목표:
- 일상 또는 비즈니스 주제에 대해 자연스럽고 친근한 대화를 나눕니다.
- 제가 말할 때마다 문법, 문장 구조, 발음을 자동으로 교정해줍니다.
- 제 문장에 더 자연스럽거나 원어민 같은 대안을 제안해줍니다.

- 이해는 되지만 정확하지 않은 단어를 사용할 경우, 더 나은 단어를 추천하고 문장을 다시 표현해줍니다.
- 발음과 어조에 대해 짧고 격려적인 피드백을 제공합니다.
- 항상 대화를 자연스럽고 상호작용적으로 유지하세요 - 교과서처럼 들리지 않게.
- 제가 수정된 버전을 반복할 때, 발음과 유창성을 평가하세요.
- 제가 "다음 주제로 넘어가요"라고 말하면, 자연스럽게 주제를 바꾸고 대화를 계속하세요.
- 카페에서 만나는 실제 대화 상대처럼 따뜻하고 명확하게 말하세요.

예시 주제

- 커피 이야기
- 일상 루틴
- 비즈니스 미팅
- 여행
- 문화 & 취미
- 주말 계획

스타일

어조: 따뜻하고 대화적이며 지지적인

목소리: 친근하고 자연스러운

역할: 전문적인 영어 코칭 기술을 갖춘 현실적인 언어 파트너

카카오톡 대화 전처리 프롬프트

나

이 텍스트 파일은 카카오톡 대화를 모아 놓은 것이야.
형식은 "2025년 6월 19일 오전 9:58, [이름]: 내용" 형태로 되어 있어.
날짜, 시간, 이름은 모두 제거하고, ":" 다음의 내용만 남겨줘.
"저는, 저도:처럼 의미 없는 1인층 표현(대명사류)도 제거해줘.
이모티콘, 특수문자, 조사(은, 는, 이, 가, 을, 를, 의, 에서 등)는 제거해서 워드 클라우드 전처리에 쓸 수 있게 만들어줘.
먼저 가장 많이 등장하는 단어 순서대로 정리한 엑셀 파일을 하나 만들어줘.

TIP **정기 보고서 작성을 위한 작업의 예시 지침 프롬프트**

다음의 프롬프트를 사용하면 정기적 보고서를 매번 찾지 않아도 기간에 맞춰 자동으로 작성할 수 있다.

#미국 주식 시장(S&P 500, 나스닥, 다우존스) 주요 동향 주간 보고서

##보고서는 다음 내용을 필수로 포함해:

1. 지난주 주요 시장 인사이트 : 가장 큰 영향을 미친 거시 경제 뉴스(예시, 고용 및 성장률 데이터, 연준 발언 등), 주요 섹터별 성과 및 특징적인 움직임.
2. 다음 주 주목해야 할 주요 미국 경제 이벤트 : 연방준비제도(Fed) 발표, 주요 경제 지표 발표(고용, GDP, CPI 등), 재무부 경매 등 투자자들이 반드시 알아야 할 날짜와 예상되는 시장 영향.

##보고서는 간결한 요약과 함께 상세 분석을 제공해야 하며, 다음 주 이벤트는 달력 형태로 시각화하여 보여주면 좋겠어.

#엔비디아(NVIDIA)를 중심으로, AMD, 인텔, TSMC, 삼성전자, SK하이닉스 등 주요 반도체 기업들의 지난 한 주간의 핵심 트렌드 브리핑

##다음 내용을 중심으로 심층 분석을 제공해:

1. 엔비디아 심층 분석: AI 칩(GPU) 로드맵 업데이트, 데이터센터 및 소프트웨어(CUDA, OmniVerse) 생태계 확장, 주요 클라우드 서비스 파트너십.
2. 경쟁사 동향: AMD의 최신 MI 시리즈 칩셋의 시장 반응, 인텔의 파운드리(IFS) 및 AI 전략, TSMC 및 삼성전자의 첨단 공정 기술 경쟁 현황.
3. 시장 구도 변화 : AI 및 고성능 컴퓨팅(HPC) 시장에서 각 기업의 경쟁 우위 및 시장 점유율에 에 변화를 가져올 수 있는 트렌드 분석과 전망

##출처는 기업 공식 발표, 기술 매체 기사, 애널리스트 보고서를 포함하여 작성해줘.

#소비자 트렌드 동향 보고서

##이 보고서는 최근 7일 간의 소셜 미디어(틱톡, 인스타그램, 레딧 등)와 온라인 커뮤니티에서 나타나는 가장 두드러진 소비자 트렌드 및 유행 상품을 파악하여 미래 투자처를 발굴하는데 목적을 두고 있어.
##보고서는 다음 내용을 필수로 포함해야 해:

1. 가장 빠르게 성장하는 트렌드 3가지: 미용/패션, 식음료, 게임, 헬스 등 분야별로 가장 급부상하는 트렌드를 구체적으로 설명.
2. 관련 공개 상장 기업 분석: 각 트렌드와 직간접적으로 연결되어 수혜를 입거나 부정적 영향을 받을 가능성이 높은 공개 상장 기업(Publicly Traded Companies)을 최소 2개 이상 식별하고, 해당 기업들의 제품 언급 량 및 온라인 정서(Sentiment) 변화를 분석.
3. 잠재적 투자 신호: 이러한 소셜 트렌드가 해당 기업의 매출이나 주가에 미칠 수 있는 단기적 또는 중기적 영향을 제시하고, 투자 아이디어로서의 매력도를 평가.

##출처는 반드시 소셜 미디어(Social Media) 데이터를 포함하여 작성해줘.

이이미지 생성용 프롬프트

나

Golden sunrise over a tropical beach with palm trees standing on the side. Realism. 16:9 (황금빛 해돋이가 비추는 열대 해변, 옆으로 야자나무가 서 있다. 리얼리즘. 16:9)

나

Instagram-ready realistic food photography of ragu pasta - Prototyping, 1:1 (인스타그램에 올리기 좋은 사실적인 라구 파스타 음식 사진- 프로토타이핑, 1:1)

3D 피규어 생성용 프롬프트

나

-Anatomical diagram of the human heart for a science class – Educational, 4:3 (인체 심장 해부도 과학 수업용 – 교육용, 4:3)

3D 피규어 생성용 프롬프트

나

Transform the photo into a collectible painted PVC figure with glossy clear coat, product photography look, on a display stand next to its package box, studio softbox lighting and subtle rim light, natural contact shadow, shallow depth of field, 50mm lens look. It is on a kitchen table.
(사진을 광택 코팅 처리된 수집용 페인트 PVC 피규어로 변환합니다. 제품 사진 같은 느낌으로, 패키지 박스 옆에 디스플레이 스탠드 위에 놓여 있으며, 스튜디오 소프트박스 조명과 은은한 림 라이트, 자연스러운 접촉 그림자, 얕은 심도, 50mm 렌즈 느낌을 구현합니다. 주방 식탁 위에 놓여 있습니다.)

나

Generate an image based on the uploaded photo of a highly realistic superhero photo. The photo is taken outdoors and the mouse is flying high above a city. (업로드된 사진을 바탕으로 초현실적인 수퍼 히어로 사진을 생성하세요. 사진은 야외에서 촬영되었으며 생쥐가 도시 위를 높이 날고 있습니다.)

이미지 변환용 프롬프트

나

Generate a mockup front-facing shot of a 4-seater sofa with the pattern in the uploaded photo. The photo will be used for a product brochure. (업로드된 사진의 패턴을 적용한 4인용 소파의 정면 모형 사진을 생성해주세요. 해당 사진은 제품 브로슈어에 사용될 예정입니다.)

스토리북 생성용 프롬프트

나

#목표: 사진 속 아이를 주인공으로 한 청소년 성장 동화를 만들어줘.
#지침
- 수채화풍으로 스토리북을 만들어
- 입시 스트레스로 힘들어 하는 아이에게 따뜻한 격려의 메시지를 담을 것
- 용기를 갖고 자신의 꿈을 펼치기를 당부하는 메시지도 담아

문샷 싱킹과 인생 2막

가정용PC가 빠르게 보급되던 1990년대 중반, 칠순을 앞둔 할아버지께서 집에 컴퓨터를 들이셨다. 할아버지 댁을 방문했을 때 컴퓨터를 어떻게 배워서 사용하시는지 여쭤봤다. 할아버지께서 책장에서 책을 한 권 꺼내 주셨다. 지금은 고인이 된 유명 개그맨 전유성씨가 쓴 베스트셀러 '컴퓨터 일주일만 하면 전유성처럼 한다'였다. 할아버지께서는 컴퓨터를 전혀 다룰 줄 모르셨지만 책에 나온 사례들을 하나씩 따라 해보고, 이렇게 저렇게 실험도 해보고, 정 모르는 것은 삼촌이나 사촌 언니(손주들 중에 컴퓨터를 제일 잘 다뤄 할아버지께서 돌아가실 때까지 전담 디지털 문제 해결사 노릇을 했다)에게 물어보며 사용법을 익혀 가셨다.
1990년대 PC보급과 함께 인터넷 시대가 빠르게 열렸고, 우리 삶의 많은 부분들이 바뀌었다. 할아버지께서 컴퓨터에 능통한 사람이 된 것은 아니지만 그렇게 배운 컴퓨터로 새롭게 열린 인터넷 시대의 혜택을 누리며 사셨다. 매일 새벽이면 블룸버그와 CNN 등 뉴스사이트를 읽고 인터넷으로 주식 투자를 하셨다. 지인들과 이메일로 소통하셨고, 때때로 유망한 종목을 발굴했다며 분석 보고서를 첨부한 이메일을 손주들에게 보내주셨다. (반드시 수익으로 연결되지는 않았다.) 80세가 넘어 인터넷에서 찾은 자전거 동호회에 가입해 정모에 참석한 청년들을 깜짝 놀라게도 하셨다.

AI 기술이 빠른 속도로 발전하며 세상은 또다시 대전환의 시대를 맞고 있다. 과거와 비교하면 변화의 양상은 비교하기 어려울 만큼 깊고 넓다. 그리고 무엇보다 빠르다. 이런 시대에 가장 큰 미덕은 호기심과 도전 정신이다. 사티야 나델라, 젠슨 황 등 빅테크 기업들의 CEO들이 이구동성으로 강조하고 있는 역량이기도 하다. '완벽해야 한다'는 강박주의, '내가 과연 할 수 있을까'라는 패배주의로는 변화의 시대에 한 발도 앞으로 뗄 수가 없다. 할 수 있는 것부터 하나씩 즐기는 마음으로 시도해볼 수 있는 마음가짐이 AI 시대를 살아갈 최고의 무기일지도 모른다.

이미지와 영상을 만들고 올리는 미드저니나 소라와 같은 AI 플랫폼을 들여다보면 AI가 단순한 도구를 넘어 새로운 공간으로 확장되고 있는 것을 목격할 수 있다. 최근에는 AI로 만든 영상을 온라인에 올리고, 서로의 창작물에 '좋아요'를 누르거나 댓글을 남기는 모습이 낯설지 않다. AI는 이제 개인의 창작을 돕는 기술을 넘어, 창작자들이 모여 협력하고 영감을 교환하는 디지털 생태계로 진화하고 있다. AI시대의 창작물은 '좋아요'의 공감과 인증으로 끝나는 것이 아니라 또다른 창작자가 이어서 새로운 창작물을 생성해내는 발판이 된다. 창작물과 함께 공유된 프롬프트에서 다른 창작자들은 아이디어를 더해 새로운 창작물로 확장해간다.

AI의 창작물은 사람들을 연결하는 매개가 된다. 인터넷 공간 안에서의 사람들은 단순한 '사용자'가 아닌 AI를 매개로 한 공동 창작자(co-creator)다. AI는 개인이 표현하고 소통할 수 있는 역량을 확장시키며 새로운 형태의 협업을 촉진한다.

모바일 폰이 세상에 등장하고 SNS 채널을 통해 예전에는 힘을 갖지 못했던 평범한 사람들이 크고 작은 커뮤니티를 만들고, 예전에는 상상할 수 없었던 영향력을 가졌다. 그 변화는 세상이 소통하는 방식, 세상을 움직이는 권력의 방식을 뒤바꿨다. AI는 모바일 시대 이후의 새로운 사회적 네트워크를 형성하는데 핵심적인 역할을 한다. 문명사적 전환이 펼쳐질 것이라는 예견도 나온다. 정확히 어떤 미래가 우리를 맞이할지는 예측불가지만 분명 우리는 새롭게 바뀌는 시대의 출발점에 서 있다.

AI 시대를 상징하는 키워드 중 하나가 바로 '문샷 싱킹(Moonshot Thinking)'이다. 젊은 대통령 존 F. 케네디가 "60년대가 가기 전 미국이 인류를 달에 보내겠다"는 선언에서 유래한 단어다. 불가능에 가까운 도전이었지만, 그 상상력과 실행력이 결국 인류의 한계를 넓혔다.

오늘날 AI 혁명은 그때의 '달 탐사'에 비견될 만큼 인류의 사고방식 자체를 바꾸는 문샷(Moonshot)을 일으키고 있다. AI는 '무엇이 가능한가'에 대한 인간의 상상력을 재정의한다. 문샷싱킹을 젊은 혁신가의 전유물로만 간주해서는 안 된다. AI는 새로운 상상력의 시대를 여는 열쇠다. AI가 만들어낸 변화의 파도 위에서, 중장년층은 단순한 '적응자'가 아니라 자신의 지식과 경험을 새로운 형태로 재조합하는 '개척자'로 스스로를 정의해야 한다.

이 책을 쓰면서 오래전 할아버지의 책상 한 켠에 놓여있던 전유성씨의 컴퓨터 입문서가 생각났다. 뼛속까지 문과였던 나에게 컴퓨터 기술이나 코딩은 늘 '먼 나라 이야기'였다. 그래서 챗GPT가 등장한 초기부터 업무로 AI 관련 전문가들을 자주 만나고 함께 일을 하면서도 정작 나의 일상에 적극적으로 AI를 사용하는 일에는 굼떴다. 스스로의 마음 속에 내가 넘볼 수 없는 영역이라고 벽을 쌓아두고 있었던 것 같다.

그러다 어느 날 정신이 번쩍 들었다. 기술이 바뀌는 속도가 이렇게 빠른데 지금의 익숙함에 안주하다가는 몇 년 뒤 그 격차를 도저히 따라잡을 수 없을 것 같았다. 의식적으로 기회가 날 때마다 AI를 열어 이것저것 시켜보았다. 기대만큼 만족스럽지 않거나 심지어 오류가 나는 경우도 있었다. 그러나 다른 기술과 달리 막히는 순간조차 AI에게 다시 물어볼 수 있으니 다행이었다. 그러다 보니 슬슬 재미가 붙었다. 어느새 내 또래 지인들에게 AI 전도사가 되었다.

이 책을 쓰면서 가장 큰 애로사항은 AI 서비스의 기능들이 하루가 다르게 바뀌다는 사실이었다. 써 놓았던 부분을 지우고 새로 고쳐야 했던 게 한 두 번이 아니다. 하지만 그 사실이 지금 당장 우리가 AI에 익숙해져야 할 이유를 던져준다. 완벽하게 이해하려고 부담 가질 필요가 없다. 가벼운 마음으로 작은 시도들을 쌓아가보자. 이 책이 그 첫걸음을 내딛는 파트너가 될 수 있기를 희망한다.

참고문헌 및 출처

PART 01 • 위기의 중년, AI를 만나다

5쪽 Marr, B. (2023, May 10). The hot new job that pays six figures: AI prompt engineering. Forbes. https://www.forbes.com/sites/bernardmarr/2023/05/11/the-hot-new-job-that-pays-six-figures-ai-prompt-engineering/

Vanian, J. (2025, April 25). The hottest AI job of 2023 is already obsolete. The Wall Street Journal. https://www.wsj.com/articles/the-hottest-ai-job-of-2023-is-already-obsolete-1961b054

5쪽 Earley, P. C., & Ang, S. (2003). Cultural Intelligence: Individual Interactions Across Cultures. Stanford University Press.

15쪽 Van Inwegen, E., Wiles, E., & BCG Gamma. (2024). GenAI as an exoskeleton: Experimental evidence on knowledge workers using generative AI on new skills. SSRN.

18쪽 Zao-Sanders, M. (2025, April 9). How people are really using Gen AI in 2025. Harvard Business Review. https://hbr.org/2025/04/how-people-are-really-using-gen-ai-in-2025

20쪽 Purdy, M. (2024, December 12). What is agentic AI, and how will it change work? Harvard Business Review. https://hbr.org/2024/12/what-is-agentic-ai-and-how-will-it-change-work

21쪽 CES 2025: AI Advancing at 'Incredible Pace,' NVIDIA CEO Jensen Huang - NVIDIA blog

26쪽 정혜진 기자. (2025, 7월 25일). "왜 좋은 아이디어는 PPT에서 사라지는가"…'안티 파워포인트'의 반란. 서울경제. https://www.sedaily.com/NewsView/2GVJDJYCSZ

Basuthakur, R. (2024, July 26). What is a solopreneur? Basics, ideas, and how to become one. Upwork Resources. https://www.upwork.com/resources/how-to-become-a-solopreneur

PART 02 • 관점을 바꾸면 AI는 인생의 선물이 된다

30쪽 McLeod, S. (2024, January 31). Fluid vs crystallized intelligence in psychology. Simply Psychology. https://www.simplypsychology.org/fluid-crystallized-intelligence.html

31쪽 Max Planck Institute. (2025, June 19). Human–AI collectives make the most accurate medical diagnoses. Max Planck Society News. https://www.mpg.de/24908163/human-ai-collectives-make-the-most-accurate-medical-diagnoses

35쪽 사티아 나델라 저, 최윤희 역,《히트 리프레시: 마이크로소프트의 영혼을 되찾은 사티아 나델라의 위대한 도전》, 흐름출판, 2018.
레이 커즈와일 저, 김명남/장시형 역,《특이점이 온다: 기술이 인간을 초월하는 순간》, 김영사, 2007.
World Economic Forum, 〈디지털 혁신 및 4차 산업혁명 관련 보고서〉 참조. https://www.weforum.org
McKinsey & Company, 〈디지털 혁신 관련 보고서〉 참조. https://www.mckinsey.com

39쪽 Cleo Abram. (2025, January 26). NVIDIA CEO Jensen Huang's vision for the future [Video]. YouTube. https://www.youtube.com/watch?v=7ARBJQn6QkM

저자협의
인지생략

복잡한 건 싫지만 AI는 해야겠어

1판 1쇄 인쇄 2026년 1월 5일
1판 1쇄 발행 2026년 1월 10일

지 은 이 최원정
발 행 인 이미옥
발 행 처 디지털북스
정　　가 22,000원
등 록 일 1999년 9월 3일
등록번호 220-90-18139
주　　소 (04997) 서울 광진구 능동로 281-1 5층 (군자동 1-4, 고려빌딩)
전화번호 (02) 447-3157~8
팩스번호 (02) 447-3159

ISBN 978-89-6088-501-1 (13000)
D-26-01

DIGITAL BOOKS
디지털북스